THEORY OF
ECONOMIC
DEVELOPMENT

经济发展理论

［美］约瑟夫 · 熊彼特 著

郭武军 译

中国华侨出版社
北京

果麦文化 出品

目录 CONTENTS

001　　英文版序言

005　　第一章　既定环境下经济生活的循环之流

060　　第二章　经济发展的本质现象

097　　第三章　信用和资本

131　　第四章　企业家利润

161　　第五章　资本的利息

221　　第六章　经济周期

266　　注释

303　　译后记

英文版序言

　　本书中部分观点可以追溯到 1907 年，所有观点成熟于 1909 年，此时正值资本主义社会的纯经济特性分析总框架成型，此后该框架基本未变。1911 年秋季，该书以德语形式首次出版。绝版十年后同意再版不乏一些勉为其难的理由。再版时，我删除了第七章，重写了第二章与第六章，其他地方也有增删。1926 年出版的第三版德文版不过是第二版的再版，当前的英文版也由此而来。

　　如果说，我之所以没有对书中除说明性推论以外的其他部分作修改，是因为我相信本书各处细节皆令人满意，那就相当严重地误解了在本书首次面世后，我的所作所为和所思所想。虽然坚信本书的大纲——或可称为"构想"——以及结论总体正确，但在许多地方，我也另有见解。仅举一例加以说明：第六章，读者将初次碰到商业周期理论，我曾想当然地认为，这是唯一的类波形运动，也就是朱格拉周期。现在我确信，至少存在三种（也许更多）这样的运动，而当前主张循环经济的理论家所面临的最大问题在于，孤立地看待这些运动，并描述由它们相互作用引发的现象。但后续版本未考虑这一因素。原因是，书籍犹如孩童，一旦离开父母的家，就将独立自存。它们自主生活，作者亦如此。当然不可干涉与家已然陌生的人。无论对错，经过角逐，在那个时代该领域的德国文献中，本书已赢得一席之地。依我之见，最好的做法是，尽量不要干扰它。若不是出于我那杰出的朋友——陶西格教授的建议和鼓励，我几乎没有出英文版的意愿。

出于相同的原因，我并没有以我的恩师庞巴维克先生为榜样，无微不至地关注每一个反对的意见或批评，并在其后来的版本中呈现自己的意见。对于那些赏脸批评的人，我却将他们的争议小事化了，这并非不尊重。但我必须承认，在那些我深信不疑的重要见解上从未遭遇过反对意见。

就目的和方法而言，本书是"纯理论"的，无关理论的实际应用。在"现实"研究和"理论"研究的关系上，我现在的看法与1911年的看法或许略有差异。但我坚信，相比其他科学，我们经济科学，不能缺少那些我们称之为"理论"的精确共识，它为我们提供了理解事实和处理实际问题的工具。大量新的、未经分析的事实，特别是事实数据，对我们理论体系的影响，无论有多重要——毫无疑问，大量新增的事实材料不断启示新的理论范式，并能立刻以悄无声息的方式优化现有的理论架构——但在任一给定阶段，总存在某个理论，它是处理新事实数据的先决条件，而这些新事实是在现存的理论的边界之外。如果这个理论仍是粗疏的或者是诉诸直觉的，或许仅为拙劣的理论，仍不能把它排除在理论之外。例如，我依旧无法说服自己，诸如利息来源之类的问题无关紧要，或毫无意义。无论如何，唯有作者的过失才致如此。然而我希望不久后，我们能够对货币与信贷、利息和周期等主题展开更实证的研究，以提供本书缺失的具体素材。

本书论点已浑然一体，这并非缘于事先的计划。约25年前，当开始研究利息理论和周期理论时，我从未怀疑，其一这两个主题是互相关联的；其二可以证明它们都与企业家利润、货币、信用等密切相关，这正是本书遵循的方法。不久之后，我就得出一个结论：所有这些现象——包括许多次生现象——都不过是一个独特进程的产物，能够解释这些现象的单个特定原理，也能解释那个进程。并由此可知，我们可以用此理论和均衡理论作一番有益的比较，因为无论是否明确承认，均衡理论过去是并将一直是传统理论的核心。起初，我用"静态"和"动态"这两个术语来描述这两个理论，但现在（出于对弗里希教授的尊重）已明确停止在此意义上的继续使用。这两个术语已被其他有些冗赘的术语取代。但我坚持这一区分，是因为我不断发现它对我眼下的工作大有裨益。在经济学以外，情况更是如此，如在所谓的文化演进理论中，其重要观点与本书的经济理论有惊人的相似。那些喜欢钻研术语历史的人，如果有所兴趣，更应谈及动物学上的类比；静态和动态这两个术语，虽然意义不同，却是由约翰·斯图亚特·密尔引入经济学。密尔或是从孔德处引用此术语，孔德又告诉我们，他是从动物学家布兰维尔处借用所得。

在此，对我的朋友雷德弗斯·奥佩博士表示衷心的感谢，他以无与伦比的善意承担了翻译任务，这篇文章异常繁复、颇具难度。

我们决定删去原文第一章和第三章的两个附录，并删去一些段落。修改文中部分阐述，重写部分内容。由于论点本身没有改变，我认为没有必要罗列修改的清单。

约瑟夫·熊彼特

美国，马萨诸塞州，剑桥市

1934 年 3 月

第一章
既定环境下经济生活的循环之流[1]

  人类的社会进程，宛如一条汪洋肆恣的大河，生生不息而又浑然一体。所谓的经济事实，只不过是研究者用分类的手段，从这条大河中人为地分离出来的东西。当我们说某个事实是经济事实时，这其实是一种抽象的说法，因为所谓的事实只不过是在一定技术条件下，现实在心灵中形成的复本而已，而抽象就是这个过程的第一步。但凡说到一个事实，它绝不是专属于经济的或纯经济的事实；这个事实总有其他一些属性，这些属性通常比经济属性还重要。话虽如此，我们平常会说到经济事实，正式的研究也会说到经济事实，而且依据同样的理由，这就像我们有权编撰一部文学史，虽说人的文学属性和其他各种属性都是浑然一体的。

  社会事实是人类行为的产物，起码可以说，前者紧随后者而来；经济事实是经济行为的产物。经济行为可被定义为，以直接获取货物为目的的行为。经济行为也可以被说成一项行动的经济动机，社会生活及经济生活的经济动力，诸如此类。但我们所关心的经济行为，只有那些以直接获取货物为目的的行为，这样一来，在我们的定义里，经济行为的含义就只有各种直接获取货物的行为，至于其他的含义，就划归到经济动机及经济动力这些概念里。经过这样的处理，这两个概念和经济行为就在内涵上泾渭分明了。

这样一来，经济事实的范围就先由经济行为这个概念划定了。任何人都必须依经济原则行事；任何人必须是独立的"经济主体"，若不然，就要依附于其他"经济主体"了。一旦社会实行专业分工，这个社会其实可以分成两类人：一类人专门从事经济或商业活动，而另一类人，其行为的经济属性远不及其他属性来得突出。这样一来，前一类人就成为经济生活的代表，虽说其他人同样需要依经济原则行事。这样就可以说，将前一类人的行为汇总起来，就是经济生活的样子，κατ'ἐξοχήν；这已经不再是抽象的说法了，尽管这个定义下的经济生活仍然和人类的其他关键方面有着千丝万缕的联系。

一般性的经济事实是这个说法，经济发展也是这个说法。解释经济发展，正是本书的旨趣所在。在进入这个主题前，我们在这一章要先做一些准备工作，包括准备一些必要的原理，熟悉一些理论工具，以备后用；除此之外，如果将主流理论比作轮子，那么我们也得有耦合得上的齿轮才行。我丝毫不打算用方法论上的评论这件武器来装备自己。在这一点上，我们只需说，虽然本章的内容其实只不过是经济理论主体的一部分，但说的都是些公认的东西，读者完全不必担心它们到现在是否还成立。此外，这个理论的结论只有一小部分对我们是必要的，既然如此，我很高兴只要尽可能通俗而扼要地来讲它即可。这样做不免要牺牲一些准确性。但凡遇到准确表述的好处只落在那些不怎么重要的场合，我们一律照此处理。在这一点上，我向读者推荐另外一本拙作[2]。

当我们要考察经济现象的普遍形式、前后一致的特性，或者考察如何理解它们的法门时，这其实意味着，我们在那一刻有把握相信，经济现象中确有一些"未知的现象"是可以考察的、可以发现的；我们有把握从这些"未知的现象"追溯到那些相对"已知"的现象，这和任何一门科学的探索过程没什么两样。一旦我们发现，在这两个现象间有着明确的因果关系，且其中那个作为"原因"的现象出自经济以外，我们的问题就算解决了。此时我们作为经济学家的使命已经完成，余下的事要靠其他学科的贤哲了。但反过来说，要是这个原因本身仍未脱离经济范畴，我们就还得继续解释下去，直到我们找到经济以外的原因才告结束。普遍理论也好，具体实例也好，情况都是如此。就拿地租来说吧，要是我们能说，地租现象的起因在于土地的沃瘠不一，那么我们就在经济上彻底解释了这个现象。要是我们能将特定的价格波动归结为政府制定的一些商业条例，那么我们作为经济学家的使命也就完成了，因为这些商业条例并不以直接获取货物为目的，即既不直接交换货物，也不直接生产货物，故不属于我们所定义的纯经济事实。我们一直关心的，正是描述经济数据与非经济数据间因果关联的普遍形式。经验表明，这件事有可能做到。有经验的人都知道，经济事件自有其内在逻辑，而我们却只不过是有意识地加以精确阐述罢了。方便起见，我们不妨由简入繁，先来考察一个孤立社会；但要知道，无论繁简，这个社会的本质不变，而这也是本书唯一关心的内容。

这样，我们要在脑海里勾勒出经济机制的主要特征。为此目的，我们主要考虑一个以商业为本的国家，私有产权、劳动分工和自由竞争乃是其基本国策。

一位从未耳闻目睹过这样的国家的观察家，当他置身其中就会发现，甲地农民耕种出来的谷物，会在遥远的乙地做成面包消费掉，他一定会忍不住发问，这位农民凭什么知道，在那么远的地方会有人要吃面包，而且刚好要吃那么多。如果有人告诉他，这位农民根本不知道他种植的谷物在什么地方、被谁消费掉，他一定会大为惊讶。但这还没完，这位观察家还会发现，从那位农民到最终的消费者，凡是经手这批谷物的人，对下家的情况都一无所知，也许只有那位面包师是个例外；即使早在他们知道有这位消费者会买下面包以前，他们通常就得生产或购买这批谷物，情况也是如此。要是他有幸当面询问那位农民，后者一定会不假思索地回答：靠着长期积累的经验[3]，再加上世代务农的本能，他知道耕种多少谷物对他是有利的；他凭经验知道，攸关这门生意的需求，其范围和强度各有多大。他会不折不扣地照此行事，而且只会在环境施加的压力下逐渐调整。

这位农民要盘算的其他事项也是如此，无论他是像一位精于计算的工业家那样算无遗策，还是只受习俗的驱动下意识地作出判断。只要不出他熟悉的范围，他通常是知道必购物品的价格的；他也知道自己投到土地上的劳动有多大的价值（无论他是依据纯经济原理来确定这个价值，还是以与众不同的眼光来估计这个价值）；凭着长期积累的经验，他对春耕夏耘秋收冬藏等各种农事都了如指掌。而供应这位农民的各个商家，同样也靠着经验知道前者需求的多寡及强弱。由于经济期的循环之流——一切经济律动之最显著者——速度相对较快，由于每个经济期发生的事从根本上说都是相同的，这样，交换经济的作用机制表现出极大的精确性。先前的经济期之所以主导人们——比如说这位农民——的行为，除了因为他从中学会了应该做什么，还因为这位农民在每个经济期的生计，要么直接靠他在前一个经济期出产的实物产品，要么间接靠这个产品，也就是说，用这件实物产品的收益换得的货物。此外，先前的全部经济期编织起一张社会及经济关系之网，置身其中的这位农民，是很难摆脱这张大网的。因为他用到的具体生产资料、采纳的生产方式，都是从先前的经济期传承而来的。所有这一切将他牢牢束缚在既定的轨道上。这里出现了一种对我们来说相当重要的力量，详情容后再说。在这里只需说，在接下来的分析中，我们总是假设，任何人在每个经济期的生计，靠的是前一经济期生产出来的货物，只要生产延至过去，或者生产要素的生产是连续的，这个假设就是可能的。这么做只是为了表述的方便。

现在且将这位农民的例子加以推广，并说得更精确一些。我们假设，每个人出售其全部产品，就其自身消费的那部分产品来说，他也是自己的主顾，因为自给自足的那部分产品其实也取决于市场价格，也就是说，间接取决于扣除自给自足的那部分产品后，可以换得的其他产品的数量；自给自足的那部分产品对市场价格的影响，就相当于实际上市出售一样。这样一来，全体商人的处境和那位农民没什么两样。为了生产和消费，他们兼有买主和卖主的双重身份。工人也可做如是观，也就是说，他们的劳动服务可以当成可出售品来处理。既然单个商人和前面例子中的那位农民一样，都是依照自身的经验，自行组织生产，寻找销路，那么汇总起来也应该如此。撇开各种原因引起的干扰不说，全部产品一定会销售一空，因为任何产品，除非经验表明有人会买它，否则是不会被生产出来的。

让我们把这件事再说得透一些。假设有一位屠户，他加工多少肉类，取决于他的主顾，比如说某一位裁缝，愿意买多少，出什么价；这又取决于这位裁缝做衣服能挣多少钱；这又取决于裁缝的主顾，比如说某一位鞋匠，愿意花多少钱买衣服；而这又取决于鞋匠的主顾愿意花多少钱买鞋子；如此这般地追溯下去，直到出现某个人，此人挣的钱是靠向那位屠户卖出货物。这个经济小圈子一买一卖所涉及的数量，无论朝着哪个方向追溯下去，总是表现出这种环环相扣、层层相因的关系。无论从哪一点切入，并由这一点向前追溯，在经过也许相当多但总是有限的环节后，总会回到最初的起点。这样的追溯既不会自然终止，也不会由于某个原因的出现突然停止，这个原因决定其他因素，而不受其他因素的决定。

"消费"一词有其习惯的用法，如说消费面包好理解，但要说消费土地、服务、钢铁就不那么好理解了。但如果我们拓宽"消费"一词的含义，将后一类事物也划进来，那么，我们就能更清楚地发现货物在循环之流中的轨迹，我们的模型也就更加完善[4]。同一种商品在前后两个经济期的两个单位，从生产到消费者所经历的轨迹当然并不一定总是相同的。但要假设情况就是这样，也不会影响这件事的本质。可以想象这样的情景：某种持久生产力来源一再得到使用，为的是最终到达同一个消费者手里，这样的事，年复一年地一再重复着。由此可知，每一项供给，在经济的某一处，可以说都有一项需求随时候命；任何一件商品，在经济的某处都有一些商品与之对应，在经验决定的条件下，这些商品的所有者愿意持之交换前面那件商品。既然任何货物都能找到下家，那么经济生活的循环之流，必定是一个首尾相衔的闭环，换言之，一切商品的卖主，有足够的购买力获得他们想要的货物，有了这些货物，他们在下一个经济期的消费和生产设施还能保持在当前的水平；反观买主也是这样。

因此，单个家庭或企业参照经验给定的数据、以经验决定的方式行事。当然，这不是说它们的经济行为就一成不变。它们参照的数据会改变，一旦觉察到这种变化，每个人都会立刻据此行事。但每个人也会尽可能地严守传统的经济方式，只在必要的时候才顺从于环境的压力。因此，经济在任何时候的状态，都不会和先前的状态毫无关系，不会自行出现大起大落的变化。套用维塞尔的说法，这就是经济的连续性原理[5]。

倘若经济确实不会"自行"改变，我们不妨干脆假设经济保持不变。这样的处理，只不过是将经济不变的事实说成全然不变，并不会因此忽略任何关乎研究成败的要点。当我们说到一个全然不变的经济时，这当然是一种抽象的说法，但也只不过是一种处理手法，为的是彰显实际发生的现象的本质。我们暂时没有其他选择。这种处理手法谈不上离经叛道，顶多和习惯的说法不一致，这么做也是因为遵循正统路径就无法清晰表达我们的观点[6]。

还有一种思路可以殊途同归。一个社会在一个经济期内生产和销售的全部商品，可以用社会产品这个概念来表示。但这个概念的含义和我们的研究无关，无须深究[7]。现实中也没有社会产品这样的东西。社会产品不是个人精打细算、孜孜以求的产物，这与经济也不是依照预定的程序运作一个道理。话又说回来，社会产品还是一个有用的抽象概念。我们可以借此想象出这样的情景：四面八方的人一到经济期末，就携带各自的货物赶往指定的集市，再将货物汇于一处，然后依照预先定好的原则来分配。虽说这样的情景只是想象出来的，但还算接近现实，庶几可以接受。然后我们可以说，各人先将自己的那份贡献投进社会产品这个大货栈，然后从中取回他的一份报酬。每一份贡献，在经济体系某一处都有一份要求权与之对应；每个人取回的那一份报酬，也都在经济体系某一处随时候命。只要清楚每份分配含有多少贡献这个条件，每个人都能凭经验知道，为了得到想要的物品，他得做出多大的贡献。既然如此，经济的循环之流一定是一个首尾相衔的闭环，全部的贡献和分配也一定两相抵消，无论秉持怎样的分配原则，都是这个结果。当然，我们一直都假设，相关各种数量都由经验给定。

我们可以运用一种广为人知的工具，进一步优化上述经济模型，裨使我们更深刻地洞察这样的经济是如何运作的。我们不妨假设，这些经验一概不存在，而是要从头积累[8]，这就好比说，同样那批人，同样的文化、品味和技术知识，以及同样的初始消费品存量和生产品存量[9]，但他们不再有经验傍身，只能精打细算、左右权衡、不断摸索，以期实现经济福利最大化这个目标[10]。这倒不是说人们在现实中都能做到这一点。我们只想揭示经济行为的逻辑[11]，并不在意现实中的家庭和企业实际怎样想。我们也无意撰述经济史。我们想要分析的，不是经济如何从过去一步步演变成我们今天看到的这个样子，而是经济的内在机制或体制，在发展的任一给定阶段如何起作用。

这个分析提到的、说明的以及使用的那些理论工具，现在都已经广为人知了。经济行为可以来自任何一种动机，甚至是宗教动机，但无论如何，经济行为的含义总是在满足欲望。有鉴于此，从欲望这个事实衍生出来的那些概念和命题就特别重要，其中最重要的当属效用和边际效用这两个概念，边际效用是从前者派生出来的，眼下有一个时髦的术语："选择系数"。我们还要提到一些定理，人们用这些定理来确定：如何在多种用途间分配资源；一些货物间是如何携手合作的，另外一些货物间又是如何你争我夺的；如何合理推导出各种商品间的交换比率，各自的价格，以及"供求规律"这条古老的经验法则。最后，我们形成价值体系及其均衡条件的预备知识[12]。

一方面，生产不能随心所欲，而是受制于实物对象及自然过程的天然属性。约翰·雷（John Rae）说过[13]，经济行为在这个方面所能做的，无非静观自然过程的结果，并尽量使之服务于人类的福祉。究竟有多少自然事实与经济学有关，这不是三言两语说得清楚的。像（实物）回报递减这样的规律，对具体的经济结果究竟是举足轻重，还是不值一提，这要看人们针对什么类型的理论。一桩事实也许关乎人类福祉，但不代表缺了它经济理论就玩儿不转，两者之间没有必然联系。当然，就像庞巴维克（Bohm-Bawerk）举例[14]

说明的那样，一旦需要，我们必须将新涌现的技术事实纳入我们的工具箱里。有关社会组织的事实就不能如法炮制。这类事实与技术事实有一点倒是一致的：都是经济理论王国的化外之民，都只是作为经济理论的"数据"而存在[15]。

生产的另一方面在于，每一项生产活动都有其具体目的，从这方面入手，远比从生产的物质及社会方面更能深入把握生产的核心。长于经营之士总是谋定而动，否则世间何来生产一说？目标一旦确定，如何生产，生产多少，也就大体定了下来。只要生产手段及客观条件预先划定，生产"什么"、"因何"生产也就成了定数，不消说，这是一个不证自明的结论。生产的目的只有一个，那就是制造出有用的东西，以供人们消费之用。在一个没有交换的社会，生产的唯一目标就是自给自足，为自己提供可以消费的效用。在这样一个社会，每个人只为消费而生产，或者说，只为满足自身诸般需求而生产。不难看出，在实际可行的范围内，每个人生产什么产品，取决于他对这种产品的诸般需求分别有什么特点、有多强烈。外部条件及个人需求一旦确定，生产活动及其结果大体也就确定下来了。生产紧随需求，也可以说，需求拉动生产。将自给自足的社会换成交换社会，这些结论照样成立，只不过要做一些微调罢了。

正是"这另一方面"的特性，使生产一出世就打上经济的烙印，也使生产的经济问题与技术问题泾渭分明。企业的技术经理和业务经理经常出现的针锋相对、互不相让，其实就是在告诉我们技术与经济之间存在的分歧。技术一方刚抛出生产过程革新的提议，业务一方就会立刻跳将起来反对，如技术经理建议引入新的生产流程，而业务经理不同意，理由是得不偿失。可以想象，这两位经理再怎么吵，大概也脱不了这样的路子：我还不是想让企业经营得更得当？我才知道什么样的经营才算得当，所以我会有这样的判断，云云。我们不排除有误解对方意思，甚至信口开河的可能。撇开这些因素不说，导致判断上出现分歧的唯一原因，只可能是：什么叫经营得当，这两位经理的观点实在是南辕北辙。业务经理说的经营得当，应该就是指商业上的优势。可以想象，业务经理大概会指着技术经理这样说：要革新生产流程，就要添置机器；要添置机器，就要投入资源；但老兄你知不知道，这些资源用在别的地方会更赚钱。换在自给自足社会，业务经理的反对意见要微调一下：引入生产流程革新，欲望满足程度不增反减。倘若我们如实重现了业务经理的心声，那么技术经理又是怎么想的呢？他认定的经营得当又是什么意思呢？如果满足欲望确实是一切生产的终极目标，而技术经理的提案又使得欲望满足不增反减，那么自然在经济上说不通，业务经理有充分的理由不予附议，当然，前提条件是，他用来驳斥的论点都属实。追求生产设备在技术上的尽善尽美，会油然而生艺术创作式的愉悦，但在我们看来，这种快感是要不得的。事实也是如此，一旦技术与经济发生冲突，俯首称臣的总是技术。话又说回来，技术本身不仅卓然独立，而且至关重要，技术经理的观点自有其合理之处，这也是不争的事实。因为尽管经济目标决定了将什么样的生产技术用于实际，但撇开现实障碍，从纯技术角度搞清楚技术手段的内在逻辑，也是一件相当有意义的事。有例为证。假设有一台蒸汽机，每个零部件都合乎经济标准。整台机器，已到了增之一分则肥、减之一分则瘦的程度。假如有人明知结果得不偿失，具体来说，明知为投入的燃料、人工及改良付出的成本高于从中得到的收益，还一厢情愿地增加燃料，更换有经验的技师操作，改良设备，希望这台蒸汽机发挥更大功效，这显然是不智之举。但如果只是从理论上研究一下，在什么样的条件下，这台机器有更大的功效，具体有多大，仅凭已有的知识，还能做哪些改进，诸如此类的一些问题，这倒不失为一件有意义的事。因为时机一到，这些研究很快就能付诸应用。时时拿理想和现实对照还有一个好处，这就是，再也不会因为无知而错过机会，而只会主动放弃一些机会，因为通盘比较后发现，这些机会在经济上并不划算。总之，在特定的时间，每一种生产方式都要合乎经济标准。生产方式固然有其经济的一面，也有其实物的一面。后者自有其专属的问题，遵循其内在的逻辑，透彻思考这些问题及逻辑——先不用考虑经济因素，也就是最终的决定因素——就是技术的旨趣所在；将思考的结果付诸应用，就是技术意义上的生产。

前面的思路表明，技术与经济的共性——都要看划算与否——才是根本的；至于两者之间表现出来的差异，只是各自对"划算"一词的理解存在偏差。倘若换一个思路来看的话（也就是从组合这个角度来比较技术与经济的关系），我们仍然会发现，技术与经济之间存在的那个共性才是根本的，差异是因为对那个共性的理解存在分歧。生产不可能"无中生有"，生产所能做的，只是影响或者控制事物或者自然过程——也有人喜欢用"自然力"这个词。无论是从技术角度，还是从经济角度，都不可能打破这样一条自然规律。为了方便后面的讨论，我们现在要找一个新概念，这个概念兼有"利用"与"影响"这两个词的意思。这个概念的含义固然要包括：使用、处置货物的种种方式，一切地点上的改变，各种各样的变化，包括物理的、化学的以及其他自然过程的变化。但这个概念更关心的是，如何改变人们欲望的既有满足状况，如何改变自然界的事物及力量的相互关系，如何按需要将这些事物及力量分化或组合。从这个意义上可以说，生产就是在人类力量所及的范围内，将这些事物及力量加以组合，无论从技术角度看，还是从经济角度看，这个结论都成立。一种生产方式就代表着这样的一种组合。我们说生产方式不同，其实指的是组合方式不同，首先就是组合的对象不同，倘若组合的对象相同，那就是这些对象之间的数量关系不同。任何一项生产活动，都为我们展示以及提供了这样的组合。甚至像交通一类的广义生产，也在组合这个概念的适用范围以内。企业本身，甚至整个经济体系的各种条件，也都应该被视为"组合"。由此可看出，组合这个概念在我们的分析中可谓举足轻重。

经济组合与技术组合各有侧重，前者侧重于现存的需求及满足手段，后者侧重于生产方式的基本思想，尽管如此，两者并不矛盾。技术要实现的目标，其实要看经济的要求；技术只为所需产品开发生产方式。在经济现实的制约下，生产方式并不总是能随心所欲，不可能说最好的技术想用就用，理想的结果想实现就实现，而是要服从于经济的考量。技术上的完美主义是要不得的，因为没有考虑到经济条件的制约。技术上的合理必须让位于经济上的合理。于是乎，以下的现象在现实中随处可见：破烂的绳索取代现代化的钢索；羸弱多病的牲畜淘汰良种的牲畜；颟顸无知的劳动力排挤先进的机器；原始笨拙的货币驱逐便捷的支票，诸如此类，不一而足。虽然不算少见，但经济上的最优与技术上的完美未必总能兼得，撇开颟顸不智及好逸恶劳这些次要的原因不说，主要的原因是，有些生产方式虽然在技术上已经落后，但仍然是既定经济条件下最好的选择。

"生产系数"一词刚好可以用来表示组合这个概念的内涵，因为这个词指的就是，用来生产一单位产品的各种生产资料间的数量关系。正是在这个词上，经济和技术表现出泾渭分明的差别。经济观点不仅决定两种生产方式孰优孰劣，甚至决定了在同一种生产方式下，什么样的生产系数才最合适。原因很简单，各种生产资料多少可以相互替代，这样一来，同一种生产方式下，一种生产资料的匮乏，可以通过增加另一种生产资料来弥补，而不会影响这种生产方式的正常运转。比如，蒸汽机动力的不足，可以通过增加人手来弥补，反过来也一样[16]。

既然生产的本质就是各种生产力的组合，而组合的结果当然是各种产品，那么接下来有必要搞清楚，作为组合对象的生产力究竟为何物：概括来说就是，一切可用于生产的实物及"动力"，其中一部分出自人工，另外一部分则是造化天成。许多"自然力"，譬如说电流，对我们来说就像产品一样，它们既有无形无质的一面，也有实实在在的一面。一件货物究竟应该看成产品还是生产资料，有时候只是理解的角度不同。譬如说，你可以将劳动看成一件产品，因为只有填饱肚子才有力气干活；你也可以将劳动看成一种原始的生产资料。按照我们的理解，劳动不是一件产品，而是一种原始生产资料。既然一件货物应该归入哪一类往往视个人的情况而定，那么，同一件货物，在张三手里是消费品，在李四手里可能就是生产资料。同样道理，同一件货物，用于甲处是消费品，用于乙处就是生产资料。这样的讨论在理论文献中，尤其是早期的文献中随处可见。我们只引用劳动这个例子就够了。真正重要的倒是接下来要讨论的这个问题。

各种货物离最终的消费有远近之分，因而也就有了"等级"之别[17]。不消说，消费品属于第一等级；还有些货物，将它们直接消耗掉就得到消费品，故而可以归入第二等级；依此类推，有第三、第四……这样更高也是更远的等级。在这里要切记一点：货物只有到了消费者的手里，才能归入第一等级，譬如面包师手里的面包，严格说来还不能算是第一等级的货物，只有由跑腿小厮送到才算。等级较低的货物，只要不是造化天成，那一定是由若干等级较高之货物组合而成。虽然归类方式并不唯一，但对我们最为有利的归类，是将货物归入它能够达到的最高等级。譬如说，尽管每个等级都有劳动，但我们还是将劳动归入最高等级，因为任何生产总是要最先用到劳动。每经过一级生产或组合，每加入一些其他等级的货物，货物离消费品就更近一步；随着其他货物的加入，这件货物离消费者越来越近——这不禁让我们联想到江河入海的情景：随着万千支流的不断汇集，江河冲破高山的拦截、巨石的阻碍，汪洋恣肆、浩浩荡荡地流向大海。

有一个事实值得关注：想象一下自己站在货物等级表的最底

层，自下而上地观察，你就会发现，货物的等级越高，就越难以归类，越来越不像等级较低的货物那样，有鲜明的特征和诸般明确的属性，因此注定只能有特定的用途，而不敷他用。货物的等级越高，其专用性就越低，越不能用于特定的目的，但其用途也越广，内涵也越宽。等级越高，可区别开来的货物越来越少，可归入一类的货物也就越来越多。这种情形很像在逻辑体系里，越往上逻辑概念越少，其内涵越狭窄，但包容的对象越繁多。我们不妨将货物等级表想象成一棵下宽上窄的大树，这样就会很直观地发现：我们选取的观察点离消费品越远，沿同一条线向下观察到的第一等级货物就越多。如果我们发现，有些货物完全或部分来自相同生产资料的组合，我们就说这些货物在生产上有关联。这样我们可以说，货物的等级越高，相互之间的生产关系就越丰富。

于是，只要沿着货物等级表一直向上，最终一定会抵达我们心目中的原始生产要素。不消说，它们就是劳动及大自然或者说"土地"的产物：劳动服务及土地服务[18]。其他货物起码"包含"一种原始生产要素，大多数货物都包含两种原始生产要素。一切货物都能分解到"劳动及土地"，因为不难想到，一切货物都是由一连串的劳动服务及土地服务所构成的。反过来可以说，消费品是一类特殊的货物，其特殊之处在于能够被人们直接消费掉。全部产品除去消费品，剩下的是"加工过的生产资料"，从生产端看，这类产品只是这两种原始生产要素的化身；而从消费端看，它们又是"潜在的"消费品，严格地说是潜在消费品的组成部分。到目前为止，我们还没有理由认为，加工过的生产资料是独立的生产要素，读者到后面自会发现，这样的理由根本就不存在。我们"将加工过的生产资料分解为劳动及土地"。我们可以说，消费品是由劳动及土地构成的，反过来也可以说，劳动及土地是潜在的消费品。但只有加工过的生产资料可以同时套用这两种说法，因为它们不能独立自存。

　　这样问题就来了：这两种原始生产要素之间又是什么关系？这其实是两个问题：第一个问题是，此两者是有先有后、有重有轻，还是分庭抗礼、不分伯仲？第二个问题是，此两者所起的作用是否有本质差异？别人可以从哲学、实物等角度来回答，但我们只能从经济角度来回答。我们只关心一件事：这两者的关系对经济有何意义。需要指出的是，这样的回答固然在经济理论内有效，但除非针对这个理论体系的某个特殊建构，否则不能算普适的结论。就拿重农学派来说，他们肯定土地和劳动有先有后，既然高举重农大旗，当然是以土地为先——这本身没有一点错。只要他们谨守"劳动不能无中生有"这个原则，那就没什么好反驳。但重农学派的观点对经济学有什么意义，这不免让人起疑。就拿我们来说，在这一点上认同重农学派，并不代表我们还赞同他们后续的论证。亚当·斯密也肯定土地和劳动有轻有重，但他对劳动青眼有加。这个观点本身也没错，甚至可以作为研究的起点。他无非说出了一个事实：无须劳心费力，人类就能得到大自然恩赐的物产。除此之外，要是他的观点还有什么有意义的地方，我们应该也会欣然接受。显然，在亚当·斯密的心目中，土地的物产本来是大自然的无偿恩赐，只是在圈地私有后，情况才变得不同。照他的想法，只要废除土地私有制，任何国计民生的事，只要考虑劳动这个要素就行了。这当然是一个异想天开的想法，但并不影响原来观点的合理性。大多数古典学派的经济学家无不以劳动为先，其中首推李嘉图。他们之所以敢这么做，是因为他们掌握了一件秘密武器——地租理论，有了这个理论，他们可以不用再操心土地及其价值确定了。要是地租理论真站得住脚的话，我们倒是愿意接受这个观点。说起来，像约翰·雷这样一位有独立见解的学者，就是因为先认同李嘉图的地租理论，才一并接受了李嘉图对土地的观点。还有一派学者不承认土地和劳动有先有后，我们赞同这一派的观点。说起土地与劳动的关系，在我们看来最要紧的一点是，两者都是生产所不可或缺的，这方面可以说不分伯仲，就连生产需要它们的理由与方式也一模一样。

　　第二个问题也可以有不同的回答，而且不用拘泥于对第一个问题的看法。埃弗兹（O.Effertz）就认为劳动是主动的一方，而土地是被动的一方，因为道理很简单：劳动是生产中主动活跃的一方，而土地则任由劳动支配。单就这一点而论，他的说法并没有错，但了无新意，不能予人以启示。单从技术角度说，他的观点已经很难让人接受了，但这在我们看来还不是顶要紧的。两者在人们计算得失以及买卖经营时所起的作用，才是顶要紧的，它们在这个时候表现出来的分量，差不多不相上下。劳动也好，土地也罢，都要"精打细算"地使用，都要预先判断其价值，都要遵循经济原则，在经济上受到的重视也不相上下。在任何一种情况下，都不会有其他因素牵扯进来。除了上面提到的，土地和劳动再也没有别的事情关乎我们的研究了，有鉴于此，我们应该将两者等量齐观。这样的理解，和边际效用学派是一致的。

土地已经不需要再说什么了。劳动倒还值得我们细究一番。划分劳动的标准不一而足，有些标准与我们的研究无甚关系，可以略过不提，如高产还是低产、直接还是间接、脑力还是体力、细活还是粗活。但另外两种划分标准倒是值得一提：一是支配他人的还是打下手的，二是独立还是受雇。从这两种划分标准出发，我们会得出一条相当重要的观点。劳动是指使他人的还是受人指使的，乍看起来是一条相当根本的划分标准，因为它们代表了两类相当典型的劳动。人们的第一印象是，指使他人的劳动在生产中居于高位。这种劳动对"受人指使的"劳动又是发号施令，又是监察督导，不禁让人萌生错觉：它要比其他劳动高出一截。受人指使的劳动说穿了和土地没什么两样，两者在经济上所起的作用不相轩轾。但指使他人的劳动就不一样了，这种劳动明显居于支配地位，可以说是第三种生产要素。指使他人与受人指使还有一个鲜明的区别，前者要自主确定目标，需要有创造性，这好像成了它的本质属性。追根溯源，独立劳动与受雇劳动之间的区别，就是指使他人的劳动与受人指使的劳动之间的那些区别。独立劳动唯一的特别之处，其实就是指使他人的劳动有的那些职能，除此之外和受雇劳动没什么两样。要是有人既自主经营，又操持日常工作，他其实是一身兼两职，说得通俗点，既干经理的活儿，又干工人的活儿。

　　不难发现，无论是居于高位这个特点，还是监察督导这项职能本身，都不能算是劳动最本质的差别。一位工人机缘巧合，在企业中谋得高位，干上指使督导他人的差事，这并不代表他的劳动就与众不同。就算他当上了"头儿"，不用在生产上花一点儿力气，他干的还是间接劳动的差事，说得直白点，他干的就是工头的活儿。这类劳动的另外一个特点，也就是决定生产什么、如何生产、生产多少这一类的问题，看起来就重要得多。就算有人会说，身居高位在经济上算不了什么——倒是有一些社会意义——他也不禁会承认，能作决策的劳动，那可是不一样的。

但我们立刻发现这里面的漏洞：有哪一项工作少得了决策呢？就拿学徒阶段的鞋匠来说，要是他一遇到问题，哪怕很小的问题，就去找师父，都不能独立判断和解决，那么他就没有资格要求出师自立门户。师父没少教他修鞋的生意经和手艺，但不会时时在他身边帮他拿主意。再拿电工来说，在上门维修电路故障前，他未必就完全清楚问题出在哪里、如何解决，有些问题要到现场拿主意。再以销售代理为例，他既不是"企业主"，也不是"单干户"，按理说和决策无关，但要是企业只划定一件商品的价格区间，而任由销售代理在这个区间里灵活处理，后者其实已经是在参与价格决策了。最后是经理人或独立的企业主，他们要作的决策、要解决的问题当然是最多的。但他早就学会了生产什么，为什么生产。最要紧的是，他已经知道如何生产：他不仅掌握生产技术，还了解与生产有关的各种经济数据。他要作的决策，在本质上和未出师的鞋匠没什么两样，有的只是程度上的差异。生产什么这件事其实不要他操心，因为已经由需求预先划定好了。他连具体的目标都不需要制定，只要按照外部条件的要求行事即可。说起来，这些给定的数据倒也不是一成不变的，一旦有变化，就要看他对变化的应对有多快、有多得当。但试问哪一项工作不是这样呢？他不大会先搞清楚事态的主要条件，然后再做应对；一般来说，只要他觉察出一些苗头，尤其是他的主顾在需求上出现的苗头，他就会立刻做出应对。由于他是逐步适应这些趋势的，故而不大会忽略重大环节，最多只会漏掉一些微不足道的细节。由此可见，只要人们是根据已知的环境来决定在经济上如何行事——这也正是我们在这里以及经济学一直研究的问题——那么，无论他们是指使他人，还是受人指使，其实都无关紧要。两者都受制于同样的经济规律，在这一点上，指使者并不比受人指使者超脱多少。而发现这些经济规律，证明偶然的背后其实是必然，乃是经济理论的核心任务所在。

这样，依照我们的假设，没有谁是生产资料及生产过程的主导者，严格来说，消费者才是真正的主导者。企业的经理人看似主导生产，但他该做什么事情，都是欲望或需求预先划定好的，而这些事情该怎么做，也是现成的生产资料及生产方法规定好的。仅当作为消费者提出需求之际，个人才对生产有影响力。从这个意义上可以说，决定生产走向的，绝不仅仅是企业的经理人，而是每一个人，尤其是严格意义上的工人。离开这一点大谈个人主导生产，是没有意义的。过去主导经济体系的数据已经相当熟稔。倘若这些数据保持不变，经济也将一如既往地走下去。一旦这些数据发生变化，就不再为人所熟悉了，但只要尽力，一般还不至于跟不上变化。人们不会无缘无故就作出改变，除非他觉察到外部条件正在改变。要是外部条件确已改变，而人们还想因循成法，数据与行动之间必有龃龉，这是任何一个正常的人都不能容忍的事。各人自有其行事风格，未必都像我们假设的那样。但只要变化仅仅出于客观必然的作用，经济中就不会有任何创新的成分。要是真有人不依我们假设的那样行事，情况就大不一样了，会有新的现象涌现出来。至于这些现象是怎么回事，容后再说。我们目前要做的，就是说清楚经济事实固有的规律。

从我们的假设可知，只要外部环境给定，劳动数量也就随之确定。我们在前面只提出劳动供给数量的问题，并没有给出回答，现在是时候补上了。要是有人没头没脑问起来，一个经济体的就业率会是多少，相信没人能从一开始就给出一个确切答案。要是我们暂且假设，每个人都知道自己的劳动用于何处最有利，换言之，劳动的各种用途按照严格的等级排列，这样一来，在这张等级表的每一点，劳动每一项具体用途的预期效用都需要拿来和随之而来的负效用做比较。谁都知道，养家糊口可不是一件轻松的事，常常压得人喘不过气来，只是为了生计，人们才不得已而为之；只要条件允许，试问有谁不愿意卸下这副重担？有了这些结论，就不难确定一个工人愿意干多少活。在每一个工作日的开始，两相比较的结果一定是，工人愿意干活。但随着工人的欲望越来越能得到满足，他的工作动力越来越薄弱，而天平另一端的工作负效用，反倒越来越高；越比较下去，工人就越不想继续工作下去，随着效用与负效用不断地增加，每个工人都会来到两者刚好相等的这一刻。不消说，这两股力量的大小因人而异，因国家而异。理解了这些差异，大体上也就明白小到匹夫的荣辱、大到一国的兴衰的缘由。但是，差异归差异，并不影响这些原理的实质[19]。

劳动的服务也好，土地的服务也好，都只不过是生产力。衡量某个等级劳动的数量并非易事，但总还是做得到。这样的情形在衡量土地服务时也曾遇到：哪怕实际做起来再复杂，原则上总是能对土地服务作出一番衡量。假设只有一种生产要素，只凭某个等级的劳动就能生产出全部的产品——这个假设算不上异想天开，只要假设一切大自然的物产可以随意取用，无须盘算来盘算去就成了——要么假设两种生产要素各行其是，各有各的产品，互不牵扯，在这两种假设下，只要完成这样的衡量，生产者的业务筹划就算成了。要是生产者面对的问题是，有价值相等的甲、乙两种消费品，生产一单位甲消费品，需要三个单位的劳动；生产一单位乙消费品，只需要两个单位的劳动。在这种情况下，生产者可以轻易作出取舍。但现实情况断不会如此简单，因为在现实中，生产要素总是共同参与生产。可以想象，生产者会面临这样的问题：现有价值确定的甲、乙两种产品，生产一单位甲产品，需要三个单位的劳动和两个单位的土地；而生产一单位乙产品，则需要两个单位劳动和三个单位土地，在这种情况下，生产者如何作出取舍呢？要是没有一个统一的标准或共同的单位，这两种组合显然无法相互比较。这就是著名的配第问题[20]。

　　这个问题的解决，让我们知道了归属理论（Imputation Theory）。人们想要衡量的，其实是他掌握的各种生产资料孰重孰轻。他要有一套标准，不然他的行动就无章可循；他要有一套参数，不然他就会无所适从。说到底，他要有一套价值标准。但只有消费品才谈得上价值标准，因为只有消费品才能直接满足他的欲望，各种消费品对他孰轻孰重，说到底取决于满足他欲望的情况。我们前面就曾指出，劳动服务及土地服务存量不像消费品，没有相应的价值标准；我们现在可以接着指出，加工过的生产资料也是如此。

不难看出，生产资料之所以有用，靠的是有助于欲望满足；之所以有助于欲望满足，靠的是为生产消费品出了力。生产资料的价值其实来自消费品；或者说，这些生产资料促成了消费品，而消费品反过来又将价值回馈给前者。消费品的价值"经过归属"落到生产资料身上，而生产资料也凭借归属来的价值，成为每一笔生意必须盘算的对象。生产资料也好，土地或劳动也罢，其存量的总价值往往大到难以用具体数目表示的地步。话又说回来，就算不知道这个总价值的具体数目，也并不影响实际经营或理论研究。这绝非放弃每一个生产机会的问题，而是面对这么多机会，如何分配有限生产资料的问题。譬如一个离群索居的人，无论是生产还是谋生，劳动和土地对他都缺一不可，但他就没把握说出劳动和土地的价值各是多少。穆勒说过，劳动服务与土地服务不仅在数量上不确定，相互之间也不可比[21]。总的来看，他说得很对。但他接着又说，即使是具体的产品，情况也是如此，也就是说，没有人能够分辨出，在这件产品中，土地和劳动贡献的份额各占多少，那就不对了。谁也没法从实物上将两者分开，这倒是事实，但从经济上说也没这个必要。任何人都清楚经济上要做到的是什么：每一种生产资料的一小份增量，会带来多大的满足增量。我们不打算深究归属理论[22]。

消费品的价值在于能直接为人所用，生产资料则不同，其价值在于能带来"报酬"（return value，Ertragswert），或者说具有生产力。消费品有边际效用，生产品则有边际生产用途，也就是常说的边际生产力。土地或劳动的一单位服务的价值，取决于土地或劳动的边际生产力。一单位劳动服务或土地服务的重要性，取决于劳动或土地的边际生产力。边际生产力的定义是：存量一定的劳动服务或土地服务，在一单位劳动服务或土地服务协助生产出来的产品中，最不重要的那个单位产品的价值，就是边际生产力。这个价值揭示的是，一份劳动服务或土地服务，在社会产品总价值中占多大份额；说这个价值是一份劳动服务或土地服务的"产品"，应该不会让人不知所云。对一个不太熟悉价值理论的人来说，这些干巴巴的表述实在难以传辞达意。我建议他参阅克拉克教授的《财富的分配》一书——这本书对价值理论的表述相当精辟，对"劳动的产品"这个说法也有透彻的阐发 [23]——我只想补充一句：从经济研究的角度说，他说的含义，乃是"劳动的产品"这个说法唯一确切的含义。只有紧扣这层含义，我们才可以在这里使用这个说法，我们才可以说，在交换经济中，土地服务和劳动服务的价格——分别是地租和工资——是由土地和劳动的边际生产力决定的，在自由竞争下，地主和劳动者得到的报酬，正是他们掌握的生产资料的产品。这个定理在当代经济学理论中已经没有多大争议，这里暂时就说这么多。相信随着论述的不断深入，读者对此自会有更深刻的领悟。

　　接下来讨论的这一点对我们也很重要。事实上，生产资料的价值之所以拿来就能用，乃是因为人们凭着丰富的经验知道，这些生产资料最后会变成什么样的消费品。生产资料的价值视消费品的价值而定，要是有不同以往的消费品生产出来，生产资料的价值亦必随之改变。只有看到从无到有的整个过程，我们才能把握经验的本质，既然如此，我们选取的研究起点，就不能是经验已成的那一刻，而是他还不知道在已有的若干用途中如何取舍的那一刻。他首先要用生产资料生产最急需的产品，然后根据需求的轻重急缓依次生产。此外，每一步取舍之际，他都要问自己，要是将生产资料用于当前优先的欲望，会有哪些欲望因此而得不到满足。除非更强烈的欲望都依次得到满足，不然每一步的取舍在经济上都站不住脚。只要他还没有作出取舍，这些生产资料的价值就不会明朗。同样是增加一份生产资料，但在每一种用途上产生的价值各自不同。只有在他作出选择且后来得到经验证实后，他才会知道，增加的这一份生产资料究竟对应的是哪一项价值。任何一种给定的欲望，在更强烈的欲望尚未得到满足以前，它都不会得到满足。取舍之际遵循的基本原则是：只有强烈的欲望得到满足，其他欲望才排得上号。由此可以推断出，全部产品在不同用途间配置的原则是：每一种产品在每一种用途下的边际效用都相等。等到这个时候，他就明白了，以他目前的处境和想法来说，没有比这更好的结果了。只要依此行事，他就一定敢说，以他目前的处境来说，他不可能做得更好了。他一定会不遗余力地照这个标准来配置他的产品，一定会不停地调整计划、修止计划，直到实现这个目标。要是没有经验傍身，他只能通过不断的摸索一步步靠近这个目标。如要是他已经积累出这样的经验，他会尽量循原路而行。要是经验所反映的那些条件有所改变，在新条件的压力下，他必须作出应对，裨使他的行事以及对产品的估价，合乎改变后的条件。

无论如何，他都会有一种使用每一种产品的边际方法，也就会有一个边际欲望满足，也就会有一个明确的效用指数，这个指数表示的是，产品的每一份增量对应的效用。这个效用指数明确规定了每一份增量在个人经济中所处的地位。要是出现新的使用机会，也必须以这样的价值加以审视。但要是我们回过头来看此人已经作出"取舍"，以及由此产生的效用，我们就会发现，无论在哪一种情况下，真正起决定作用的，不是这个边际效用，而是另外一种效用。譬如说，今有一件产品，它有三种用途，我会将它分成相应的三份来用；假如这种产品有了第四种用途，我会根据前三种用途实现的欲望满足情况，来审视这种新用途。这种效用并不影响我之前对产品的分割，因为它是在这种分割决定作出后才出现的。无论如何，每一件产品最终总会形成一个确切的效用等级表，通过这张等级表，我们会知道这件产品各种用途的效用，并得出这件产品确切的边际效用。同样道理，一件生产资料，可以通过它的"产品"，或者用维塞尔的说法，通过它"对生产的贡献"，可以得出它的效用等级表以及确切的边际效用。

　　一切生产都免不了要在相互竞争的若干用途间作出取舍，有取就有舍，也就要放弃生产其他产品。这样一来，生产的总价值绝不是一项净收益，而只是一项剩余，是从选定产品的价值中减去舍弃产品的价值后的剩余。只要想象一下，选定产品与舍弃产品分置于天平两端，你就会发现，舍弃产品的价值不仅是抗衡选定产品之价值的力量，也是衡量后者分量的砝码。这样就接触到成本这种要素了。成本也是一种价值现象。生产者为生产一件产品所耗费的，说到底是一些消费品，因为要是他不生产前者，本来是可以用同样那批生产资料生产出这些消费品的；由于他取此舍彼，结果这批消费品于今不存。生产资料的开支其实意味着舍弃，无论是劳动这种生产资料，还是其他生产资料，概莫能外。诚然，劳动开支是有些特殊，还得满足另外一个条件：从每一笔劳动开支得到的效用，起码要能补偿随这笔劳动开支而来的负效用。但只要这个条件得到满足，人们对待劳动支出和其他生产资料支出的态度也就没什么两样。

这样说来，尚未满足的欲望绝非无足轻重。它们的影响无处不在。任何一项生产决策，都要从它们的层层围堵中杀将出来。生产朝一个方向推进得越远，就越难透围而出，理由很简单：随着一项欲望不断得到满足，进一步满足它的劲头不断减弱，进一步生产实现的满足增量亦不断减少，但随着生产资料不断从他处抽调过来，不得不放弃的欲望也越来重要。此消彼长之下，从这个方向生产的价值中得到的收益越来越小，最后乃至于无。到了这一刻，这个方向的生产就算走到头了。这就是所谓的生产报酬递减规律。但这条规律与实物产品递减规律完全不是一回事，成立与否也和后者无关[24]。哪怕实物产品递减规律不成立，甚至实物产品竟然递增，成本递增这条经济规律也一定会起作用。因为就算实际投入的实物数量在不断减少，但这项投入的价值一定会涨个不停，直到得自生产累积效用的收益消失。在这种情况下，虽然每个人欲望满足的总体水平都有所提高，但这个现象的本质不会有什么不同。

生产者所考虑的成本，其实只不过是他用来兼顾生产资料的其他用途的一种方式。有了这样的考虑，生产资料不会在一种用途上没完没了地投下去，生产者行动起来也有章可循。但在习惯的作用下，这样的考虑很快凝练为成本这个简捷的术语，人们用得也方便，不必每次都从头再来。生产者在成本的概念下组织生产，并在需要的时候对它作出调整，以适应不断变化的外部环境；成本这个概念不仅高度浓缩了欲望和当前满足方式的一切关系——一般人只能意识到其中很小的一部分——也集中反映了决定他的生计及其经济视野的一切条件。

既然成本表示的是生产资料其他潜在用途的价值，那就应该归入社会资产负债表的负债栏。此乃成本现象的根本所在。注意不要将成本和生产资料的价值混为一谈。后者表示的是现有产品的总价值，这个总价值理论上高于成本。但根据前面提到的边际原理，在生产的边际点，这个总价值和成本相等，因为成本持续上涨，直到等于产品的边际效用，继而等于投入其中的生产资料的价值。这一点就是此人的最佳位置，也就是通常所说的经济均衡[25]。只要既定的数据保持不变，这种均衡就会周而复始地出现。

这个结论有着不同寻常的意义。由此得出的第一条推论是：对生产者来说，产品的最后一个增量没有收益，因为这个产品的效用被成本抵消殆尽，任何产品都不例外。不消说，只要理解不出偏差，这个推论完全是不言自明的。由此得出的第二条推论是：一般情况下，在扣除生产资料的价值后，生产实现的价值不会有任何剩余。生产实现的价值，都是当初做计划时已经预见到的价值，也就是预先潜藏在生产资料里的价值。我们前面说过，生产不会无中生有地创造价值，当时我们的意思是，实物不会无中生有，现在这个说法又多了一层含义：价值在生产过程中不会增加。将来的欲望满足固然取决于将来获取的产品，但在生产结束前，同样取决于获取必要的生产资料。人们固然尽力避免产品出现损失，但何尝不是尽力地避免那些生产资料出现损失呢？让他放弃那些生产资料只有一个原因：他从产品中得到的补偿分毫不差。

现在归属法必须追溯到原始生产要素，也就是劳动服务和土地服务。归属法不会止于任何加工过的生产资料，因为只要套用同样的论证，就可以得出这个结论。所以从目前来说，不会有一件产品，在扣除投入其中的土地服务及土地服务的价值后，它的价值还会有剩余。我们曾经将加工过的生产资料分解为劳动和土地，到现在应该明白了，它们（无论是加工过的生产资料，还是劳动服务及土地服务）只是估价过程中的临时项目。

这样，在交换经济中——这算是提前宣布后面的若干结论了——自由竞争下的一切产品，其价格必然等于投入其中的劳动服务及土地服务的价格。虽说产品要等到生产结束后才算真正得到其价格，但在生产结束前，只要生产资料投入到位，这个价格已经是板上钉钉的事了，因为论起这个价格的决定因素，生产资料和产品本身不相上下。每个生产者得到的收入，必须一分不剩地付给生产资料的供应商；后者也一样，他们得到的收入，也必须一分不剩地付给生产资料的提供者，如此环环相扣，直到最后，最初得到的那笔收入，一分不剩地付给劳动服务及土地服务的提供者。关于这一点，我们大致先说上这么多，更多的情况容后再说。

这里就出现了成本的第二个概念，一个交换经济才有的概念。商人手上的货物，或者用来生产这些货物的生产资料，都是他的生产费用；为获得这些货物或生产资料而向别人支付的款项，在他看来就叫成本。严格来说，他还漏算了一项成本，就是他本人在经营活动中投入的劳动的货币价值²⁶。因此，这些成本说到底是劳动服务与土地服务的货币价值。这些货币价值一定等于得自产品的收入。这样一来，生产的运转一定是没有利润的。经济若按理想方式运转，应该无利润可言，这个说法似是而非，让人起疑。但读者若还记得前面那些命题的含义，就不会觉得这个说法有什么不妥，起码是有些道理的。当然，我们的意思不是说，一个达到绝对均衡的经济，其生产毫无成果可言，我们的意思只是，生产的成果尽归原始生产要素。价值是稀缺的象征，同样道理，利润是失衡的象征。但只是这么说，还不足以打消人们的疑虑。因为人们经常看到的现象是，扣除他的劳动应得的薪酬，以及他的土地应得的地租后，生产者手头确实还有结余。要是净利润的含义就是扣除成本后的剩余，凭什么说一定就没有一个普遍的净利润率呢？竞争也许会榨干一个行业的特殊利润，但不可能榨干全体行业的普遍利润。姑且就假设生产者实现了这份利润。这样一来，他们一定会据此来估价为这份利润做出贡献的生产资料。这批生产资料要么是原始生产资料，也就是劳动服务或土地服务，要么是加工过的生产资料。前一种情况我们在前面已经提过，这里不再赘述；在后一种情况下，这批生产资料一定得到更高的估价，水涨船高之下，投入其中的劳动服务及土地服务的估价，也一定高于投到别处的劳动服务及土地服务。但这怎么可能呢？果真如此的话，这些要素的物主还不闻风而来、竞相杀价啊？至此结论也就不言而喻：净利润不可能存在，因为产品的价值和价格，一定会被劳动服务及土地服务的价值及价格吸收殆尽。哪怕全部生产是由众多的独立企业协作完成的，这个结论也照样成立。本来还有些内容应该在此分析，但唯恐读者不耐烦，只好暂时割爱，容后再说[27]。

即使拿古典理论的标准来衡量，这个结论也不像表面看起来那样离经叛道。从成本价值论，尤其是李嘉图的劳动价值论出发，其实可以得出相同的结论。理解了这一点，我们也就明白了，为什么有些经济学家热衷于将一切收入都贴上工资的标签，有时候连利息也不放过。如果说古典经济学家没有把这个道理讲透[28]，那也是因为，一来，他们在推导其原理的结论时不够缜密；二来，从表面看，我们的结论似乎和事实有较大的出入。说起来，应该是庞巴维克在经济学上第一次明确指出产品的全部价值，原则上应该由劳动和土地瓜分殆尽，当然有一个前提条件：整个生产不出一点岔子，在这个完美的境界里，整个经济根据当前的生产调节到位，全部价值都根据这个数据调节到位，各种经济计划既配合无间，又互不干扰。试问世间哪里有这样的完美境界呢？因此，庞巴维克接着指出，由于两种干扰因素的存在，产品价值和生产资料价值之间的相等关系被一再打破。第一种干扰因素，就是人们常说的摩擦。经济运行不畅的原因，说起来可是多如牛毛，如进退失据、时运不济、好逸恶劳。这些原因以众所周知的方式，不仅成为亏损的渊薮，也成为利润的源泉[29]。

我们先不急于讨论庞巴维克所说的第二种干扰因素，因为还有两个相当重要的概念值得我们多说几句。其一就是风险。不难想到有两类风险：一是技术上行不通，意外损失的风险也可归入此类；二是商业上行不通。只要商人能够预见到这两类风险，他们会立刻据此修正经营计划。从具体手段来说，他们可以在成本项中开列保险费用，也可以拨出专款来防范一些特定的风险，或者干脆先避开高风险行业，从而兼顾——也就是平衡——各项生产间的风险差异，坐等高风险行业的价格升高到足以补偿风险的地步[30]。在一般情况下，这些旨在弭平风险的手段，没有哪一种能生出利润来。生产者可以采用各种手段来防范风险，如构筑堤坝、机器投保，这些手段也确实起着拱卫生产成果的作用，但他也要为此付出成本。保费显然不是生产者的利润来源——最多是保险公司的利润来源，因为它可以从风险组合中牟利——因为一旦将来有需要，这笔保费就得拿出来。虽然高风险表面上对应的是高回报，但这个高回报必须乘上概率，结果实际价值也就打上折扣，折扣部分刚好等于这份剩余。谁要是将这份剩余消费掉，一旦将来出事了，他就得原封不动地吐出来。风险其实并不像人们经常认为的那样，是一项独立起作用的因素，有一份独立报酬因它而生。当然，要是人们没有提前预见到风险，或者不管怎样，就是没有在制订经营计划时考虑到风险，情况就大不一样了。有人会遭无妄之灾，也有人会发意外横财。

　　接下来要考虑的第二点，才是这类收益或损失的主要来源。这就是人们一直用来计算的那组现成数据自行出现了变化。因为形势也随之改变，而要调整适应到位，却非一朝一夕之功。在此之前，成本与收入对不上号的事一定不在少数，至于偏差可正可负。调整适应怎么说都不是一件容易的事情。单单是改变后的事态是个什么样子，短时间内恐怕都不会有人知道。就算已经知道了，要从中得出结论，那就更是难上加难：撇开这中间会遇到各种意想不到的障碍不说，现成适用的工具也少之又少。就连针对原来业已存在的产品的调整，常常都不敢说完全到位。至于耐用生产资料，那就更不用说了，因为耐用生产资料的消耗不可能在一天之内完成，而是需要时日；在此期间，外部条件的自行变化当不可避免，于是在确定耐用生产资料价值时，就必须考虑到这个特殊之处，这也是李嘉图在《政治经济学原理》一书的第一章第四节特别提到的。耐用生产资料的报酬本来是等于成本的，如今和成本不再有什么关系，只能各自为战了；在供应端没有变化的情况下，耐用生产资料的正当价值已经改变。这样一来，这部分价值变成一种不同寻常的报酬，因为拿它们和投入其中的劳动服务及土地服务的货币价值相比，不是过高就是过低。在商人眼里，它们和土地的价值有得一比。我们也依照马歇尔的做法，称之为准租金。

在庞巴维克看来，还有一个干扰因素会改变归属的结果，正因如此，一部分产品价值才没有表现在劳动服务与土地服务里。这个干扰因素就是，除了直接用来糊口的原始生产，一切生产都非一朝一夕之功[31]。由于有这个因素，生产资料就不仅仅是潜在消费品了，两者之间多了一项根本差别，这就是横亘其中的时间。生产资料既然是潜在的消费品，其价值自然不及现成的消费品，自然也就不会尽数吸收掉消费品的价值。

我们此刻接触到的问题虽说极其深奥，但对本书的重要性有限，所以我们只关心其中的一个问题。在一个正常运转的经济中，生产年复一年，沿着同一条路径周而复始，并且一切数据都保持不变。在这样的经济中，生产资料的价值会不会普遍低于产品的价值呢？可以将这个问题一拆为二：其一，撇开主客观的风险系数不说，在这样的经济中，将来满足的价值，会不会普遍低于当前同样满足的价值？其二，在这样的经济中，如果不是时间流逝本身对人们的估价带来影响，难道说，还有什么其他因素在此期间冒出头来，一手造成这些价值上的偏差？

先来看第一个问题。肯定的回答看起来当然很有道理。譬如同样一件礼物，当场馈赠就要比先许诺后兑现更受人欢迎[32]。但这个问题和这里的讨论无关，毋宁说属于对收入的常规流动的估价。来看一个虚构的例子。今有某君，他领有一笔终身年金。假设此君的欲望终其一生保持不变。这笔年金也数量可观，可令他高枕无忧，无须另行拨出专款，来应付各种意外及风险损失。他也清楚自己没有额外负担，也不会心血来潮、冲动行事。也不存在以生息为目的的投资性储蓄，因为要是有的话，等于就是肯定利息已经先行存在了，这就容易掉进循环论证的陷阱里。请问处于此情此景中，他真会认为，稍远的每一期年金，其价值不及稍近的每一期年金吗？抛开人生祸福无常这一点不说，他真愿意放弃将来某一期的年金吗？当然不会，他要真这么做了，放弃稍远的一期年金，换到的报酬不及稍近一期年金应得的报酬，届时他就会发现，他实际得到的欲望满足总量不及应得的数量。轻举妄动的后果是招致损失，故而是不划算的。这样的事当然不少发生，就像其他一些有违经济原则的偏差不少发生一样[33]。严格来说，现实中遇到的大多数例外情况，其实并不是什么"偏差"，而是因为我们的假设与事实不符，才被贴上"偏差"的标签。但要是我们发现，显著高估当前享受的情况确实存在，而且在未成年人及未开化民族身上尤其明显，那么，仅仅说一句，未成年人及未开化民族只懂能直接糊口的生产，并不足以解决眼前这个经济问题。在未成年人及未开化民族的眼里，将来的欲望不是价值稍逊，而是压根儿就不存在。因此，他们做不了需要长远眼光的决策。话又说回来，他们也不需要做这样的决策。即使人们知道了欲望及其满足手段有各自的节奏，在特定的情况下，他也有可能不认同这个结论，即偏于一端都会损及欲望满足，但他不能从根本上否认这个结论。

　　再来看第二个问题。凭什么说生产就一定像我们假设的那样展开，难道不会另辟蹊径吗？凭什么说货物流一定以恒定的速度连续流动，而不会时慢时快、时弱时强？更要命的是，既然生产越高产就越耗时，因此只有掌握现货的人，才有资格采用耗时的生产，难道这个事实不会影响现货的价值，并使时间在循环之流中起到决定作用吗？我们对这些问题的回答一概是否定的。其中蕴含的深意，人们一时间也许无法体会到，而只能随着研究的深入才会逐渐呈现出来。我们并不否认时间在经济中所起的作用，只不过我们看待时间的角度有所不同。如何率先引进更高产却也更耗时的生产过程，和时间在这种生产过程中起着怎样的影响，这是截然不同的两个问题。我们现在讨论的，不是如何率先引进新的生产过程，而是循环之流的运行特点，其中的生产过程已经确定且正常运转。在循环之流中，高产的生产哪怕生产周期再长，都和其他生产一样，立刻收获其成果。比较两种生产方式哪种更高产，不能只看名头，而是要看在相同的时间内，用相同数量的生产资料，哪一种生产方式会生产出更多的产品。假如必要的劳动数量及土地数量是给定的，不用任何选择，这种高产的生产方式就会无限期重复下去，产品就会不绝如流。就算产品不是源源不断地出现，在这种情况下也不会出现对将来产品的低估[34]。因为，虽然这种生产的成果要每隔一段时间才会成熟一次，但由于人们会据此调整他们的消费，确保消费的连续和均匀，这样一来，这种生产也不会有等待现象，那还有谁会低估将来的产品呢？假如我确信，凭着手头的现货，将来一定会有更多的货物，那么我肯定会高估现货。一旦我已经确信这一点，并据此调整到位，我就不再会高估现货，我对现货与将来货物的评价也就不分伯仲。单凭手头有现货，不再会意味着将来有"更多的"货物。我们可以按照这个思路，将前面提到的终身年金的例子稍做拓宽。假设原来年金是按月支付，每月1000美元。而现在年金支付方式改为一年一付，年底一笔头支付2万美元。这样一来，在年底支付日到来前，此君会度日如年、备受煎熬。但一旦他熬到年底，领到这笔年金，那时候他就会发现，在后一种方式下，他的生活有所改善，他会按一年多出的这8000美元，而不是其中的一部分钱，来衡量生活改善的程度。

如果有人举出节俭[35]——也就是延后消费——诸如此类的因素，我们的回答也大同小异。读者对此有兴趣的话，我特别推荐庞巴维克对此的阐述。我们只需将我们的观点表达清楚即可。节俭是现实存在的现象，矢口否认当然是行不通的。但这个现象绝不像表面看上去那么简单，这么说吧，到目前为止，我还没看到有哪一条分析能深刻揭示节俭的根本特性及表现方式。要理解这个现象，同样也要先明确区分"创造出一种生产方式"和"这种生产方式创造出来后的正常运用"。无论节俭在前一过程中起着什么作用——这一点还会反复提及，如下一章讨论储蓄的时候——但生产一旦成为循环往复的事，延后消费就不再必要。生产者无须"延后消费"常规的报酬，因为这笔报酬随需随有，这已经成为一种常态。在常规的循环之流中，人们不需要抗拒周期性出现的即时生产的诱惑，因为只要他一抗拒，他的境况立刻就会变糟。因此，如果节俭的意思就是抑制消费，那么节俭并不能算是一种报酬源泉，因为依照我们的假设，除了劳动与土地，再也没有其他报酬源泉了。最后，有人会说，要是新的生产方式只能靠省吃俭用才能创造出来，那么日后还得用正常的生产所得来偿还，既然如此，怎么能说节俭在常规的循环之流中不起作用呢？我们是这么来看这个问题的。首先，后面的研究表明，在生产要素的各种供应来源中，节俭只是不起眼的小角色，具体来说，率先采用新生产方式，不一定非要先积累起一定的货物不可。其次，在这种情况下，硬要将节俭视为一项成本，其实是对同一项目的重复计算，这一点庞巴维克早有明断[36]。无论延后消费的是什么东西，它肯定不可能是循环之流中的关键要素，原因很简单：一旦循环之流步入正轨，在一笔支出或一项劳动和欲望满足之间，就不存在任何间隔。借用克拉克教授精当的概括就是，两者自动保持步调一致[37]。

归属理论揭示了任一产品价值的来龙去脉。唯一要补充的一点是，这些产品的价值不是独立自存，而是相互依存。只有两类商品是这条规则的例外：其一，本身不可替代的商品；其二，生产这类商品的生产资料不可替代，而且不能用于别处。这样的例子不是没有，如造化天成的消费品，但属于可以忽略不计的例外情况。除此之外的其他产品，其数量和价值之间有着不可分割的关系。归纳起来，这些关系无外乎互补品、一物多用、替代品这几种。即使两种产品只有一种生产要素相同，它们的价值仍然有了联系。因为，既然这两种产品都要用到这种生产要素，那么这两种产品各自的数量及价值，必须合乎这种生产要素的边际效用相等这条原则。不消说，既然劳动无处不在，一切产品都因这种生产要素在生产上有了千丝万缕的关系。任一产品的数量及价值，都要受到其他所有产品价值的影响，也只有考虑到后者才说得通。因此我们可以说，对任何一个人来说，各种产品的价值既自成一体又相互依赖，共同构成了一个价值体系。

同样，当他在做经济方面的决策时，他也不会将浓缩于这个价值体系的所有事实都翻出来过一遍，而只会关注手头现成的一些指标。他处理日常事务依据的是传统习俗和经验，使用一件产品首先看它的价值，而这也是经验提供的。话又说回来，他的经验，就其构成以及性质来说，在这个价值体系中也已经是确定的。经过年复一年的相互适应，各种产品的价值得以确立。我们说过，这个价值体系表现出相当的稳定性。每个经济期总是重回前一个经济期走过的老路，每种产品总是再次实现同样的价值。哪怕这种稳定的状态被打破，价值体系的连续性也总能在一定程度上得以保持，因为就算外部条件有所改变，他完全不必操心会推倒重来，而只需考虑如何调整原先的做法，以适应新的条件。价值体系一旦形成，经济组合一经确立，就无一例外地成为每个经济期的起点，本身也就越来越难以撼动。

只有价值体系保持稳定，人们才有可能在经济上采取行动。事实上，在大多数情况下，他们也不可能费心来从头形成这方面的经验。而且我们也注意到，前一期的产品数量及价值，在一定程度上也会决定后一期的产品数量及价值，但单凭这一点，还不足以解释价值体系为什么会保持稳定。一个显著的事实是，这些行为准则已经得到经验的证明，人们也很清楚，只要依照这些准则行事，准能得到最好的结果，自作聪明往往适得其反。如果将人们在经济上积累的经验比作山岳，那么价值体系就相当于地质学。我们对价值体系的分析也表明，假如人们的欲望及对将来的看法是确定的，那么，产品的这些数量及价值，可以看成外部给定条件的合理结果。

这样说来，人们凭经验行事并非偶然，而是有其理性依据。总会有一类经济行为，采取这类行为后——外部条件给定——在有待满足的欲望和手头掌握的满足手段之间，就实现了最优平衡。和这个价值体系相对应的，是经济实现均衡的一个位置，除非人们觉得每况愈下，不然这个均衡位置的任何部分都不会改变（如果一切数据都保持不变的话）。因为只要人们只关注如何调整适应这些条件，只想着遵循经济的客观必然，而无意改变它们，那么，只会有一种行事方式入他的法眼[38]，而且只要这些给定的条件保持不变，这种行事方式的结果也保持不变。

要是读者对竞争交换、垄断交换及其价格的一般理论不陌生的话，我们不妨顺便再多说几句。不消说，无处不在的交换当然会改变每个人的价值体系。在交换经济中，边际效用定理仍然成立，根据这条定理分配的资源，用在各种用途上的边际效用相等。在交换经济中，这条定理可以表述为：对家庭来说，价格等于消费者手中货物的边际效用；对厂商来说，价格等于生产者手中货物的边际生产力。但我们注意到，交换经济中出现了一个新的现象：生产者用来衡量产品的依据，不再是这些产品给他带来的"使用价值"，而是他用这些产品最终换到的那些商品的效用[39]。每个人用来评价其产品的尺度，每个人用来评价刚好持有的生产资料的尺度，其实是他对另外一些货物的评价尺度，这些货物要么是他用其产品交换得来的，要么是用出售那些生产资料服务得到的收入买来的。人们凭经验知道，该怎么完成这些交换才对他最有利，从而估计出每一种商品或生产性服务的价值。

在交换经济的每个经济期，难以胜数的交换如涓涓细流，汇成生生不息的经济洪流。交换规律不仅告诉我们，如何根据给定条件来解释这条循环之流，也告诉我们，它为何要作出调节以适应这些条件的改变。假设这些条件保持不变，每个经济期为消费者生产的货物，每个经济期被生产者消耗的货物，在种类和数量上都将和前一经济期一模一样，这不仅因为人们在现实中的行事依据确实是那些屡试不爽的经验，也是因为我们在理论上也认为他们的行事依据是，他们知道在给定的条件下，如何让现有手段发挥最大效益。除了这层稳定的关系，前后两个经济期还有另外一层关系：每个经济期用到的货物，是由前一期提供的，而每个经济期也生产出后一期要用的货物。方便起见，我们对这个事实做一番假设：每个经济期只消费前一期生产出来的产品，也只生产用于后一期消费的产品。不难看出，将经济期想象成首尾相衔的样子，丝毫不影响基本原则。根据这条假设，任何一件消费品，从生产出来到被消费掉，不多不少要经历两个经济期。

在每个经济期，这些经过简化后的生产和消费活动，都要通过交换才得以完成。我们现在就要对这些交换加以归类。首先我们来看一类交换。对于这一类交换来说，无论到手的是什么货物，其目的都是转手卖掉。这类交换不在我们的研究范围之内[40]。虽然理论证明，在任何一个贸易经济中，这一类交换都数量可观，但我们对这种纯技术层面的交换没什么兴趣。接下来看每个贸易经济都有的另外一类交换：用劳动服务及土地服务换取消费品。毋庸置疑，这一类交换在货物流中也占有相当的比重，而且也正是因为有这类交换，货物流才首尾相衔。然而，劳动者及地主出售的生产性服务，要到经济期末才能收获其产品，但换到的却是现成的消费品。再者说，劳动者及地主出售的生产性服务，尽管其中一部分是用来生产生产者需要的货物，但换取的都是消费品。每个经济期，无论是那些已经变成生产资料的劳动服务及土地服务，还是那些没有变成生产资料、有待在当前经济期得到使用的劳动服务及土地服务，交换的都是上期生产的消费品。如果这个说法与事实有出入的地方，那只是为了表述的方便，丝毫不影响其中的基本原则。在交换前，劳动服务与土地服务在哪些人手里，这谁都知道。但交易的另外一方又都是些什么人呢？用来支付这些服务的消费品，又都在哪些人的手里呢？回答是，那些在当期需要劳动服务与土地服务的人，他们可以分成两类：一类人想投入更多的劳动服务及土地服务，将前一期生产出来的生产资料加工成消费品；而另外一类人则想生产新的生产资料。方便起见，不妨假设这两类人都不改初衷，都一直生产原来的消费品或生产资料。应该说，这条假设暗合贸易经济所奉行的劳动分工原则。这样一来，我们就可以说，在前一期生产出消费品的那些人，要在当期拿出一部分消费品，用来交换工人及地主的服务，以便继续生产出后一期用的消费品；而在前一期生产出生产资料的那些人，要用生产资料向消费品生产者换取必要的消费品，然后用这些消费品换取新的生产性服务，以便继续在本期生产出生产资料。

所以说，工人及地主的生产性服务总是只换取现成的消费品，无论这些生产性服务是直接用于生产消费品，还是间接用于生产消费品。他们完全不必用他们的劳动服务及土地服务来换取将来的消费品，或者将来消费品的承诺，也完全不必请求别人将当前消费品"预付"给他们。这里发生的是实实在在的交换，不存在任何信用交易的成分，时间在这里也不起任何作用。一切产品都只不过是产品而已，不会还是别的什么东西。一家企业是生产生产资料，还是生产消费品，对它来说全无分别。无论是哪种情况，产品都是立刻得到全额支付。即使人们一直是为接下来的经济期在生产，他也不需要操心当前经济期以外的事情。他只要按照需求的指引行事就好了。至于他的生产是不是在满足将来的需要，这取决于无形的经济运作机制。他不关心他的产品接下来会流向何处，假如让他从头管到底，他很可能就不会开这个头。我们说过，一切产品都只不过是产品，而不会是其他什么东西。消费品尤其如此。消费品和其他产品的唯一区别在于，这种产品是卖给最终消费者的。消费品不会成为任何人手里的"预付基金"这一类的东西，用来维持劳动者的生计；消费品也不会用来实现其他生产目的，无论直接还是间接。至于说这样一种机制——一旦调整到位，就会一直保持下去——是如何形成的，那应该是另外一个问题了。

由此还可推知，在任何经济中，哪怕是贸易经济，加工过的生产资料都只不过是暂时存在的项目。我们没有发现，有哪一部分加工过的生产资料，仅凭自身就能实现什么经济功能。我们也没有发现，有任何净收入最终归结到它们身上。我们也没有发现，有什么样的独立需求是由它们引发的。事实正相反。在每个经济期，现有的消费品全部用于偿付当期使用的劳动服务及土地服务；这样一来，一切收入不是工资就是地租[41]。这样我们就会发现，劳动及土地一方和消费品一方的交换，主导了经济的流向，放到我们的假设下，这是唯一的流向。劳动和土地瓜分了全部国民所得，现有的消费品刚够满足来自劳动及土地的有效需求，不会有一星半点的剩余。这个结论和经济的那对基本变量——欲望及其满足手段——不谋而合，也是我们一直探讨的经济现实的真实写照。这个结论却被旧经济学理论弄得支离破碎，由此滋生出大量妄见和子虚乌有的问题，比如说，用来偿付劳动服务及土地服务的"预付基金"是什么这一类伪问题。

因此，交换经济向我们展现如下的组织方式。企业现在专门生产别人需要的产品，一国的总产出先是在这些企业间进行"分配"。企业的职能无非将劳动及土地组合起来，而且在每一期都自动履行，不需要监督这类超乎同侪的个人因素。假设土地服务由私人控制，并且不存在垄断现象，那么，除了劳动者以及土地服务的提供者，其他任何人都没有瓜分产品的权利。在这些假设条件下，除了劳动者和地主，经济社会不会出现第三个阶级，尤其不会出现这样一个阶级，一个由加工过的生产资料或消费品的持有者构成的阶级。有人说，在经济社会的某一处，总会有积累起来的这一类产品的存量，我们已经指出，这种说法完全站不住脚。之所以会有这样的错觉，主要是因为许多加工过的生产资料要连续经历若干经济期后才会完成其使命。这个事实不关乎根本，就算我们假定加工过的生产资料只历经一个经济期，也丝毫不影响根本原则。消费品一般只会在零售商和消费者的手上，而且只要满足当时的需要就够了，根本不可能像加工过的生产资料那样，经历若干经济期，也就更不可能有什么消费品的存量了。我们发现生生不息的产品流及经济过程，但没有发现有什么存量，要么其构成保持不变，要么随用随补。一家企业是生产消费品还是生产资料，对它来说全无分别。无论是哪种情况，企业售出其产品的方式没有什么两样，而且在自由竞争下，它得到的报酬，刚好都等于投到产品中的土地服务及劳动服务的价值。就算经理人或企业主换成"企业家"的名头，他们也只不过是一无特殊职能、二无特别收入的纯粹企业家[42]。就算将加工过的生产资料的持有者换成"资本家"的名头，他们也只不过是生产者，和其他生产者没什么两样，既然其他生产者不能以高于成本——等于工资加地租——的价格出售其产品，这些所谓的资本家凭什么能做得到这一点？

带着这样的认识，我们只会看到一条不断得到更新的产品流[43]。只是在一瞬间，才会有产品存货这样的东西存在；如果有人硬要说"产品存货"，也只能以这样的抽象意义来说：借助生产与交换，一定种类及数量的货物总是会出现在经济社会的某一处。从这个意义上说，存货更像是河床，而非河床上的水流。劳动力及土地就像两股不竭的泉源，泉水源源不断地从中涌出，注入产品流中；在每个经济期，产品流流进一座名叫收入的蓄水库，为的是在这里转变成为欲望满足。我们不能再展开来说了，只能简短地说上一句：这种说法其实是借鉴费特（Fetter）的收入概念，将一般不能直接消费的物品统统排除在收入以外。一方面，循环之流正是止于这个蓄水池。另一方面，循环之流并未就此终结，因为消费的欲望生生不息，由此引发的经济活动也生生不息。按理说，到这时候应该提到准租金了，之所以不提是有原因的。我们只字未提储蓄这档子事，这乍看起来就更离谱了。我们会在适当的时候，给出一个合理的交代。但无论如何，储蓄在一成不变的经济中没多大的作用。

一件商品在人们心目中的交换价值有多大，要看人们用这件商品能够并愿意换取的货物的价值有多大。要是后者的价值也不确定，这件商品的交换价值当然会依当时的情况而上下波动；要是此人的需求有所改变，这件商品的交换价值当然也会随之改变。但要是人们已经知道每件货物怎么交换最有利，那么，交换价值将保持在一个确定且唯一的水平上，当然还要假设外部条件也保持不变。这样说来，同一件商品的交换价值显然因人而异，这固然是因为品味殊异、贫富有别，但还有另外一个原因[44]：人们手头用来交换的货物各有不同。但是，我们说过，任何两件货物拿到市场上交换所遵循的比例关系，或者说每件货物的相对价格，对任何人都是一样的，也就是俗谚所说的货不二价、童叟无欺。只有将货物的价格折算成一个统一的单位，我们才能清楚地发现，每件货物的价格，原来都和其他货物有着千丝万缕的联系[45]。

这就需要引入价格单位及交换媒介这两个概念了。我们不妨以黄金作为"货币商品"。交换理论对我们的研究关系不大，稍微提一提就可以了，货币理论则不然，需要深入探讨才行。但在这里，我们只关心那些后续研究要倚重的观点，即使是这些观点，我们也只要满足后面研究的需要就够了。基于这个原则，我们不去碰那些在本书中难得一见的问题，如金银复本位问题、货币的国际汇率问题。有些理论朝着一定方向研究下去，就会发现它们的不凡之处，但可惜的是，这些方向和我们的研究无关。碰到这种情况，我们会毫不犹豫地用更简单或更流行的理论取而代之，只要这些理论用得顺手，哪怕它们在其他方面还很不成熟也无所谓[46]。

经验表明，每个人对手头的一笔钱，都会有自己的估价。每个人的估价汇集到市场上，最终确立下来的是，一单位货币能换取多少其他产品。这里遵循的原则，和前面其他产品交换时遵循的原则没什么两样。在给定的条件下，经过各人之间的竞争，各种用途之间的竞争，最终的结果是，有多少产品，就有多少确定的货币"价格"。因此说，和其他价格一样，这些货币价格——这个术语的完整定义前面已经给出，接下来会经常用到——的依据，仍然是个人的估价。但这些个人的估价的依据又是什么呢？这个问题自成一体，因为货币和一般的商品有所不同，人们对一般商品进行估价的依据是，消费这些商品得到的满足，但换成货币，就不能照搬这个方法了。我们借用维塞尔的观点来回答这个问题[47]。货币作为实物商品的使用价值，当然是货币与货物之间有明确交换关系的历史依据，但无论是货币在每个人心目中的价值，还是在市场上的价格，都有可能而且也确实偏离这个基准。但很显然，黄金作为货币的边际效用和价格，都不可能偏离它作为商品的边际效用和价格。否则，人们会不停地将黄金饰品熔铸成金币，或者反过来，直到弭平两者之间的偏差。他说得没错，但这又能证明什么呢？一种商品的两种用途索要同样的价格，凭什么说，一种用途决定价格，另一种用途只是被动接受这个价格？事实上，大家都很清楚，这两种用途共同决定了这件商品的价值，少了任何一种用途，它的价格都会变得不一样。货币商品的情形就是这样。货币商品有两种用途，如果这种商品能够在两种用途间随意转换，两种用途下的边际效用及价格当然是相等的，但货币商品的价值，绝不是单凭金饰这种用途就能说得通的。想要理解这一点，只需要想象一下全部货币商品都铸成金币的情景就可以了——顺便说一句，这也不是不可能的事——因为即使在这种极端的情况下，货币仍然是有其价值和价格的，但这个说法显然就站不住脚了。历史上禁止铸币、熔币的事时有发生，足以证明货币的价值有其独立性。

因此，货币商品作为货币的价值，理论上可以完全独立于它作为实物的价值。货币商品的实物价值确实是其货币价值的历史根源。但在解释具体例子中的货币价值时，我们原则上可以不用理会实物的价值，这就好比我们在考察大河下流的状况时，可以不用理会源头贡献的水量一样。不难想象出这样一种情景：每个经济期内的所有产品都要卖掉，以换取一种没有使用价值的交换媒介，每个人收到的这种交换媒介的份额，和他手头掌握的货物的多寡成正比，更准确地说，和这些货物的价格成正比。这样一来，这种东西只能按交换媒介来对它估价。根据假设，它的价值只能是一种交换价值[48]。人们对这种交换媒介估价的依据是，用它能够买到的货物的价值，我们在前面说过，对那些以出售为目的的产品，人们的估价依据也是这样的。如此说来，每个人对手头的货币都会有不同的估价，甚至可以说，每个人都用货币来对其他商品进行估价，即使估价的结果在数量上相等，但重要性也会因人而异。市场上的每一件商品确实都只有一种货币价格，而市场上的货币也确实只有一种价格。人们也都根据这些价格来盘算各自的买卖，也带着这个共识来做交易。但这只是表面现象。这些价格表面上看起来是一视同仁、童叟无欺，但实际上对各人有着不同的含义，同样的价格，在不同人的眼里，代表着获取商品的门槛有高有低。

那么，个人的货币交换价值如何形成？我们刚刚分析过经济流动的一些特点，现在则要将货币理论和这些结论并到一起说。我们立刻发现，根据这些结论，个人的货币交换价值一定会直接追溯到生产者手头的货物。我们说过，在交换经济中，生产者手头的货物只不过是暂时存在的项目，并不会形成独立的价值。我们还说过，无论在什么时候，都不会有收入流向这些货物的持有者。故而在这里，货币不可能有机会形成独立的个人交换价值。根据我们的假设，加工过的生产资料不仅在经济活动中是暂时存在的项目，在商人的货币估价中也是如此。这些商人不会根据个人的货币交换价值来估计其价值，因为这些货币不是用来换取消费品，只是用来转手给别人。所以说，在这里根本找不到个人的货币交换价值的确定机理；事实上，反映在这些交易里的交换价值，一定出自其他地方。只有原始的产品流才会生生不息，只有劳动服务及土地服务和消费品之间的交换，才是价值的起源。衡量一笔钱有多大价值，只能看这笔钱能够换取的消费品有多大价值。由此可见，货币收入与实物收入之间的交换才是关键所在，正是在这里，货币的个人交换价值及价格才得以形成。说到这里，答案也就呼之欲出了：个人的货币交换价值，取决于他用货币收入换取的消费品的使用价值。一个经济期内以货物计的有效总需求，就是这段时间内的可实现收入量的价值尺度。这样一来，在给定的条件下，对每个人来说，价值尺度都是明确无误的，他手头那笔钱的边际效用也是明确的[49]。至于一个社会的货币总量是多是少，在我们看来并没有什么关系，因为从原则上说，多也好，少也好，提供的服务都是一样的。要是假设现有的货币量保持不变的话，那么人们对货币的需求也保持不变，年复一年都是如此，货币对每个人的价值也都保持不变。货币在经济中最终的分布，一定会确保出现一个单一的货币价格，确保每一件消费品都被人买走，每一项劳动服务及土地服务都得到偿付。劳动服务及土地服务和消费品之间的交换一分为二：其一，劳动服务及土地服务和货币之间的交换；其二，货币和消费品之间的交换。而货币的价值及价格一方面必定等于消费品的价值及价格，另一方面必定等于劳动服务及土地服务的价值及价格[50]。由此可见，货币的介入并没有动摇当前这个经济模型的基本框架，货币所起的作用只不过像一件技术工具那样，并没有给原来的现象注入什么新鲜的东西。用通俗一点的话来说就是，货币到目前为止只不过是罩在经济现象之上的一层面纱，揭开这层面纱，并不会遗漏任何本质的东西。

乍看起来，货币是加于数量不一的货物之上的一般尺度[51]，我们也可以说它是"一般购买力"。人们首先将货币看成一种工具，凭借这种工具，他能换取自己想要的任何货物。因为我们说过，人们对其货币收入进行估价的依据，不是泛泛的任何货物的价值，而是他用这笔钱实际换取的那些货物的价值。但若是观察得再仔细一些，货币就会呈现出另外一面。一说到货币的价值，经常买的那些商品就会浮现在眼前，只不过有些清晰、有些模糊。假如所有的买主突然之间一改从前的收入开支方案，很显然，货物的价格以及货币的个人交换价值一定会随之改变。但这种情况通常不会发生。一般来说，习惯的收入开支方案肯定是最好的，不会变个不停。所以在现实中，人们一般都能用固定的货币价值及价格来计算得失，并且只需要对它们作一些微调，以适应外部条件的改变。我们现在可以将先前对其他货物的说法套用到货币上了：当前的任何一笔购买力，在社会的某一处总有一项针对它的需求，在社会的另外一处也总有一项针对它的供给；和一批生产资料及消费品一样，一笔款项也沿着同样的路径，年复一年，周而复始。在这里，我们同样可以说，要是我们假设每一笔款项在每个经济期走的路径完全一样，同样不会影响到任何基本原则。实物收入与货币收入之间的这种关系，还决定了货币价值的变化[52]。

到目前为止，我们是将货币仅仅当成一种流通媒介来考察的。我们所考察的，仅仅是一部分货币的价值是如何确定的，这部分货币实际用于大宗商品的周期性交易。但很显然，由于众所周知的原因，一个社会总有一定数量的货币没有用于流通，这部分货币的价值如何确定，还是个悬而未决的问题。到目前为止，我们只知道，货币的数量只要能满足人们买东西付账的需求就够了；我们目前尚不知道货币还有什么其他用途，并相应要求货币有更多的储量。这个问题容后再说。至于现在，我们只要知道，用于大宗交易的那一部分货币是如何流通的，价值是如何确定的，也就差不多了。无论如何，在我们目前考察的常规的循环之流中，人们没有必要为其他目的持有大量的货币。

除此之外，我们还忽略了货币的另外一个因素。购买力不仅用于促成劳动服务及土地服务与消费品之间的交换，也用于促成不动产所有权的转手，甚至购买力自身的转手。货币的这些用途不难理解，重要性也自不待言，但从根本上和我们目前分析的这个用途的重要性颇有不同。我们只消说，在我们一直考察的这个周而复始的经济过程中，没有这些因素的立足之地。在这个经济过程中，购买力本身的转手非属必要。事实上，这个过程可以说是自发自动的流转，不需要任何信用交易的介入。我们说过，生产者交换劳动者及地主的生产资料，都是现货交易，不存在任何预付的成分。这个结论不会因为货币的介入而有所改变：生产者连消费品或生产资料都不需要预付，更何况货币款项。当然，有一种情况倒不能排除：有人拿出一部分原始生产资料，向别人换取一笔购买力。借钱消费就属于这种情况，但这种借贷并没有特别的利息。一般意义上的劳动及土地转手，情况也差不多，这一点容后再说。这样，我们可以说，货币在循环之流中只有一个用途：促成商品的流通。

　　顺便说一句，我们没有提到信用工具的道理也一样。这样的信用工具何止能处理一部分交换，就算处理全部的交换也不在话下。单是想象一下用——比方说——汇票取代金属货币流通的情景，都不能说这只是在空想。比如，这样的想象会让我们明白一个道理：虽然从本源上讲，货币要有某种商品的价值，但这并不意味着，实际流通的一定是这种货币商品。因为事实上，只要货币和某种有确定价值的事物间建立起关联，就和其他一切货物的价值有确定的关系。因此，就算没有金属货币的介入，经济也照常运行。凡是提供劳动服务与土地服务的人，都会收到一张标有一定数量的货币单位的汇票，然后用这张汇票购入消费品，为的是在接下来的经济期——假设货币在每个经济期走的都是同一条路径——还能收到另外一张等额的汇票。假设这种交换媒介用得很顺，也广为接受，那么它就完全担负起货币的任务，正因如此，它在人们心目中的价值，和金属货币没有任何分别，也按货币商品的"价格"流通。即使这种汇票从不兑现，而只是法定货币要求权不停地相互抵消，结论也依然成立。这样，这种交换媒介总会有需求，而依照我们的假设，也总会有相应的供给予以满足。我们前面说过，金属货币的价格只不过是消费品乃至生产用品价格的反映，这种虚构汇票的价格也应当如此。因此，它们会按票面价值全额兑现，或者说平价兑现，因为根本不存在打折的理由。我们已经证明过，在我们假设的这个社会是不可能有利息出现的，因此，用这个社会的诸般经济事物来解释利息现象的成因，从逻辑上是讲不通的。这里的论断同样能够证明这一点，只是更贴近现实。

讲完了这件事，我们就再也没有理由为信用支付工具多费笔墨了。要是信用工具只是取代一部分已有的金属货币，仅以这样的用途而论，是不可能产生任何新的现象。要是这样的信用工具年复一年地处理一部分交易，那它起到的作用只不过是被取代的那部分金属货币本来应该起的作用；所以，就当前考察的循环之流来说，没有必要仓促引入信用。我们之所以假设，当前流通的货币仅限于金属货币[53]——方便起见——事实上仅限于黄金，就是考虑到这个原因，但我们考虑的还有另外一个原因：对我们来说，信用将在后面表现出极其重要的作用，我们非常希望看到，这个作用将和货币在这里所起的作用形成鲜明的对照。为了将两者区分开来，我们在此要澄清一些概念：我们所说的货币，通常指的应该是金属货币。我们所说的支付工具，不仅包括货币——其实就是金属货币——还包括另外一部分信用工具，这部分信用工具并不是简单地取代已有的等量货币。至于"信用支付工具"算不算货币，这个问题容后讨论[54]。

这样一来，有一条货物流，相应就有一条货币流，而且流向刚好相反，这条货币流——假设黄金总量没有增加，任何一方没有出现单方面的变化——只是货物流的如实反映。我们对循环之流的描述，至此也就宣告结束。作为一个整体，交换经济和非交换经济一样生生不息，在相同的假设下，也和非交换经济一样保持不变——不仅各种经济活动保持连续和不变，价值也是如此。社会价值的说法其实是在歪曲事实。因为心理价值一定只存在于个人的意识中，"价值"一词从根本上说只能用于个人，否则就没有任何意义。这里所说的"价值"一词，它所承载的含义只关乎个人，而不关乎整个经济。无论是这里所说的社会事实，还是其他估价涉及的社会事实，其实指的都是一种情况：各人的价值相互影响、相互依存。经济无非是各种经济关系的总和，正如社会无非只是各种社会关系的总和。社会价值这个说法也许没什么意义，但作为一个由个人组成的社会体系，社会价值体系倒不能说没有意义。和个人价值体系里的价值一样，社会价值体系里的价值也相互影响。这些价值通过交换相互影响，也就和每个人的一切价值相互影响[55]。社会价值体系浓缩了一国经济生活的全部条件，尤其是一切"生产组合"。价格体系正是社会价值体系的结晶，也可以说是社会价值体系的一个组成部分。需要注意的是，价格并不是对一件货物的社会价值所作的估计。事实上，价格根本不是对某个具体价值的表示，而是各种经济活动在无数人估价的推动下，相互作用的最终结果。

第二章
经济发展的本质现象

1

　　久在红尘俗世的人，生活和思想也变得理性起来，他们摒弃了对社会发展的玄思空想，转而尝试经验性地思考该主题[1]。但是，只在研究发展这个现象时处处小心，这还不够，对于用来理解发展的那些概念，我们也不能有丝毫的疏忽大意，但最要留心的，还是"社会发展"这个概念，因为稍不留意，我们就会被它的各种关联引入歧途。即使社会发展这个概念不是形而上学的先入之见，凡是致力于寻找历史"真谛"的人，即使本身不带有这种形而上学的偏见，多半也受到这种偏见的影响，更准确地说，是受到一些观念的影响。这些观念之所以也变为偏见，是因为人们硬是要用这些源自形而上学的观念，来做经验科学才能做的事，却忘了这两者间有一条不可逾越的鸿沟。凡是认为一个国家、一种文明乃至全人类，一定可以证明是始终如一地沿着一条直线发展的人，也是如此。持这个观点的哲学家和历史学家不在少数，上至维科（Vico），下至兰普雷希特（Lamprecht），甚至像罗雪尔这样洞察世情的大学问家，在这件事上也不免灵台蒙垢。围绕达尔文学说的各种进化论思想——至少这只不过意味着以类比的方式来推理——还有各种心理学的偏见，相信人的动机及行动除了是对社会过程的被动反应，还另有玄机，它们也都如出一脉。就算进化观在学术圈已经名声扫地，历史学家和人种学者更嗤之以鼻，却是另有原因。他们不仅批判"进化"的观念是不科学的、超乎科学的神秘主义，还认为其失之浅薄。人们对任何带"进化"字眼的草率归纳都失去了耐心。

我们当然不会像他们这样看待社会发展。但还有两个事实是研究社会发展所回避不了的。第一个事实是，历史并非一成不变。既然历史在变化，社会条件也变成世易时移的东西。历史既不是周而复始的圆周运动，也不是围绕一个中心来回摆动的钟摆运动。有了这两个结论，再加上另外一个事实，社会发展的概念也就呼之欲出了。这第二个事实就是：但凡发现，事情给定的历史状态不能完全从先前的状态得到解释，此时我们就会承认，我们遇到了一个尚未解决却又不是不可解决的问题。这一点首先对个案成立。比如，根据我们的理解，德国在1919年的政治史，就是先前战争的诸多结果之一，但它对普遍问题也成立。

经济发展一向只是经济史研究的对象，而经济史不过是通史的一部分，单列出来只是出于研究的需要。既然事物的经济属性从根本上说离不开其他一切事情，试问又如何能仅从先前的经济条件来解释经济上的变化呢？就拿个人来说，他的经济状况不是仅从先前的经济条件演变而来，而只能从先前的全部条件演变而来。按理说，叙述和分析经济发展会相当棘手，但好在有一些有利的事实在一旁协助，使我们的工作难度锐减，正因为有这些事实，我们才能够从经济角度来解释历史。第一个有利的事实是，无论赞成与否，我们都能说，经济是一个相对自治的王国，因为经济乃是一国之根本，民生之大计；这样说来，在史家的刀笔之下，经济史当迥异于其他历史，比如说军事史。还有一个事实也有利于我们单独描述经济部门的任何事情。一个社会的士农工商、三教九流，可以说像一个个的小圈子，圈子里的人自成一体。圈子外的因素，一般不会直接影响到圈子里的各种活动，而是通过这个圈子的数据及圈内人的行动施加影响，这不像一枚引爆的炸弹，对那些不幸身在现场的人来说，这枚炸弹的"影响"是直接的、毁灭性的；即使真有什么事件像引爆的炸弹那样发生了，其影响对圈内人来说，也只不过是吹皱一池春水罢了。即使我们描述的经济活动主要是外界引起的，我们说的仍然是经济史的事情，这就好比说，即使我们描述的是反宗教改革运动对意大利及西班牙两国绘画造成的影响，我们说的仍然是艺术史的事情。

有关经济部门的观点及研究，虽说浩如烟海，但可以按研究覆盖范围的大小——也可以说观点适用范围的大小——逐一排列。小到对13世纪尼德拉尔泰西（Niederaltaich）修道院经济本质的研究，大到桑巴特（Sombart）对西欧经济生活演变的研究，以及两者之间的无数研究，其实有一条连续不断、逻辑一致的主线贯穿其中。像桑巴特这样的研究还算理论，甚至还是经济发展理论，如果"经济发展"这个词只是眼下这个意思的话。但按照李嘉图一直以来对

"经济理论"一词的一般理解，本书第一章的内容称得上是经济理论，但桑巴特的研究就不能算了。在桑巴特这一类的理论中，李嘉图们认定的经济理论诚然也起到一定的作用，但完全居于从属地位。换言之，如果有待研究的历史事实之间的关系复杂，只能用到那种常人理解不了的分析方法，但凡在这些场合，研究思路也得用那种分析方法提供的形式。但如果有待研究的问题只不过是搞清楚发展及其历史结果是怎么回事，找出某个经济状况或某个特定问题是由哪些因素决定的，但凡在这些场合，传统意义上的经济理论的作用几近于无[2]。

我们在这里不考虑这个意义上的发展理论。我们不会提及任何历史进化的因素，小到美洲开采的黄金涌向欧洲这样的具体事件，大到一些影响深远的重大变化，如商业人士的茅塞顿开，文明世界的疆域拓展，社会组织的兴衰更迭，政治人物的星流云散，生产技术的推陈出新。无论是单个事例，还是一组事例，我们也不会描述这些因素的各种影响[3]。相反，我们只对经济理论本身——其本质在第一章已有充分阐述——加以改进，具体做法是在原有基础上构建新事物。即使我们这么做还有一个目的，就是使经济理论比以前更好地服务于其他发展理论，但我们不要忘了，这两种方法可不是一回事。

兹将我们的问题表述如下。依照第一章的理论，经济是在特定渠道中周而复始流动的"循环之流"，就像动物体内的血液循环。但这条循环之流及其渠道确会因时而变，我们在这里也就不拿它们和血液循环作类比了。因为血液循环当然会随着机体的生老病死而变化，但这样的变化只会是连续的——或者说以肉眼难以觉察的幅度变化——而且始终处在同一个渠道中。经济中当然有像血液循环那样的变化，但也有另外一些变化，一看它们就不是连续的，而且突破既有框架，也就是传统路径本身。虽说这些变化依属于经济范畴的事情，经济理论也有义务将它们解释清楚，但针对循环之流所做的分析，一条也解释不了这些变化的原委。这样的变化，以及随之而来的现象，却正是我们要研究的对象。但我们既不关心，其中哪些变化，是使现代经济成为今天这个样子的实际原因；我们也不关心这些变化的诸般条件。我们唯一关心的问题是——事实上也是经济理论一直关心的问题——这些变化是如何发生的，它们会带来怎样的经济现象？

同样是经济这件事，前面是从循环之流的角度来看的，现在则是从另外一个角度来看的。按第一章理论的说法，我们现在可以说，经济总是会趋向某个均衡位置，正是靠这个趋势，我们有办法确定货物的价格和数量；我们也可以说，任何一刻的经济，都是对已有数据适应的结果。不同于循环之流的诸般条件保持不变，这个趋势本身并不意味着，经济中年复一年发生的都是些"相同的"事情，而只意味着，我们将经济中的若干过程看成趋向某个均衡位置的局部现象，但我们没有说一定趋向同一个均衡位置。理想的均衡位置一直在变，因为数据一直在变，所以，尽管经济一直在"不遗余力地接近"（当然不是有意识的）这个位置，但永远不会臻达。面对这些数据的变化，经济理论倒也不至于束手无策。构建理论的目的不就是能研究这些变化的后果吗？这方面的专门工具当然也不会缺少，如准租金就是。如果只是社会以外的数据（比如自然条件）发生变化，或者只是经济以外的社会数据发生变化（比如，战争的影响，商业政策、社会政策或经济政策的更改），或者只是消费品味变了，那么似乎没有必要对这些理论工具大动手脚。这些工具只在一种情况下才用不了：经济自行改变其数据，而且是时断时续地改变——这就和前面的血液循环说呼应起来了。铁路建设就属于这样的变化。只要是连续的变化——在这样的变化下，一间小杂货铺最终也有可能成长为一家大型百货商店，只是要经过数不清的微小改进，为的是连续地适应这些变化——都属于"静态分析"的范畴。但若是传统生产方式出现不连续的变化，"静态"分析法就不能预测这种变化的结果了；不仅如此，这种方法既不能解释这种生产革命发生的原因，也不能解释随之而来的现象。"静态"分析法唯一能考察的对象，是在这些变化发生后，经济达到的新均衡位置。正是这种"颠覆式"变化的出现，才是我们关心的问题，也就是经济发展问题，这里的经济发展，指的是这个词最狭义的同时也是最正式的含义。我们以这样的方式来说这个问题，而弃传统理论不用，固然是因为经济变化，尤其是——如果不能说是唯一的话——资本主义时代的经济变化，就是颠覆式发生的，而非以连续适应的方式发生的，但这个原因倒在其次，更重要的原因还是这种经济变化造成的结果[4]。

这样，我们所理解的"发展"，应该只是经济中的这样一类变化：这类变化不是外界强加给经济的，而是经济自行产生的，是内生的变化。假使经济不会自行产生这类变化，人们称作经济发展的现象，其实只不过是数据发生变化，经济连续调节以适应这些变化的结果，那么我们必须说，经济发展不存在。这倒不是说，经济发展只能从经济角度才能讲得通；我们想要表达的意思是，一个没有内生发展的经济，其实是被外界的变化牵着鼻子走的，这样，无论是发展的原因，还是发展形成的机理，在经济理论所描述的那组事实中是找不到的，而只能跳出这些事实去找。

单纯的经济增长，如人口和财富的增长，也不算是发展的过程，因为没有新的现象随之而来，有的只是和自然数据变化时一样的适应过程。既然我们关心的是那些新现象，那么此种增长应该和数据的变化归为一类[5]。

严格来说，任何一个发展都取决于先前的发展。但为了洞察发展的本质，我们要放宽这个条件，假设当前的发展是从无到有的。每一个发展创造了后续发展的先决条件。任何一个发展的先决条件，本来是由先前的发展提供的。但根据现在的假设，任何一个发展首先要给自己创造条件，这样，后一个发展的形式就变得不同，事情也变得和原来不一样了。话又说回来，如果我们想要追本溯源，就不能倒果为因。但如果我们不这么做，我们的理论就和现实不符，有可能给读者的埋解带来困难。

如果说本书的第二版较之第一版的改进在于浓笔重墨于关键要点，以及力求减少误解，那么，再花时间解释"静态"和"动态"这两个词，及其多得数不清的含义，就没多大必要了。我们所说的发展是一种独特的现象，完全不同于我们在循环之流或者经济趋向均衡过程中观察到的那些现象。我们所说的发展，是在循环之流的渠道中出现了自发而间断的变化，并对均衡造成扰动，这些变化和扰动从根本上改变了先前的均衡状态，并代之以新的均衡状态。我们的发展理论致力于研究的，正是这种现象以及随之而来的各种经济过程[6]。

2

这些在循环之流的渠道中出现自发而不连续的变化，以及这些对均衡的扰动，只会出现在工商业这个领域，而不会出现在消费者对最终产品的需求这个领域。凡是在消费品味出现自发而不连续变化的地方，商人当然要应对这种突变，很可能会萌生新的动机，或者发现新的机遇，而不是一味地逐渐调整适应，但其他行为本身不是这里要考虑的事。因此，这种情况能够引发的问题只有自然数据的变化，或者新的处理方法。所以说，这种情况带来的问题和自然数据的变化没什么两样，不需要专门处理；这样，虽说消费者的欲望确有可能自发出现，但我们对此忽略不计，假定它是"给定的"。事实上，欲望自发出现的情况一般很少见，所以这个假设大致也说得通。严格说起来，我们应该从欲望满足入手，因为这是一切生产的终极目标，任何时候的给定经济形势，也都应该从这个角度来理解。但经济中出现的创新，很少是因为消费者首先自发出现新的欲望，继而引得生产资料闻风而动。我们不否认有这种情况。但总的来说，生产者才是经济变化的发起人，必要的时候，他会引导消费者接受这些变化；这样一来，消费者要的新东西，或者和过去一直在用的不一样的东西，不是他们自己想要的，而是别人教他们这样做的。如果我们还在研究一成不变的循环之流，当然可以甚至有必要将消费者的品味看成独立乃至根本的因素；但我们现在研究的是经济的变化，那么就不能这样来看消费品味了。

我们在第一章说过，生产其实就是组合，是将人力所及的物质和自然力量组合起来。照此说法，生产新产品，或者以新方法生产老产品，其实就是以新的方式将这些物质和自然力量组合起来。旧组合连续调整，不厌跬步，最终也可能变成"新组合"，这种情况当然也有变化，甚至还有增长，但它既算不上我们所说的新现象，也算不上我们所说的发展。但如果不是这种情况，新组合是间断出现的，那么发展所特有的现象就出现了。方便起见，我们说到生产资料的新组合，一律指的是后一种情况。这样，我们所说的发展，指的就是实施新组合。

实施新组合包括以下五种情况：（一）采用消费者还不熟悉的新产品。采用一种新性能也算在内。（二）采用新的生产方式，所在行业尚没有积累到足够的经验，来证明这种生产方式行得通；这种生产方式不一定非要有新的科学发明作为后盾；以一种新的商业手法来操盘某种产品，也算这种情况。（三）开拓新市场，这个国家的特定产业以前从未进入这个市场，至于这个市场是否存在，倒没什么关系。（四）开拓新原料或半成品供应基地，同样，这个供应基地是已经存在，还是首次开发出来，也没什么关系。（五）在任何产业中采用新的组织，比如说创造出垄断（如通过托拉斯），或者打破垄断。

有两个事实得先说一说，要不然，对实施新组合所产生的现象，以及其中包括的那些问题，我们的理解会出现偏差。先说第一个事实。实施新组合，意味着取代原有的生产或商业过程，实施新组合的人却有可能出自旧阵营；但无论是与不是，都无关紧要。事实上，实施新组合的主体，通常是一些新企业，这些新企业通常不是脱胎于老企业，而是在老企业以外新设立的企业。就拿前面列举的马车与铁路这个例子来说，铁路建设商通常不会出自马车行。这个事实，一方面从一个特殊角度证明了实施新组合所特有的不连续性，可以说造成不同于前面所说的另外一种不连续；另一方面也让人明白了，这个过程具有的另外一些重要特性是怎么回事。尤其在一个竞争社会，新组合意味着破旧立新，作为这种社会独有的活动，随之而来的是人事的浮沉、家族的兴衰；与此同时，其他一系列的现象都可以从中找到解释，如经济周期，私人财富的形成。即使在交换不兴的社会，如社会主义社会，新旧组合并存也是常有的事，但由此而来的经济结果往往都付之阙如，更不用说社会结果了。如果竞争的格局被大企业的兴起所打破——这种趋势在当今列国益发明显——发生在社会主义社会的这种情况，势必会逐渐出现在我们的生活中，实施新组合也势必会逐渐变成同一个经济体内部考虑的事。差异真要大到这个地步的话，资本主义社会恐怕也要改朝换代了。

再来看第二个事实，说起来，它和前一个事实也没多大的关系。这个事实就是，实施新组合有可能会用到刚好闲置的生产资料，但这不是普遍情况。现实中固然不乏生产资料闲置的情况：无所事事的失业者、积压在手的原材料、闲置不用的机器设备。这些情况当然有利于新组合的涌现，有时甚至会起到刺激的作用。但是，生产资料的大量闲置，倘不是经济以外的事件造成的——如世界大战——那就是我们现在研究的发展造成的，除此之外没有第三种可能。无论是哪一种情况，都不能当成根本原因来用；而在一个处于均衡的循环之流中，是不可能有生产资料大量闲置的现象的。正常情况下生产资料会逐年增长，但这也不能说明什么问题，因为一来这个增量有限；二来如果生产资料确有增长，循环之流也会以同样的比例增长，以相同的比例扩大生产，从而将增加的生产资料吸收殆尽[7]。这样，作为一般情况，新组合必要的生产资料，一定要是从旧组合中抽调出来的。和前面的处理手法一样，我们也假设这是唯一的情况，为的是突出重点，免得将精力浪费在细枝末节上。经过这样的处理，实施新组合其实就只有一个含义：以新的方式来使用现有的生产资料。而这也可以当作我们所说的发展的又一个定义。传统的资本形成理论，已经有一些关于发展的纯经济理论雏形。说它们是雏形，概因它们仅仅将发展归结为逐年小幅增长的储蓄及投资，然后就止步不前了。单就这一点而论，它们说得没错，但未免只见树不见林。一国的生产资料及储蓄逐年缓慢的增长，的确是若干世纪以来经济演变的重要因素。但自发展的主要模式变成以新的方式使用现有资源，生产出新的产品，无论这些资源增加与否，这样一来，前者都不值一提了。将这种情况放到更短的时间里看，就更是如此了。在过去的半个世纪，真正让经济出现脱胎换骨变化的，不是储蓄以及劳动力的增加，而是资源使用的新方式层出不穷地出现。而人口以及储蓄的源泉之所以能出现前所未有的大幅增长，也要归功于人类以新的方式来使用现有资源。

接下来要说的事也就顺理成章了：要实施新组合，就得掌握生产资料。同样是获得生产资料，但对循环之流中的企业来说，情况就完全不一样。因为我们在第一章说过，这些企业要么已经获得了生产资料，要么用前一期的生产收入即刻购入生产资料。在循环之流中，收入与支出从根本上说不存在缺口，反而必定相等，且都等于别人提供的生产资料及别人买走的产品。一经启动，这个过程就自动进行。再来看交换不兴的社会。即使这样的社会也有新组合的实施，但不用操心如何获得生产资料这样的问题，因为权力机构，有权随意支配这个社会的生产资源，无论是投入新的用途，还是投入原先的用途。这种新用途真要付诸实施，民众免不了暂时要节衣缩食，或者付出更多的劳动；权力机构也免不了要解决一些头疼的问题，如从哪里腾出必要的生产资料；但在这样的社会，生产资料如何能不受权力机关的支配呢？权力机关哪里要操心获取生产资料这等鸡毛蒜皮的问题呢？再来看最后一种情况。即使在一个竞争社会，有人在实施新组合时，也不用操心如何去获得必要的生产资料，因为他们手头刚好有那些生产资料，或者他们有其他资产可以换取那些生产资料。光有财产还不行，还得有可随意支配的财产才行，如可以直接用于实施新组合的财产，以及能够用来换取必要生产资料的财产[8]。这种情况既不常见，也无足轻重。相反——这种情况才是普遍的，也是我们真正关注的——就算手头有财产，甚至富可敌国，要想实施新组合，一定要求助于信贷的支持，因为实施新组合不能像处于循环之流中的企业那样，从前一期的生产收入中获得后一期的生产资金。这种信贷的提供者，显然就是我们称之为"资本家"的那些人。很显然，凭借这种独特的方式——这种方式重要到，仅凭它就可以将资本主义社会和其他社会区分开来——资本主义社会迫使经济转入新的轨道，将生产资料转投到新的用途，相比之下，那些交换不兴的社会要实现这个目标，只需权力机构直接调动资源就行了。

在我看来，这些说法毫无争议之处。信贷的重要性，是值得任何一本教科书都大书特书的。如果不是因为有信贷，当代社会绝不会是今天这个样子，那些商业奇才也根本不可能有白手起家的机会。这些结论，哪怕是最保守、最正统的经济学家，也不能妄加否认的。信贷与实施新组合之间的这种关系——容后细说——也不容置喙。因为不仅理论上可以证明，历史经验也表明，信贷是实施新组合的首要因素，并通过新组合强行进入循环之流，一方面是因为，现在的老企业，也就是曾经的新企业，起初也是要靠信贷方能起家的；另一方面是因为，信贷一出现，其影响力并不局限于新企业，也扩大到老企业，其中的理由是很显然的。先看第一条，也就是理论上的理由[9]。我们在第一章说过，对一个在传统渠道中运行的常规的循环之流来说，借贷不是生产不可或缺的因素，少了这个因素，一点也不影响我们理解这个循环之流的本质特征。只有在实施新组合时，"筹措资金"才变得不可或缺，理论上实践上都是如此。再来看第二条，也就是从历史经验中得出的理由，纵观历史，为经营而借贷，应该是晚近的事。在资本主义出现以前，借钱给别人一概和经营无关。曾几何时有过这样一些老板，他们担心借钱会让人倾家荡产，对银行及汇票一类的东西避之唯恐不及，这些土老冒儿至今还让人津津乐道。资本主义的信用体系，正是滥觞于为新组合筹措资金，可谓生于斯、兴于斯，各国无一例外，虽说兴盛的方式各有千秋（如德国合股银行的诞生就极具特色）。再来看最后一条理由。凭什么我们不能说，只有收到"货币或替代货币"形式的信贷，才能实施新组合呢？这么说的时候，我们当然不是认定，仅凭硬币、纸币或银行存款就能从事生产，我们也没有否认，劳动、原材料和工具设备是生产者想要的东西。我们这里所说的，只不过是获得这些东西的一种手段而已。

我们在前面暗示过，我们的理论和传统理论从这里开始渐行渐远。传统理论觉得有必要追问，新的生产过程——事实上任何一种生产过程——需要的生产资料是怎么来的，这样一来，积累生产资料就成了一项独立的职能。但在我们看来，这个问题纯属子虚乌有，是分析有误的后果。循环之流完全没有这个问题，因为必须先有给定数量的生产资料，循环之流才能运转起来。事实上，实施新组合也没有这个问题[10]，因为实施新组合需要的生产资料，是从循环之流中腾出来的，至于循环之流的这些生产资料是不是拿来就能用，还是要用我们手头有的其他生产资料先生产出来，这都没什么关系，因为反正都不需要积累。换言之，在这种情况下，生产者无须操心积累的问题，而只需要操心另外一个问题，即如何将（已用于某处的）生产资料从循环之流中腾出来，并分配到各种新组合中。有了信贷，这个问题立刻迎刃而解，因为在信贷的支持下，那些有志于实施新组合的生产者，可以通过竞价力压循环之流中的生产者一筹，获得需要的生产资料。尽管就其实质以及对象来说，这个过程确实是一些货物从传统用途流向新用途，但要是仅从货物这一面来描述这个过程，那就不免要忽视发生在货币及信贷领域某种本质的东西，靠着这种本质的东西，才能说清楚资本主义经济独有的一些重要现象。

还剩下最后一个问题：要是有志于实施新组合的人，刚好不巧没有需要的生产资料，他只能花钱来购买这些生产资料，那么，这笔资金出自何处呢？传统理论的回答很简单：出自两处，一是每年社会储蓄的增长，二是每年闲置的资源。在"一战"前，社会储蓄的年度增长量确实相当重要——据估计，这个数量约占到欧洲及北美全部私人收入的五分之一——再加上闲置资源的数量（很难精确统计出来），所以倒不好草率地认定这个回答在数量上站不住脚。从需求端说，到底有多少企业参与实施组合新组合，也没有人知道确切的数字。甚至"储蓄"总量也不能用，因为用到这个数字，少不得要提到前一期的发展。储蓄总量的绝大部分并非来自节衣缩食，而是来自成功实施新组合的资金，我们在后面就会知道，这笔资金正是企业家的利润。在循环之流中，人们没有像这样丰沛的储蓄源泉，更重要的是，没有多大的储蓄积极性。循环之流中数得上的大宗收入，也就只有垄断收益以及大地主的租金了；至于储蓄的动机，主要是应对不测、赡养孤老，有时也会被肆意挥霍，至于说参与分享发展的成果，那是没有的事。这样说来，实施新组合需要的可自由支配的购买力，在这样的社会顶多只会零星地有一些，用自己的储蓄实施新组合的情况，只不过是例外情况。这样，货币一概用于流通，而且是在固定的渠道中循环流转。

如何获得实施新组合所用的资金，传统理论给出的回答倒也不算离谱，但真正让我们感兴趣的，是另一种获取资金的方式，因为这种方式没有前一种方式的前提条件，不需要从前一期发展积累资金，因此从严格的逻辑来说，这是唯一可行的方式。这种方式就是由银行创造出购买力。至于以什么形式来创造购买力，这倒是无所谓的事；大家都知道，如果发行的纸币数量超出回收的硬币数量，就属于这种情况，殊不知银行存款也有同样的功效，因为可支出总额随之增加了。我们还会想到银行承兑汇票，因为它在批发业务中就是被当成货币来使用的。这里所做的，不是将已有的购买力改头换面，而算无中生有，创造出新的购买力——哪怕这部分购买力有对应的抵押信贷，但作为抵押物的有价证券本身不是流通媒介，所以也算无中生有——这部分购买力作为新鲜血液，注入原有的货币流通中。这就是新组合在目前获取资金的常见方式，假如任何时候都没有前一期发展积累的资金，这应该就是唯一的方式了。

这些信用支付工具，也就是始于放贷、用于放贷的支付工具，在交易中所起的作用和现款没什么两样，有些情况下可以直接使用，就算不能直接使用，也可以直接换成现款用于小额支付，或者支付给那些没有开列银行账户的人，特别是工薪阶层。凡是实施新组合的人，一旦有了这些信用支付工具，就能够染指现有的生产资料，或者向生产性服务的提供者支付款项，有了这笔钱，生产性服务的提供者就能够购买消费品。在这个过程中，绝不存在谁向谁提供信用这样的事，一是因为，收到这种信用支付工具的人，马上就会得到他的服务按货物折算的等价物，而不会只满足于拿到相应的要求权，因此这种信用支付工具没有提供信用这样的职能；二是因为，在这个过程中，没有人必须预先积累生活必需品，以满足劳动者或地主，也没有人必须预先积累加工过的生产资料，这些东西一律拿生产的最终产品来支付。从经济角度说，这些为实施新组合而创造出来的支付工具，在本质上当然不同于循环之流的货币及其他支付工具。循环之流中的货币或其他支付工具，一方面可以看成一纸证明，证明的是生产已经完成，社会产品为之增加；另一方面也可以看成一纸命令或者要求权，要求的是瓜分一部分社会产品。为实施新组合而创造出来的支付工具，就不能看成完成生产的一纸证明了。但它们仍然是一纸命令，因为用它们能直接买到消费品。只有先前提供了生产性服务，或者出售了某种产品，才有资格染指国民所得。这些支付工具目前还不具备这样的资格。只有等到新组合成功地得以实施，它们才获得这样的资格。这样一来，这种信贷同时也会影响物价水平。

因此，银行家主要是"购买力"（purchasing power）这种商品的生产者，其次才是这种商品的中介。但既然如今的储备基金和储蓄通常都汇集在他手中，人们对可自由支配购买力的全部需求——无论是现有的，还是新创造出来的——都集中在他身上，这样，他要么取代了私人资本家，要么成为后者的代理人；他本人也成为一流的资本家。他像一座桥梁，一头连着有志于实施新组合的人，一头连着生产资料的持有者。从根本上说，他是随发展而生的现象，当然，是在没有中央权力机构发号施令的情况下。他促成新组合的实施，可以说，他是以社会的名义授权一些人实施新组合。他堪称交换经济的指挥官。

3

分析完"生产资料的新组合"以及信贷这两个要素，现在来看发展的第三个要素。虽说这三个要素浑然一体，但第三个要素可以说是经济发展的根本现象。我们将实施新组合的举动称为"创业"，将实施新组合的人称为"企业家"。与平常的说法相比，这些概念在我们这里的含义可谓宽窄参半。说这些概念的含义更宽，是因为除了交换经济中的"独立"经营者被公认为企业家以外，我们还认为，凡是实际履行我们用来定义企业家的那种职能的人，即使他们不是独行其是，而只是一家公司的"雇员"，如经理、董事这一类人（这种情况越来越多），即使他们履行企业家职能的实际权力另有出处，如实际控股，我们都称他们为企业家。另外还因为，既然实施新组合的人就是企业家，那么这样的人不一定终身效力于一家企业，如许多"投资家""发起人"就是这样，但我们仍然称他们为企业家。说这些概念的含义比平常的说法更窄，是因为不是所有的企业主、经理人或实业家都叫企业家，实际履行企业家职能的人才算企业家；只是经营一家立足已稳的企业的人，并不算企业家。我们的定义看似独出机杼，其实并没有超出传统理论对企业家一词的理解，只不过表述得更精确一些。这么做不是没有依据。首先，我们的定义和传统定义在根本上是一致的，因为都认为"企业家"和"资本家"是两回事，无论怎么定义资本家，是手头有钱的、有证券的还是有实物的，都不改变这个结论。除此之外，我们的定义不仅澄清了普通股东本身是不是企业家这个问题，还摒弃了企业家是风险承担者的说法[11]。其次，一般人用在企业家身上的形容词，如"创见十足""掷地有声""目光远大"，就像为我们的企业家度身定制一样。因为在循环之流的常规事项中，这些特质几乎无用武之地，而且假如这一点已经和常规事项本身出现的变化严格区分开来的话，那么企业家职能定义的焦点本来会自动转向后者。最后，有些关于企业家的定义，我们会全盘接受。其中最值得一提的，当属著名的萨伊定义了：企业家的职能，就是组合生产要素。严格说起来，只有首次将这些生产要素组合起来，才算得上特殊之举，等到经营企业的时候再做这件事，只能算例行工作了，因此，这个定义和我们的定义是吻合的。再来看马塔加（Mataja）的定义：企业家是赚到利润的人。只要回想一下我们在第一章得出的那个结论，即循环之流中无利润，就可以知道，这个定义和我们的其实一脉相承[12]。不能说这个观点是传统理论的异端，因为瓦尔拉斯就曾通过严格的证明，得出"企业家既无赢利，也无损失"的结论，当然，其他经济学家对此也不无贡献。在循环之流中，企业家最后也就落个不赢不亏，还能有什么特殊职能可言？企业家这个角色简直就是不存在的；取而代之的企业主或经理人，和企业家完全是两码事，我们最好别张冠李戴。

有人相信，一项制度或一组制度，只要追溯其历史起源，这项制度或这组制度的社会或经济特性就立刻彰显无疑。这其实是一种偏见。知道了起源，固然有助于更好的理解，但不可能直接归纳出什么理论。还有人相信，越"原始"的东西越"纯粹"、越"本然"，因为越往后，本质上覆盖的东西就越多，原来简单的本质也就变得越复杂。这就更荒唐了。大多数时候，情况刚好相反。且不说其他原因，就拿专业化这个原因来说，在原始状态下的东西，其职能及特性相互混杂、难以分辨，但随着专业化程度不断提高，这些职能和特性才逐渐显现出来。企业家职能也是这样。就拿一个游牧部落的首领来说，人们很难将他身上的企业家素质和其他素质区分开来。同样道理，在小穆勒之前的经济学家，也未能将资本家和企业家区分开来，因为一百年前的制造商都是身兼二职。当然，随后的历史进程让经济学家逐渐注意到，这两者其实是两码事，这就像随着英格兰推行土地所有制，经营土地的人就此分成佃农和地主，而在欧洲大陆，这样的区分还不时被人忽视，尤其是在自耕农这种情况下[13]。拿我们这里的情况来说，这样的困难只多不少。早期的企业家基本上都是资本家，不仅如此，除了特殊情况下要求助于职业专家，他还得身兼技术专家，即使到了今天，一些小企业还沿袭这个套路。除此之外，他还身兼多职：采购专员、销售代表、办公室主任、人事经理，虽然照例会延聘法律顾问，但他也不是事事都要咨询后者，有时候也得自己拿主意。每天真正让他疲于奔命的，反倒以这些事居多。实施新组合只是一项职能，而非一门职业，这就相当于，虽说将军事统帅和普通士兵区分开来的，是制定及执行军事战略这项职能，而非例行工作，但职能毕竟只是职能，不能算作一门职业。因此,企业家的这项职能虽然关键,但总是和其他活动混杂在一起,而且通常远不及其他活动那么显眼。这样,马歇尔的定义之所以被大多数人接受,是因为他仅仅将企业家职能当成最广义的"管理"。我们不接受马歇尔的定义,因为在我们看来,实施新组合是企业家最突出的职能,也是能将企业家活动和其他活动区分开来的唯一特征,但我们在马歇尔的定义中看不到这一点。

不过,能够展示纯粹的企业家职能的人也不是没有,在社会的演进之下,这种类型的企业家逐渐崭露头角。企业的发起人就是其中一例,只不过多有限制。先不说这类人所处的社会地位和道德状况,他们通常也只是受别人委托的代理人,他们做的事情,只不过是为新企业提供金融方面的专业技术而已。这样说来,他们既不是新企业真正的创办人,也不是主导力量。当然也有一些发起人属于后面这种情况,他们更像所谓的"职业企业家"。现代意义上的"实业巨头"[14]应该更接近于我们所说的企业家。如果有这样一种人,此人一方面像12世纪威尼斯那些生意遍天下的企业家,或者像后来的约翰·劳(John Law)那样的商业大亨,另一方面又像精通生意经的庄园主,除了经营庄园里的农业和其他有关业务,还经营其他业务,如酒坊、客栈和店铺,那么他就是我们心目中的企业家了。但凡确实在"实施新组合"的人,都算企业家;一旦新企业建成运营,而他本人也不打算再折腾,而只想一心经营这家企业,那么他不能算企业家了。说起来,一个人终其职业生涯一直是企业家的情况固然很罕见,但要说一个商人一辈子也没有当过企业家,哪怕就那么一小会儿,哪怕当的是最不起眼的企业家,那也是绝无仅有的事。

既然，干企业家的活儿既不能算是一门职业，也不能干上一辈子，那么企业家这个群体就不像地主、资本家或工人，严格说来构不成一个社会阶级。尽管成功的创业会助力企业家本人或家人跻身某个阶级，会在一个时代打上自己的烙印，会开风气之先，甚至会塑造出一整套道德及审美的新价值观念；但其本身不是跻身一个阶级的充分条件，顶多算前提条件。他们有可能跻身的阶级，当然不会是所谓的企业家阶级，而只会是地主阶级或者资产阶级，具体是哪一个，要看他们将得自创新企业的收益投向何处。由于财富及才华都可以传承，这样的阶级地位按理说不至于一代而终，后代要创业的话，也不至于白手起家，但企业家职能这东西却传承不了。回顾历史上的家族企业，这样的例子比比皆是[15]。

这里就出现一个关键问题了：凭什么说，实施新组合是一项特殊的活动，构成了一项特殊的"职能"？谁不是在尽心尽力地做事呢？虽然事遂人愿的情况很罕见，但倘若考虑到外部环境一般不会突变，那么人们的行事方式最终还是由结果塑造的，因为这样做最适应外界环境。同样道理，虽然无论从哪个方面说，一个企业也绝不可能到了完美无缺的境界，但要是以当时的自然环境、社会条件、知识水准以及个人及团队的眼光来看，这个企业最终也能臻达相对完美的境界。按理说，我们面对的是一个机遇迭出的世界，尤其各种新发现层出不穷，不断更新、填充着人类的知识宝库。那么，为什么人们不能像抓住曾经的机遇那样抓住这些新机遇？明明知道这样做更有利，为什么他不根据他所理解的市场状况，养猪而不养牛，用新的轮种技术取代原来的老技术呢？假如他确实这样做了，又会有何种不见于循环之流的特殊现象或问题涌现出来呢？

置身于熟悉的循环之流中，人们做起事来又快又合理，一是因为他做事心中有谱，二是因为各人的行事都合乎循环之流的要求，这样，他做的事会得到别人的支持，反过来，别人也有理由相信他的支持一如既往；而一旦面临新任务，情况就大不一样了。置身于熟悉的循环之流中，常人凭自身的能力和经验也能应付得来；而一旦要实施新组合，他顿时就没了主意，只能问计于人。置身于熟悉的循环之流中，一切都是那么顺畅无阻；而一旦改弦易辙，原先的顺流，如今却变成逆流；原先的助力，如今却变成阻碍；原先熟悉的数据，如今却变成一堆未知数。一旦跳出常规的藩篱，许多人就寸步难行，有一些人还能走下去，但也是摸着石头过河——心中没底。这种情况下再假设人们做事又快又合理，无论如何都是说不通的。话又说回来，可以证明，如果人们有足够的时间琢磨出做事的逻辑，这个假设就和现实没有太大的出入。凡是在这种事情发生的地方，并且在它发生的有限范围以内，这个虚构的假设还是可以当成事实来接受，并据此构建理论的。要是这样的话，那就不能说，来自不同阶级、不同时代或不同文化的人，会因为习惯、风俗或者除经济以外的其他思维方式的差异，而在经济方面表现出不可弥合的差异，如不能说"证券交易的经济理论"对——比方说——当代的农民或者中世纪的手艺人一点用也没有。事实上，同样的理论[16]，就其大的方面来说，对不同文化背景的人一概成立，无论他们的智力以及在经济上的理性程度有多大的差别。我们可以据此断言，那位农民兜售小牛犊时表现出来的精明狡黠及锱铢必较，和那位证券经纪人兜售股票时没什么两样。但这个结论只在一种情况下才成立：不计其数的先人，用短则几十年、长则千百年，通过优胜劣汰的法则，最终形成一套确定的行为。超出这些限制范围，这个虚构的假设和事实就有较大的出入了[17]。如果我们也像古典理论那样死抱着这个假设不放，不敢越雷池半步，那么我们不仅无缘得见一种极关键的现象，也会忽视一个在理论上很重要的事实，有了这个事实，许多现象就能讲得通，假如不是因为这个事实的存在，这些现象本来也不会存在的。

因此，在说到循环之流时，应该将生产资料的组合（也就是生产职能）看成和自然机遇一样的现成数据，这样的数据只允许在细枝末节的地方作一些微小的调整[18]，只要不是从根本上偏离原来熟悉的轨道，而只是作一些调整以适应外部环境的变化，这样的微调，一般的人应该都能胜任。然而，实施新组合可不是一件寻常的事，单从"客观"的机会来讲，能做这件事的人可能不在少数，但事实上，真正胜任的人称得上凤毛麟角。所以说企业家是一个特殊群体[19]，他们不出手则已，一出手就在波澜不惊的循环之流中掀起惊涛骇浪。我们现在的情况，完全可以用三组对立的事物来概括。第一组对立，是两种经济态势的对立：其一是循环之流，或者说经济走向均衡的趋势；其二是发生在经济惯常渠道中的变化，或者经济数据自发的变化。第二组对立，是动态方法与静态方法[20]这两种理论方法的对立。第三组对立，是两类行为的对立，对应到现实中的人身上，就是纯经理人和企业家这两类人的对立。因此，理论上"最好的生产方式"，当然是最有利可图的那种生产方式，但用来比较的，并不是在当时"有可能用到的"一切生产方式，而是得到经验证明且为人所熟知的一切生产方式。如果人们没有做出这样的区分，这个概念就含糊不清，我们致力于解决的那些问题，仍将悬而未决。

现在要详细说一说企业家及其行为所独有的特征。即使只是最不起眼的日常行动，背后都包含着人类在智力上付出的艰辛努力。即使只是小学生掌握的那点知识，但如果要他独自一人从头到尾得出这些知识，并付诸应用，那他非得有超人的智力不可。如果事事要自创原则来指导日常行动，那么每个人都得具备巨人一般的智力与毅力才行。有些决策和行动，背后的原理凝结着人类千百年的智慧，要从头创立当然难逾登天；还有一些决策和行动，背后原理的形成不需要那么长的时间，而且更加专业，更适合作为特殊工具来完成具体的任务，即使是这些原理，从头形成也谈何容易？同一件事，按这个要求要用天大的力气才能做成，但撇开这个要求，只要花正常的力气就能做成。一旦有现成的知识或习惯可资使用，那些本来极其困难的事，实际上可以轻松做成；那些本来要超人的才智才敢接手的事，只要是智力正常的人，哪怕再不聪明也能做成，尤其是不需要领导的例行事项。分配任务、监督执行当然还是需要的，但做起来没什么难的，正常的人一学就会。只要没有偏离常人熟悉的轨道，督导工作虽属必要，但仍只不过是寻常的"工作"，和看管机器这样的工作没什么两样。没有人不知道每天的常规任务，没有人做不了每天的常规任务，而且一般靠自己就能独立完成；和其他人一样，"督导者"也只是在例行公事，也就是照例去纠正别人出现的偏差。

之所以会这样，是因为无论什么知识或习惯，一经形成就会深深地扎根在心里，就像铁轨牢牢地嵌在大地上那样，既不需要时时翻新，也不需要刻意重建，而是沉入潜意识的深处。经过种族的遗传、家庭的熏陶、社会的教育以及外界的优胜劣汰，这些知识和习惯世代相传，几无窒碍。无论什么事情，要是人们对它的考虑、感受或操作多到了熟极而流的地步，就不会觉得有什么要费心的了。虽然常人由此节省了大量的精力，但还不足以让他们轻松应付日常生活，庶民仍然活得精疲力尽。话又说回来，也亏得这样节省精力，常人还能应付得了平常的挑战。经济的日常生活也是如此。我们曾说，凡是跳出常规范畴的行动都会步履维艰，也都会引出一种新的要素，一种构成领导的要素。经济当中也是如此。

这些困难就其性质来说，可以归结为三点。先看第一点。一旦跳出这些习惯的渠道，人们就变得不知所措、无所适从，原来一般很有把握的决策数据和行动规则，现在一概没有。他这会儿还能凭经验来作出预测和估计。许多事情完全没有把握，另外一些事情只在一定的范围内是确定的，还有一些事情干脆就只能靠"猜测"了。至于那些人们要改变、要创造的数据，那就更是如此了。现在他多少得自己想清楚日常行动的每一个细节，而这本来是由传统来代劳的事。做这样的筹划要大费脑筋，不像习惯行动那样可以不假思索；还特别会犯错，而且犯一些平常见不到的错误。已经做成的事情，和我们亲眼看见、亲身体验到的任何事情一样，都是实实在在的。但新事物还只存在于我们的想象之中。如果将实施一项新计划比作新建一条道路的话，那么，按常规行事，就好比沿着建好的道路往前走。

只要想象一下，要无一遗漏地搞清楚一项计划的全部正反影响，是有多么的困难，你就会明白，不依常规做事是多么不同寻常的一件事。按理说，只要有足够的时间和手段，再多的东西也搞得清楚，但这是不现实的。就像作战的时候，指挥官不会等到一切都搞明白后才开战，而是一捕捉到战机就立刻行动，经济上也是同样的道理。在这些情况下，成功靠的是一个人的直觉。直觉灵敏的人，能够洞烛先机，他作出的判断日后证明一定是正确的，虽然在判断的那一刻未必就有充分的理由；直觉灵敏的人，能够透过枝蔓直指本质，哪怕他只知其然，而不知其所以然。准备充分、术业专攻、聪明才智乃至逻辑天赋，这些常规下的成功要素，在特定的情况下反倒会误事。但随着人们对自然及社会的了解越来越准确，对各种事实的掌控越来越自如，随着时间的推移以及理性程度的不断提高，越来越多的事情可以便捷而可靠地作出判断，直觉也就没那么重要了。我们已经看到，现今的军事统帅已经不像往日那么叱咤风云了；同样道理，企业家这个群体的重要性势必也会衰减。但不管怎么说，这两类人都离不开直觉判断。

第一点是从任务的性质来看打破常规做事的困难。那么，第二点自然要从商人的主观心理来看这件事。一个人要离开熟悉且得到经验证明的路子，而另寻新路，当然会遇到更多的客观困难，但即使这些客观的困难都不存在，他在主观上也很不情愿这样做。这个结论搁哪儿都不例外。科学史上的诸多事例表明，但凡新的科学方法，从诞生之初到最终被人接受，总要经历种种坎坷。人们的思维总是一再滑向原先习惯的轨道，哪怕后者已经不合时务，哪怕合适的新路径一点也不难走。一旦思维固化成习惯，就会变得特别省劲，因为它已经成为下意识的活动，有了这样的思维习惯，即使不动脑筋也能得出结果，面对批评甚至与个别事实不符的地方，也都能岿然不动。但也正因如此，这些思维习惯一旦失去时效，势必成为阻碍，经济的情况也是这样。一个人脑海里刚兴起创新的念头，习惯的势力就会跳将出来，向他证明这个想法是多么的靠不住。因此，一个人除了要应付日常事务，还要腾出精力和时间来琢磨新组合并付诸实施，并且让自己坚信这不只是白日做梦，而是有实实在在的成功机会，那他非得具备不同寻常的意志力不可。具备这种意志力的人，应付完日常事务后还颇有余力，但这样的人实属凤毛麟角、万中无一。

第三点在于社会环境对创新者的反响。这种反响首先反映在既有的法律或政治障碍上。先不说这两个方面的障碍，单从舆论上说，凡是离经叛道的举动，都会为社会所不容（话说回来，一个社会宽容异端的尺度，倒也不至于一成不变）。就连有违风俗的奇装异服这样的事，都会引来物议，更何况那些庄重严肃的事了。对新事物的抵制，虽说在原始的文化中更为强烈，但在别的地方也从未绝迹。一个做事偏离正轨的人，哪怕只是听到别人表示一下诧异，甚至只是看到别人侧目而视，都会栗栗不安。舆论的谴责很可能立刻引发一系列瞩目的连锁反应，严重的甚至会招致放逐乃至囚禁或刑责。固然，在一个渐趋多元化的社会，对新生事物的抵制也会随之减弱——我们正在说到的发展，就是其中最强大的一股力量——甚至在特定的环境下，对于特定的个人来说，有抵制反倒更催人奋进，但这些不会从根本上改变这件事的严重性。克服这种抵制，必然是日常生活所没有的特殊任务，特殊的任务总是要有特殊的举措。具体到经济部门，对新生事物的抵制首先表现为，一些经济团体的利益受到创新的威胁，其次是愿意合作的人寥寥无几，最后是消费者不买账。虽然这样抵制因素于今犹存，但考虑到经历近代波澜壮阔的发展的洗礼，人们对各种创新现象早就见怪不怪了，所以，要研究这些因素的话，最好选取资本主义的早期阶段。稍微回顾一下就可以发现，它们在当时都很突出，但以我们的研究宗旨而论，实在没有进一步深究的必要。

领导（leadership）正是为这些困难而生。这里所说的领导，绝非简单的层级差异——举凡社会组织，无论大小，都有这种层级差异，领导通常是高高在上的代名词——而是一项特殊的职能。前面说到的那些事，其实在暗示有一个边界，一旦超出这个边界，大多数人立刻就变得手足无措，要不是有少数人在一旁指点，他们将寸步难行。假如一个社会在各个方面都像——比方说——日月星辰那样亘古不变；又或者，这个社会虽有变化，但种种变化皆非人力所能干预；又或者，这个社会的变化虽是人力所能干预，但这样的机会人人均等，那么，世间就只会有常规的事，不会出现领导这种特殊的职能。

只有在新机遇涌现的地方，才会出现领导和领导者这一类的问题。这就是为什么，在诺曼人征服四方的时代，其领导力如此充盈丰沛，而在斯拉夫人窝在普里皮亚特河流域，过着一成不变、与世无争的日子的那几个世纪，其领导力如此羸弱不兴。前面提到的三点，可以用来概括领导的特性，无论对人对事都对。领导的职能，既不在于"发现"新机遇，也不在于"创造"新机遇。但凡有人的地方就有机遇，而且无处不在，无时不在。经常出现的情况是，这些机遇一般人都知道，也在学术圈广为讨论。还有一些情况下，明眼人都知道面临着什么样的机遇，而根本不用再花力气去找。就拿政治中的一个例子来说吧，路易十六时代的法兰西，明眼人都看得出来，应该在民生与施政上如何除弊立新，当可令王朝免于倾圮之灾。事实上，当时有此见识的人绝不在少数，但没有人能够力挽狂澜。由此可见，领导职能的关键在于"有所为"，一个碌碌无为的人，再多的机遇也只不过是过眼云烟。无论什么样的领导，短暂的或是长久的，都是这样的。就拿短暂的情况来说吧，遇到突发事件该怎么应对，通常大家都很清楚。大多数人甚至所有的人都心知肚明，但都龟缩不前，指望别人来振臂一呼、领袖群伦。即使是仅通过示范效应来施加影响的领导，如艺术或科学领域的领导，关键也不在于如何发现或创造新事物，而在于如何让社会团体接受新事物、追随新事物。这样说来，领导者完成其使命，靠意志甚于靠智慧，靠"权力、魅力"甚于靠新思路。

经济上的领导尤其要和"发明"区别开来。但凡不付诸应用的发明，一概和经济无关。将一项革新付诸实施，和发明这项革新是两码事，两者要求的素质也截然不同。既然企业家可以同时是资本家，为什么不能同时也是发明家呢？但这种情况纯属巧合，非属必然。而且，企业家做的固然是创新的事，但创新未必一定是发明。有些学者一提到企业家就反复强调发明，现在看来，这种做法其实弊大于利。

各种经济制度都少不了领导，甚至原始部落或共产主义社会也不例外。但企业家这种领导有其独特之处，和前两种经济中的领导颇有不同。别的领导所具有的光环与荣耀，他一概没有。他要完成的特殊任务，只在很罕见的情况下才会激发公众的想象力。目光敏锐、精力过人固然是成功的要素，但有时还没有行事聚焦这一点来得关键，因为只有这样才能心无旁骛，才能抓住稍纵即逝的机遇。当然不能说"个人魅力"不重要。然而，资本主义的企业家，其个性特征和大多数人心目中的"领导"形象是有出入的，事实上有很大的出入，也难怪他们一时半会儿理解不了，企业家其实也是社会领导阶层的一员。首先，同样是领导，政治家的领导风格和企业家大异其趣。前者是说服利益群体执行他的计划，或者让人们相信他的领导方式；而后者——他也要说服，但只需说服或影响一个人，那就是向他提供资金的银行家——只是购买人们手头的生产资料或服务，然后依照自己认为合适的方式来使用。其次，企业家会吸引一批生产者追随于他，这勉强也算领导。但这些生产者不仅是追随者，也是竞争者，他们从一开始就在蚕食他的利润，直到利润完全消失，说起来，这样的领导像作茧自缚。最后，企业家为社会做出的贡献，只能得到专业人士的充分认可。先不说企业家看起来只是在牟取私利，而且经常是冷酷无情地牟取，即使是不带偏见地看，企业家的贡献也不像政治家的激情演说、军事统帅的出师大捷那样，会让公众热血沸腾、褒奖有加。难怪在企业家身上，我们看不到其他社会领导引以为豪的种种炫目的价值；难怪个人也好，群体也罢，企业家的经济地位都不怎么牢靠，而且就算经济上的成功让他出人头地，但他一来没有文化传统的根基，二来没有舆论基础，只能像一个暴发户那样招摇过市，成为他人的笑柄；难怪企业家这个类别从来就不受欢迎，连学术评论也抱着敷衍的态度来看待他们[21]。

无论在学术研究中，还是在现实生活中，都需要理解人类行为，也就是说分析人类行为的典型动机。我们对企业家的描述也不例外。但凡要研究行为的动机，一定会遇到这样的反对之辞，认为经济学家不应该不务正业，将手伸到"心理学"领域，持这种观点的学者不在少数。我们在这里不会卷入心理学与经济学是什么关系这么大的问题。关于这一点，我们只说一句就够了：凡是对经济论证中引入哪怕一星半点心理学观点都不能接受的人，完全可以跳过我们接下来要说到的内容，而不用担心跟不上后续章节的讨论。因为我们的分析旨在得出的那些结论，没有哪一条的存废是出自我们这里说到的"企业家心理学"，也没有哪一条会因"企业家心理学"可能有的任何一条谬误而受到影响。读者自会发现，我们在后面的分析，没有哪一条需要超越可观察行为这个边界。如果有读者并不一味反对心理学，而只是反对传统教科书中的那一类心理学，他就会发现，我们根本没用到那个由来已久的"经济人"动机理论。

在关于循环之流的理论中，就算根本不提及任何心理变量，经济学家也能很好地解释经济是如何实现均衡的，帕雷托（Pareto）

和巴荣（Barone）便是此道高手，这样，考察人的动机就没那么重要。这就是为什么，哪怕再破绽百出的心理学，对分析结果的不利影响也远不及人们想象的那么严重。即使不存在理性的动机，也会有理性的行为。但事实证明，真想要搞清楚动机的本质，可绝不是一件轻而易举的事情。假定社会环境及生活习惯既定不变，那么从责任的角度看，人们日常所做的大多数事情，从根本上说是在履行世俗规定的任务，或者上帝赋予的使命。这中间蕴含的理性成分可以说少之又少，更不用说快乐主义和个人利己主义的成分了，要说有，我们敢说大部分来自晚近的增长。话说回来，只要我们只从大的方面来看待不断重复的经济行动，我们就可以认为，在它的背后是人类的种种欲望，以及满足这些欲望的动机，但这么说是有条件的：其一，这样定义的经济动机，随着时间的不同，在强度上有很大的差异。其二，人们观察到的特定动机，其实是由社会塑造的。其三，个人的欲望并不是孤立的，而是要参考在决定做这件事的时候，他认为自己是哪个社会组织的成员，是家庭成员，还是其他和家庭规模不等的社会组织的成员。其四，行动并非紧随动机而来的，两者之间只能说有一些松紧不一的关系。其五，个人的选择不能随心所欲，而是会受到社会习俗或传统这一类东西的制约，当然，如何制约，制约到何种程度，都因人而异。这些条件都没错，但不妨碍我们从总体上认定另外一个事实：置身循环之流中的每一个人，都会调整其行为来适应外部环境，为的是尽量满足他本人或其他一些人的给定欲望。无论在哪一种情况下，只要我们承认没有欲望就没有经济上的行动这个结论，经济行动的含义就是满足欲望。就算放到循环之流中，我们也可以将满足欲望当成一项正常的动机。

但后面这个事实对企业家不成立。按理说，企业家应该算最理性、最自我中心的人。说他最理性，是因为我们说过，企业家先要拟定新计划，然后再逐条执行，这中间需要的筹谋审度，远甚于按常规套路经营一家现成的企业；说他最自我中心，是因为他做事天马行空、喜欢单打独斗，而不像别人依靠传统经验和亲朋好友，而且他干的本来就是破旧立新的事情。理性、自我中心当然主要是用来刻画企业家的经济活动，但其烙印也深深打在了随之而来的道德、文化及社会后果上。难怪企业家兴起的时代，也是功利主义学说大行其道的时代。

但除了上面说的这些，企业家的行为和动机就再也和"理性"这个词沾不上边了。而作为企业家的典型动机更是和快乐主义风马牛不相及。如果说快乐主义的行为动机就是满足欲望的想法，我们当然可以在"欲望"这个词的含义里塞进一切动机，就像我们可以在利己主义的定义里塞进一切利他的价值，因为利他也是自我满足的一种方式。但这样一来，我们的定义就沦为同义反复。要让"快乐主义的行动动机"这个词有明确含义，我们必须将之限定在一定范围内：其一是只能由消费品满足的那些欲望；其二是从消费这些货物预计可以得到的那些满足。做过这些澄清后，再要说企业家的动机只在于满足自身的欲望，那就不对了。

除非我们假设企业家对快乐主义那些欲望的追求永无止境，否则在戈森定律的作用下，他们很快就会安于现状、止步不前。但经验表明，一个典型的企业家从不言退，只会在他精疲力尽、自知难以胜任的时候，才会谢幕退场，这也是唯一的原因。他们的表现看起来和经济人的描述对不上号，因为经济人每做一件事，都会计算利弊、比较得失，直到实现利弊得失的平衡，超出这个平衡点外的事，他一概不会去做。而在企业家那里，无论付出多大的精力，看来都不成为让他停歇下来的理由。再说企业家忙得一刻不歇，就算他买得起那些用于满足快乐主义欲望的商品，又哪来时间"消费"它们呢？因此，我们平常在企业家身上观察到的那些举动，从快乐主义的立场来看是没道理的。

仅凭这个事实，当然不能证明快乐主义的动机在企业家身上不存在。但这个事实确实证明了，除了快乐主义的动机，企业家还有其他的心理动机，如果我们注意到，不少成功的企业家对声色犬马一类的世俗享乐毫不在意，可他们也不是行止怪异、不谙世事的人，那就更证明了这一点。

首先，企业家有梦想也有决心开创属于自己的王国，这样的王国往往——虽然不一定必然——也是绵祚不息的王朝。一人为王、君临天下的时代已经一去不复返，现代人再也没有称王称侯的机会了，但商业上的成功，也许是现代人重温中世纪王侯霸业的一条捷径。对于一个想要出人头地却苦于没有机会的人来说，经商创业无疑是最有诱惑力的出路了。明知权力和独立不过是梦幻泡影，但又有谁抵得住权倾天下、纵横四海、快意恩仇的诱惑呢？详加分析，这一组动机又可以细分成高下不一的各种动机，从最高一级的万民景仰、受人膜拜，到最低一级的摆摆臭架子。这方面别的无须多说，只说一点就够了：虽说这一类动机最接近于消费动机，但两者还不是一回事。

其次，企业家还有强烈的征服欲：他们渴望竞争，渴望证明自己是人中龙凤；成功本身即是一切，而成果倒在其次。从这个意义上说，经济活动更像一些竞技运动，如一些大奖赛，尤其像拳击比赛。奖金本身倒在其次，或者说顶多只算衡量成功的一种尺度，炫耀胜利的一种标志而已，有了这笔奖金，当然忍不住要挥霍一番，但挥霍的目的也主要在于炫耀，而不仅仅是为了消费。和上面一样，这一类动机也可以细分成无数次一级的动机，其中一些动机，如称霸的动机，又可以归入第一类动机。显然，我们在这里又遇到了一类新型的动机，这类动机从根本上有别于前面定义的"满足欲望"的那些动机，或者说"快乐主义的动机"。

最后，无论是从无到有的创造，还是从乱到治的建设，甚至只是挥洒一下智力和体力，企业家都乐在其中。虽说这倒像一种人所共有的动机，但只有在企业家这里，这种动机，加上诸如睿见这样的东西——这本来就是企业家突出的才能——才成为促成行动的独立动机。企业家自寻困难、主动求变、乐于冒险。虽说这三类动机都和快乐主义动机针锋相对，但最突出的还属当前的这类动机。

只有在第一类动机下，作为企业家经营的成果，私有财产才是令这类动机起作用的关键因素。对后两类动机来说，私有财产没那么关键。日进斗金自然是成功的代名词，尤其在成功只是一个相对的概念的情况下。在追逐金钱的人的眼里，金钱附带的好处是，它是看得见摸得着的，不受他人主观意见的左右。在一个"逐利"的社会，总会有这样或那样的赚钱机会，这样，即使不考虑逐利对投资基金形成的重要性，逐利动机也构成这个社会发展所不可替代的动力。但我们也得承认，总的来说，企业家的第二、第三类动机和得自经济创新的个人收益无关，而只和其他一些社会制度有关。至于说这两类动机从何而来，又如何像"逐利"动机那样起作用的，这些问题已经超出了本书的研究范围。对于这些问题，社会改革家处理得轻描淡写，而财政激进主义者干脆就视而不见。但它们并非无解，起码在划定的时间和地点内，对企业家行为进行翔实的观察，是有可能找到答案的。

第三章
信用和资本

信用的性质和功能 [1]

经济发展的本质在于，以新的方式使用现有劳动服务及土地服务，这样，新组合能否实施起来，要看劳动服务及土地服务能否从原先的用途中腾出来。凡是在权力机构不能直接支配这些服务的社会，我们又得出两条不同于主流观点的推论：其一是货币有其特殊的职能；其二是其他支付工具也有其特殊的职能，这样一来，支付工具所代表的经济活动，绝不仅仅是货物所代表的经济活动的简单反映。这样的观点，一直以来都不容于一众经济学家，甚至惹得他们焦躁不安，并在道德上及学术上触怒他们；他们以罕见的一致试图让人们相信，相反的说法才是事实。

自经济学跻身科学殿堂以来，就一直和伴随货币现象而来的那些常见谬误斗个不停——这么做一点也没错。这已经算经济学最了不起的贡献之一了。凡是理解了前面内容的读者，他一定会相信，这些谬误没有哪一条能和我们的理论沾上边。但要是有人说，货币只不过是促成货物流通的一种媒介，没有哪一条重要的现象和货币有关，这种说法当然也不对。要是真有人拿这一条来反驳我们，立刻就会被我们驳得体无完肤，因为我们已经证明了，在我们所说的发展中，如果不是因为人们的相对购买力发生扰动，本来是不可能以新的方式使用经济中现有的生产资料的。我们发现，原则上说，劳动者和地主不可能将他们的劳动服务及土地服务赊给企业家。单凭企业家本人，也不可能以赊账的方式获得那些加工过的生产资料。就算在什么地方刚好有这些加工过的生产资料，能够满足企业家的需要，那他当然可以花钱买进，但问题是他得有钱啊。他当然不能靠赊账，因为这些生产资料是谁生产的，就是谁需要的，物主一刻也等不及拿到他的报酬——虽然企业家确实能偿还，但要等上一段时间——更不用说承担风险了。如果确有人不知怎的将这些生产资料赊给企业家，这里发生的事，除了实物的买卖，其实还有信用的授受；这两件事看似一项交易在法律上独立的两个部分，但实际上是两项不同的经济活动，每一项经济活动对应着截然不同的经济现象，这一点容后再说。最后，企业家也不能向劳动者及地主"预付"[2]消费品，理由很简单：他手头根本就没有消费品。就算他想从外面购入，那也得有这样一笔专款才行。只要我们说的是从循环之流中腾出货物用于实施新组合，我们就绕不过这个坎儿。赊欠消费品是这样，赊欠加工过的生产资料也是这样。我们这里说的事，没有任何不合情理的地方。

要是有人反驳我们说，没有什么重要的现象"能"靠货币而存在，这显然是无稽之谈。事实上，购买力是一项关键活动的载体，这一点无可争议。再说，他难道忘了，货币数量或货币分布方式一旦发生变化，往往会有深远的影响？明知这一类现象有目共睹，他怎么还能用这一条来反驳我们呢？虽说这个考察至今还不得要领，但这样的比较还是很有些启发意义。货物领域的变化也会引起商品领域的变化，难怪有人也拿它来解释物价的变化，但问题是，货物和货币一样，未必就一定有变化。事实上，货物从来就不是主动变化的一方，谁都知道，货物的种类和数量倒是颇受货币变化影响。

第二条异端观点远不像表面看上去那么有害。最终的分析表明，这个观点背后的事实不仅可以得到证明，甚至是显而易见的，并且得到广泛认可的。经济中的支付工具，从其表现形式看，的确仅代表对货币的要求权，但这种要求权从根本上说不同于对其他货物的要求权，因为它们——起码暂时说来——起着和货币完全相同的作用，因此在特定的条件下可以取代货币的地位[3]。这一点，不仅有关货币和银行的各种文献都予以确认，而且任何一本教科书所载的狭义货币理论也都认可。这个结论本身没什么要说的，倒是分析的过程值得说上几句。要讨论这些问题，先得认识到，这个事实其实关乎货币的概念及价值。当货币数量理论建立起货币价值的计算公式时，批评者立刻举出其他支付工具存在的事实予以反驳。这些支付工具，特别是银行信用，究竟是不是货币，这个古老的问题不仅得到许多一流经济学家的肯定回答，也是人所共知的事情。但这个问题提一下就行了。据我所知，支付工具能取代货币这个事实，任谁也没有疑义，甚至那些不承认它们是货币的经济学家也不例外。至于如何取代、以何种形式取代在操作上才可行，这方面的讲解也一直都有，只不过有的简单、有的翔实罢了。

如此不难看出，这样的流通媒介，在数量上不会等于等量的金属货币，而是不及后者，因此不可能同时全部兑现；不仅如此，在这批流通媒介中，有一部分固然是出于方便而取代原先流通的那部分货币的，但还有一部分却是在此之外新创造出来的。我们和主流理论在另外一点上的认识也是一致的，即创造支付工具的任务集中在银行，是银行最根本的职能。这一点对我们来说无关紧要，但为了表述的完整，还是要提一下。银行创造货币即是对外负债，亚当·斯密乃至在他之前的一些学者，他们在阐述这个观点时，还没有染上后来常见的那些毛病。直至今日，这个观点已是陈词滥调。我要马上补充一点："货币创造"这个说法在理论上是否成立，对我们的研究没什么影响。我们的推断完全独立于任何货币理论的特定观点。

最后，这些流通媒介因提供信用而生——暂且不理会省得运输金属货币这种情况——也正是用来提供信用。在费特看来，银行"这样一门生意，其收入主要来自向他人贷出它的偿付承诺"。到目前为止，我说的这些事没有哪一条存在争议，甚至连观点出现分歧的可能性都没有。没有人能指责我触犯了正统教义，如李嘉图所说的"银行的经营"并不能增加一国的财富；也没有人能指责我鼓吹约翰·劳的"泡沫投机"[4]，而让我无地自容 。再者，谁也不会否认这样的事实：在一些国家，大约四分之三的银行存款其实都是信用[5]，而且一般说来，商人先得向银行"借钱"，然后才能在银行"存钱"；更不用说由狭义货币能够并实际完成的交易，在全部交易中所占的比重微不足道。要是有人觉得这些事里面还有什么新奇的东西，他可以在任何一本初等教科书找到他想要的答案，既然如此，这些事实在没有深究的必要。此外，要是我说，信用的各种形式，从银行券到账面信用，从根本上说是一回事，都增加了支付工具的数量，应该也没有人能挑出这句话的毛病来吧[6]。

要说争议之处，到目前为止也只有一条。不难看出，这些流通媒介，其中大部分必须有法币或商品作为其保障，否则就是废纸一张。要是我说，生产者开具的汇票就是这种流通媒介的典型代表，我想，无论是理论家还是商人，都不会认为我说的不对吧。生产者在完成了产品的生产和销售后，随即向他的主顾开出汇票，为的是将他的要求权即刻"兑现"。因此，这些产品就充当这张汇票的"保障"——具体来说就是提单——就算这张汇票没有现有的货币作为其"保障"，它也有现货作为其保障，后者从某种意义上也可以算现有的"购买力"。上面提到的存款，有很大一部分也是来自这类商业票据的贴现。这往往被视为提供信用或将信用工具投放到商业渠道的正常情况，而其他方式一律被视为异常情况[7]。但即使在那些完全可以用信用完成正常商品交易的场合，通常也是需要抵押品的，这样，我们所说的"货币创造"，说穿了只不过是现有财产不停地调动而已。因此在这一点上，我们得再次回到传统观点上。事实上，传统观点很有取胜的架势，因为没有保障的流通媒介只不过是废纸一张，不仅如此，甚至货币也可以退出流通，一切都可以追溯到以货易货，也就是实物领域的买卖。难怪一般人都相信，"货币创造"只不过是技术上的事，对经济的普遍理论没有太深的影响，顶多在银行操作手册里说一下就行了。

　　但我们不完全同意这个说法。我们暂时只要强调一点：习惯上称作"异常"的货币创造，其唯一的异常之处，只不过是在那些情况下创造出来的流通媒介，伪托是常规商品交易的结果，实则不然。撇开这一点不说，金融票据不能简单地划到"异常"一类。的确，它们不是专为新组合提供资金而创造出来的信用，但一来二去地，经常是最后仍然派这个用场。再来说抵押品。在这些情况下充当抵押品的，不可能是现有的产品，而只能是其他什么东西，原则上说，抵押品的作用，并不是充当抵押品的那些资产因提供信用而被"调动来调动去"。单凭这一点来概括抵押品的性质，实在是太勉强了。事实上，我们应该区分如下两种情况。先看第一种情况。企业家兴许有某种担保品，可以用来抵押给银行[8]。这样一来，他当然更容易向银行借到钱。但这不是真正意义上的企业家本来该有的情况。理论分析和实践经验都表明，企业家这项职能，原则上说和是否占有财富没有必然关系，只不过意外占有一些财富，当然对他的创业更为有利。看一看那些白手起家的企业家，就知道我们的说法没错，也就知道，将信用当成"铸币财产"的看法有些片面。再来看第二种情况。企业家也可以拿货物做抵押，这些货物是他用借来的钱买到的。拿到银行信用后，原则上说他就得提交抵押品，哪怕间隔再短的时间。在这种情况下，提供信用只不过将现有财产投入流通这种说法所获得的支持，甚至还不及第一种情况来得有力。事实上，明眼人都看得出，在第一种情况下创造出来的购买力，并没有新生产出来的货物与之对应。

由此可见，现实中的信用总量，总是要超出有充分保障的信用的总量。依照实际的信用总量，不仅现有黄金不能提供足够的保障，甚至连现有的商品也不能提供足够的保障。这个事实同样不容置疑。唯一能质疑的，只是它在理论上的作用。然而，正常信用和异常信用之分，对我们却是很重要。凭着正常的信用，人们有权参与社会所得的分配，但这种信用代表且可看成一纸证明，证明的是有人提供了服务及现有货物。而被传统视为异常的信用，人们凭它同样有权参与社会所得的分配，但由于背后并没有过去的生产服务做保障，因此这样的信用，充其量只能看成将来服务或待生产货物的一纸证明。因此，无论从本质还是从结果来看，这两种信用都有着根本的区别。虽说这两种信用都可以用作支付工具，在表现形式上也难分彼此，但其中一种信用所代表的支付工具，背后是对社会产品的等量贡献，而另外一种信用所代表的支付工具，背后则是空空如也，至少没有对社会产品的等量贡献，虽说这个短口经常是由其他一些东西予以弥补。

上面的内容算是引论，篇幅也许有些简短，只希望不会引起什么误解。接下来进入本章的正题。首先，我们要证明一个乍看起来颇为新奇的命题，即原则上说，除了企业家，没有人需要信用；说起来，这个命题的推论，即信用服务于工业发展，看上去倒是顺眼得多。我们已经证明，企业家——无论是理论原则上，还是一般情况下——的确需要信用，说得具体一点就是，需要别人将购买力暂时转手给他，这样他才能从事生产，才能实施新组合，才能真正成为企业家。但这部分购买力不会自动流到他手上，这不像在循环之流中，只要生产者卖掉前一期生产的产品，购买力会自动流到他手上。要是他做不到这一点，自然就当不成真正的企业家。这里所说的，只不过是大家都知道的事，并无任何虚构的成分。他要当企业家，就得先向银行借钱，除此之外别无他法。发展的内在逻辑逼着他要向银行借钱，或者换种说法：他向银行借钱这件事，乃是发展的内在必然属性，而不是要靠特定的外部环境才能说得通的异常事件和偶然事件。他最先想要的就是信用。无论他需要什么样的货物，他先得有购买力。他是资本主义社会最典型的债务人[9]。

为了证明这个结论，我们接下来还得用到反证法，也就是要证明，除了企业家，其他任何人都不需要信用，除了企业家，没有人只是因为他承担的经济职能，就非得向人借钱不可。人们借钱或放贷的现实动机，固然远不止要当企业家这一条。但问题在于，提供信用在这个过程中算不上至关重要。首先会想到的消费信用就是这样。且不说消费信用的作用有限得很，在工业生活的各种基本形式及要素中，它也排不上号。没有人只是因为他在经济上担当的角色，就非得借钱消费不可；没有人只是因为他参与的生产活动，就非得借钱消费不可。因此，我们这里不再关心消费信用的现象，虽说这种现象不乏现实意义。这么说不含有任何抽象的成分，因为我们明确承认消费信用是实际存在的现象，只是我们对这个现象没什么特别要说的。再来看另外一些本质相同的情况。对一些企业来说，它们只在一种情况下才需要信用：也许是受到天灾人祸的打击，它们的正常经营受到干扰，急需一笔信用来维持日常开销。这些情况——可以称为"生产型消费信用"——和消费信用一样，都不属于信用的本质，因为将这些情况剔除掉，丝毫不妨碍我们理解这里面的经济机制。所以说我们对它们也没什么兴趣。

根据定义，为"创新"提供信用，就是向企业家提供信用，是经济发展不可或缺的因素之一，那么，这里只有一种提供信用的情况还没有考虑到：为循环之流中企业的经营提供信用。要是能证明这种情况在我们这里"无足轻重"，那我们的观点也就得到了证明。事情真是这样的吗？

我们在第一章说过，循环之流从根本上说，是不会有经营信用的授受的[10]，因为根据我们的理论，产品一生产出来就被生产者立刻卖掉，而生产者用这笔收入又开始新一轮生产。当然，事情并不总是这样的，也许产品还没到消费者手里，他就等不及要开始生产了。但问题的关键在于，只要是在循环之流中，我们就可以假定，前一期的收入总是立刻用于后一期的生产，而不会遗漏这件事的任何关键之处。原本对常规渠道中的老企业是无足轻重的信用，仅仅是因为出现了发展，并且因为发展，原本闲置的资金才有了用武之地，才变得重要起来。只有在这种情况下，每个商人才会一取得收入，就迫不及待地存入银行账户，也才会在需要的时候向银行借入购买力。如果不是因为有发展，用来交易的款项本来一定会分散在各个企业及家庭手里，除了需要的那一刻，其他时间都处于闲置状态。这一切因发展的出现而改变。发展的洪流所到之处，凡是自豪于从不借贷的人都被荡涤殆尽。到了最后，没有哪家企业——无论新老企业——能摆脱信用的影响，而银行家则越发青睐这种信用，因为它的风险小。许多银行，尤其是"储蓄"银行以及大多数老式商号，也纷纷效仿，或多或少在专营这种"流动"信贷。但这一切都只是发展处于鼎盛期的结果。

我们这么说并不像一般人认为的那样，是在和通行的说法唱反调[11]，事实上，我们这么说只不过是想肯定一件事：如果我们想要把握循环之流的经济规律，就不要去理会信用。这和通常的观点完全一致。正是因为通行的理论持相同的观点，和我们一样发现，虽说日常商品交易也会靠信用来调剂资金，但只是无足轻重的例外情况，它才能在研究经济的主要特征时，不必去理会信用问题。通行理论只关注实物领域的做法，只有从这个角度看才有些道理。实物领域当然也会有信用交易，但我们已经在这一点上形成共识。虽说通行理论和我们一样都认为，在循环之流中，几乎没有必要创造新的购买力，但它却未发现，在别的地方却很有这个必要，可见它走的是静态的路子。

这样，和消费信用一样，我们也不用理会这种流动信用。这种信用只是用来方便交换——当然是在循环之流中，因为我们已经说过，一旦遇上发展，这种信用立刻就变得不同——除了是一种方便的工具，它对经济活动再也没有更深的影响了，由此可以得出下面一个结论。此种流动信用，和那种在发展中起着关键作用的信用——少了它，我们不可能充分理解发展这种经济活动——到底有什么不同，为了进行彻底的比较，我们最好假设，在循环之流中，全部交换活动都是通过金属货币完成的，而这些金属货币，无论数量还是流通速度，一经确定就保持不变。一个没有发展的经济，全部流通媒介中也可能有信用支付工具存在。但这些支付工具所起的作用和金属货币没什么两样，因为它们也是现有货物及先前服务的"一纸证明"，既然它们和金属货币之间没有根本区别，我们通过这种方便交换的工具只想说明一点，这就是在循环之流的流动信用中，我们找不到那个被我们称为信用现象本质的东西。

这样，我们不仅证明了我们的命题，还揭示了这个命题的真正含义。再重复一遍这个命题：原则上说，只有企业家需要信用；只有用于工业发展中，信用才起到关键的作用，换言之，信用对于我们理解发展这种经济活动，乃是至关重要的东西。此外，如果将这个命题加上第二章的结论，我们就会得出一个关联命题：凡在领导机构没有权力直接支配生产资料的社会，要想有发展，原则上说非得有信用不可。不难看出，这个关联命题自然也是成立的。

我们所指的信用的根本作用在于，协助企业家从原来的用途中腾出他需要的生产资料，只要有了这笔信用，企业家就能提出有效需求，这样就硬逼着经济进入新的渠道。接下来提出我们的第二个命题：只要信用不可能得自先前的创业，或者原则上不可能从先前发展所创造的购买力储量而来，那么它只能是专门创造出来的信用支付工具，这种支付工具，既没有狭义的货币做保障，也没有现成的产品做保障。这种信用也不能说都是无中生有，假如企业家手头刚好有一些其他资产，倒是可以用来作为保障。但这种情况一来没有必要性，二来也没有改变这件事的本质：如此创造出来的信用，虽说创造出企业家新的货物需求，但却没有同时创造出新的货物供给。这个命题其实可以从第二章的结论推导出来，这里就不必再证明了。从这个命题，我们不仅可以发现放贷和信用支付之间的关系，还可以找到那个被我们认为是信用现象本质的东西。

只在一种情况下，信用才对经济活动至关重要，但在这种情况下提供的信用，只能来自新创造的支付工具（前提条件是没有先前发展形成的支付工具）。只有在这种情况下，这种信用支付工具的创造所起的作用，不只是方便交换这等技术方面的作用，这样一来，在这种情况下，提供信用就得创造购买力，新创造出来的购买力，只有贷给企业家才有用，也只有在这种情况才是必要的。只有在这种情况下，才不能用金属货币来取代信用支付工具，否则会损及我们正在描述的这个理论的真实性。因为，随便什么时候，我们当然都可以假定有一定数量的金属货币，因为这个绝对数量是多少，不会在本质上影响我们的理论；但我们却不能假设，金属货币的数量能够按需随意增加。因此，如果无论是放贷还是信用工具创造，我们一律不考虑那些信用交易及信用工具无足轻重的情况，也排除先前发展产生的支付工具，那么，全部的放贷必然等于新创造出来的信用支付工具。

这样，我们就得出了信用现象本质的定义：信用从本质上说是为企业家创造购买力，而不是简单地将现有的购买力转手给企业家。在一个奉行私人产权制度以及实行劳动分工的社会，购买力创造，原则上说是这个社会实施发展的一大特色。有了信用，企业家不用等到获得正规的资格，就有权提前在社会货物流中分一杯羹。可以说，信用暂且用一个虚拟的资格取代那个正规的资格。以这样的方式提供信用，相当于发出一条指令，在这条指令下，经济要适应企业家的想法，一批货物要由企业家随意支配，简单说来就是，将一批生产资料托付给企业家使用。只有用这种办法，才能使处于完全均衡状态的循环之流出现波动，并从中诞生出经济发展。此种功能，乃是现代信用体系的基石所在。

我们说，提供信用在常规循环之流中无关紧要，不仅是因为产品与生产资料之间没有必然的缺口，也是因为可以假设，生产者一律用现金采购生产资料，或者说，凡是现在购入一批生产资料的人，之前一定卖出了同等货币价值的货物。但在实施新组合时，这样的缺口必然存在。填补这个缺口乃是出借人的事，只要他将专门创造出来的购买力交给企业家支配，这件事就算办成了。这样一来，凡是提供生产资料的人就不需要"等待"，企业家也不需要预付货物或现金。这样一来，这个缺口就得到了填补，不然的话，在一个奉行私有产权制度的交换经济中，发展即使不是不可能的，也会遇到极大的困难。出借人起到的这个作用不会有什么疑义。分歧只在于，"填补"的本质是什么。我深信，我们的理论一点也不比其他观点更大胆、更脱离现实，反倒是最接近事实，根本不需要任何虚构的成分。

在循环之中——一直以来都是我们研究的出发点——同样的产品，以同样的方式，年复一年地被生产出来。每一份供给，在经济的某处都有一份需求在等着它；同样，每一份需求，在经济的某处都有一份供给在等着它。全部货物都以预先定好的价格完成交易，最多只有微不足道的价格波动，这样，每一单位的货币在每一期走过的路径，都可以说是相同的。随便什么时候都会有一笔给定数量的购买力，生产者用这笔购买力买到当前数量的原始生产服务，这笔购买力就到了生产性服务提供者的手里，而后者再将这笔购买力花在消费品上。在常规的循环之流中，没有专为这些生产性服务的提供者本身——尤其是土地——而设立的交易市场，后者自然也就没有价格[12]。

如果我们不去理会货币本身用料的价值——事实上也无关紧要——那么购买力确实只代表现有的货物。货币总量不说明任何问题，但家庭和企业各自分到多少，倒是很能说明一些问题。要是信用支付工具，也就是我们所说的新购买力，已经创造出来，并交由企业家支配，那么他就和原来的生产者平起平坐，他手上的购买力也和原有的购买力平起平坐了。不消说，经济中现有生产性服务的数量并未随之增加。但企业家"新生的需求"也是实实在在的，因为他手头有钱了。生产性服务的价格自然为之上涨，就像我们曾经指出的那样。还有一批货物从原来的用途中被腾了出来[13]。这相当于挤压了原有的购买力[14]。按理说，新创造出来的这笔购买力，并没有与之对应的货物，当然也没有与之对应的新货物，但这时候通过挤压原有的购买力，强行为前者腾出地方来。

这就是购买力创造的作用机理。读者不难看出，这里面没有任何不合常理的地方[15]。至于说这些信用工具以何种面目出现，其实无关紧要。的确，要是以无抵押银行券的形式出现，这个作用机理应该能够看得最透彻。但即使是以汇票的形式出现，只要这种汇票确实进入流通，只要它不是用来取代现有的货币，也没有现货作为保障，那么，其作用机理也如出一辙。当然，如果这种汇票只是用来记录这位企业家的负债情况，或者只是用来贴现，那就不能这么说了，只有当它用来偿付货款时，才能这么说。同样道理，其他形式的信用工具，哪怕只是银行账面信用，只要符合这个条件，都能作如是观。打个比方，新的购买力注入经济中，会挤压原有的购买力，这就像一股新的气体注进一个密封的容器，容器里原来的每一个气体分子都会受到挤压，占据的空间会随之缩小。这些新购买力的注入，必然会引起价格的变化。等到价格不再变化，每一单位新货币，还是依照和原先一单位货币同样的条件，交换到给定数量的商品，所不同的是，每一单位新货币的购买力，都不及原先一单位货币的购买力，而且每个人手上的货币数量也不同以往。

这种情况属于信用膨胀，但和信用消费引起的信用膨胀不是一回事，因为这里有一个关键因素，而在消费信用那里则没有。但凡信用消费，新购买力也在原有购买力之外占有一席之地，货物的价格也随之上涨，货物也会腾出来，落到这笔信用持有者的手里，或者落到这笔借款所要支付的对象的手里。这个过程到这里就完结了：腾出来的货物被人消费，但这笔创造出来的支付工具却留在了流通之中，信用必然一直在续期，物价就此保持在一个更高的水平。这笔借款也许随后会用来自常规收入流中的款项——如加税得来的钱——偿还掉。但这种特殊的做法（结果是信用紧缩）和之前的信用消费是两码事，虽然这种做法以众人熟知的方式，使得货币体系又恢复正常，否则它就不能回到原先的状态了。

但在我们说的这种情况下，这个过程到这里还没完。企业家不仅要履行他的法律义务，把钱一分不少地还给银行家，还要履行他的经济义务，将挪用的商品一件不少地还给社会；或者，就像我们说过的那样，他最终得具备从社会挪用货物的资格，而借钱的结果让他具备了这样的资格。等到他终于完成生产——按我们的理论，在生产期末，他的产品上市销售，他的生产资料则消耗一空——要是不出任何岔子的话，他用来充实社会产品流的货物，其销售总价不仅超出他借到的信用额，也超出他直接或间接消耗的货物的销售总价。这样一来，挪用的货币流和商品流尽复失地而有余，膨胀的信用完全消除而有余，上涨的物价回复正常而有余[16]，可以说在这种情况下根本没有信用膨胀这回事，最多只是购买力先于商品而出现，从而暂时制造出信用膨胀的假象。

此外，企业家现在不仅能偿还他欠银行的债务（本金加利息）了，而且除了偿还从循环之流中腾出来的购买力，一般还有一笔剩余（也就是企业家利润）。只有这笔利润及利息还会继续流通下去；而最初的那笔银行信用已经不存在了，这样，信用紧缩的情况比刚刚所说的还要严重得多，如果这家规模扩大了的新企业不再需要资金，那就更是如此。实际上，这笔新创造出来的购买力不会那么快就消失。这首先是因为，大多数新企业不可能只做一期就歇业，而是会经营好多年才告终结。这种情况虽说没有动摇这件事的根本，却使得这笔购买力流通更长的时间，明明到了该还钱的时候，这笔购买力通常会按"延期偿还"来处理。这种情况从经济上讲，根本就不是在偿还贷款，而只是定期检查这家企业的经营状况是否可靠。无论此时要偿还的是一张汇票还是一笔私人贷款，都应该叫"提请审核"，而不是"提请偿还"。此外，如果这些旨在长期经营的企业只靠短期贷款获得资金，那么很显然，任何一位企业家及银行家，都会尽快延长贷款的期限，如果能跳过短期贷款阶段，直接达成长期贷款协议，那就是值得双方击掌相庆的事。说穿了，这大致相当于用现有的购买力来取代那些专门创造出来的购买力。这种情况发生在发展的鼎盛阶段，因为这个时候已经积累了大量的购买力。事实上，这个取代的过程分成两步，至于这么划分的理由，其中一些我们已经解释过，另外一些也和我们的理论不冲突。第一步是，企业对外发行股票或债券，额度记入它的贷方账户，这意味着它还在用银行的钱。第二步是，这批股票或债券对外发售，逐渐被人认购——认购者一般不会一次性付清认购款项，而只是在往来账的借方记上认购者的姓名——用来买股票或债券的钱，则是来自手头的现金或储蓄。这样，我们可以说，这批股票或债券是由社会储蓄吸收掉的。这笔信用工具就这样得到偿还，取代它们的是现有的货币。但这还没有最终偿还企业家的债务，也就是他亏欠社会的那批货物。但即使是在这种情况下，偿还商品这件事也只不过稍晚一些实现罢了。

新创造的购买力之所以不会那么快消失，还有另外一个原因。只要企业创业成功，信用工具就会消失，可以说会自然而然地消失。但就算它们继续流通下去，也不会对个人或整个经济造成任何影响，因为此时已经有足够的商品来制衡这笔新购买力，也成为后者十足可靠的"保障"，而这正是消费信用所缺乏的东西。只要这笔信用到期续约，这家企业也就能一期一期地生产下去，只不过它已经不是我们所说的"新企业"了。这笔信用工具不仅不会对物价造成进一步的影响，甚至连原来的影响都消失了。事实上，银行信用能够硬闯进循环之流中，主要是靠这种方式，等到它在循环之流中已经变得不可撼动，那就得花一番力气才能认识到，它的根源其实并不在那里。假如不是这样的话，人们公认的理论就不仅是错误的——事实确实如此——而且是不可饶恕和不知所云的。

既然提供信用既不受到流动资源的限制——因为以提供贷款为目的的信用创造，和现有流动资源的多寡无关——也不受到现有产品数量（无论是闲置产品数量，还是产品总量）的限制，试问提供信用还会受到什么样的限制呢？

限制信用提供的第一个原因，还得从银行业的习惯做法中找到端倪。假设这个社会的货币制度，是可自由兑换的金本位制度：任何人凭银行券可随时向银行兑换黄金，银行有义务按法定价格买进黄金，黄金可自由输出。再假设这个社会的银行制度简单到不能再简单：只有一家发行银行券的中央银行，以及一些经营性银行，除此之外，再也没有其他任何条条框框来束缚银行业大展拳脚，如要求中央银行计提银行券准备金一类的限制条款，或者要求其他银行计提存款准备金一类的限制条款。这其实也算一种常见的情况，这种情况搞清楚了，其他情况也就不难处理。这样，任何一笔新创造的购买力，在其对应的那批货物尚未面世以前，都会抬高金币中黄金含量的价值，使之高于单位货币的面值。这样一来，用于流通的黄金数量必然减少，但首要的是，人们纷纷拿支付工具要求银行兑现，首当其冲的是银行券，然后直接或间接地波及其他支付工具，和我们刚刚说到的支付工具兑现比较起来，这里的兑现，无论是意义、目的还是原因，都完全不一样。假如此时的银行业还没有出现兑现困难，那么，只有在一种情况下，银行还能继续提供信用，这就是前面引起的信用膨胀只是暂时现象，而要保证这一点，就得要求新创造购买力对应的商品能及时生产出来并上市，但如果因为新企业遭遇失败，这批商品永无面世的那一天，又或者因为新企业采用耗时冗长的生产，这批商品要等上好几年才会面世，那么银行家就必须挪用来自循环之流的购买力——如其他人的储蓄——来应急。这就有必要设立一笔准备金，这样就束缚了中央银行和其他银行的手脚。再来看限制信用提供的第二个原因，这就是，银行提供的信用，最终要分解为日常交易要用的小额款项，也就是兑换成硬币或小面额纸币——起码大多数国家是这种情况的——但这些银行无权发行这些硬币或小面额纸币。再来看最后一个原因。信用膨胀必然会引起黄金外流，这加重了银行方面的兑现困难。当然，运气好的话，兴许会碰到其他国家不约而同地扩大信用的情况，类似的情况过去也不是没发生过。这样，哪怕我们不能原封不动地套用限制商品生产的那些假设，并依据现在这件事的本质明确指出，创造购买力的限制有多大，哪怕这样的限制一定会因人性而异、因法律而异，但我们敢说，这样的限制在任何时候一定都是存在的，我们也敢说，在什么样的环境下，这样的限制一般会持续下去。虽说有这样的限制不会完全阻止我们所说的这种购买力创造，也不会影响后者的重要性，但我们就无从判断这种购买力创造在某个时刻的确切数量，尽管说这个数量一定是明确存在的。

对于这样一个深奥的问题，仅仅以上面的这些话来回答，实在是太过肤浅了；其肤浅之处，就像在解答汇率成因这样的问题时，我们只是轻描淡写地说，在普遍实行自由兑换金本位制的情况下，汇率一定介于黄金输送点之间一样。但正如在研究汇率问题时，如果我们不理会黄金开采和消费的规律，也不理会这个问题背后其实是"商品输送点"，我们反而会洞察到这个问题的实质，同样的道理，如果我们只以实施纸币本位的国家为例，或者除了银行支付工具，其他一概不予理会，我们反而能够更深刻地解释出，为什么购买力创造只能在一个明确——尽管这个明确的数值其实是上下浮动的——边界内发生。既然各国间的贸易往来并没有给这个问题带来根本上的不同，我们就将这方面的分析留给读者来完成。归根结底，银行不能无限制提供信用的条件只有一个，这就是有利于新企业的信用膨胀必须仅仅是暂时的现象，换一种说法就是，如果信用膨胀指的是物价提高到一个新的水平并一直保持下去，那么这个条件就是，真正意义上的信用膨胀必须不存在。银行之所以不能随心所欲地贷出款项，这个限制之所以能一直存在的，乃是因为真要有哪家银行一时鬼迷心窍，草率答应了企业家不理性的借款冲动，那么这家银行就不免要蒙受损失。只要企业家不能生产出在价值上起码不低于本金加利息的商品，这样的损失就不可避免。只有企业家成功地生产出这些商品，银行的放贷才算划算的买卖，在这个时候，也只有在这个时候，才没有信用膨胀现象，就像我们已经证明的那样，此时的银行还在提供信用的边界内行事。从这个结论出发，也许可以推导出一些原则，凭这些原则，我们能够在一些个别情况里推算出，多大规模的购买力创造是可行的。

只有在另外一种情况下，银行业——假如它不承担将其支付工具兑换成黄金的义务，也不用理会外汇问题——可以放心地引起信用膨胀，随意地确定物价水平，不仅不用担心损失，反而会从中牟利，这种情况就是：它向循环之流注入的信用支付工具，要么是为了试图扭转坏账的无奈之举，要么只用于消费目的。一般说来，没有哪家银行能凭一己之力做到这一点。因为虽说它发行的支付工具不会显著影响物价水平，但坏账仍然是坏账，而且如果债务人不能量入为出，其负债超出还款能力，那么消费信用也会变成坏账。但如果各家银行联手行动，就能做到这一点。在我们所作的那些假设下，它们能够连续提供信用，准确影响物价，从而使得先前发放的信用好转起来。即使没有这些假设，这种情况在一定程度上也有可能发生，这就难怪各国要通过立法对银行业进行特别管制，银行自身也要设立特别安全措施。

最后这一点其实是不证自明的。政府在一些情况下会没有节制地开动印钞机；设想一下，要是政府真的将印钞权交给银行，并任由后者按一己之需，自行决定纸币发行数量，相信银行没有理由不这么做。但这些事和我们所说的情况——为了实施新组合提供信用及创造购买力，在当前的物价水平下，实施新组合一定是有利可图的[17]——没有任何关系，当然也就和为企业家创造购买力这件事的意义、性质和起源没有任何关系了。我们之所以特别强调这一点，乃是因为，"银行可以毫无限制地创造出流动媒介"这条命题，已经成为人们用来攻击和排斥信用新理论的口实和原因，因为在大量引用这条命题的时候，人们经常忽视了它的必要条件及适用场合[18]。

资　本

　　接下来要说的，是一个早就该讨论，也是任何一个商人都不陌生的问题。我们说过，从循环之流中腾出资源用于新生产的方式并不唯一，如果据此来划分一个社会的话，当有资本主义和非资本主义之别：凡以专门创造购买力的方式实现的社会，都属于资本主义社会；凡以权力机构的一纸调令或者各方达到一致的方式来实现的社会，都属于资本主义以外的社会。资本无非是一种杠杆，有了这种杠杆，企业家就能任意支配他想要的实物；资本无非是一种控制手段，有了这种手段，企业家就能将生产要素挪作新用途，就能迫使生产转向新的方向。此乃资本的唯一职能，单凭这一特性，就能划定资本在经济中的独特地位。

　　那么，这种所谓的杠杆或者控制手段，究竟为何物呢？显然，资本既非任何具体形式的货物，也非现货的任何一部分。谁都承认，资本出现在生产中，以这样或那样的方式来协助生产，实施新组合的生产也不例外。企业家需要的各种货物，在他眼里是不分伯仲的。他同样地需要各种各样的服务，不管它们来自土地、来自劳动、来自机器，还是来自原材料，从这个意义上说，任何一项需求都没有特别之处。当然，这并不是说这些货物并没有任何差异。事实上，这些货物当然各不相同，只不过差异的重要性一向都被许多经济学家夸大了。但很显然，各种货物在企业家的眼里都一样：无论他要的是工具、土地还是劳动，他都得花钱来买，他都得为这笔钱算出并付出利息。这些货物所起的作用不分轩轾，在他心目中的重要性也是难分彼此。尤其说来，他是从头开始生产，也就是从购买土地及劳动开始，还是从直接购买而非自制半成品开始生产，这都没什么分别。最后，他是否要购入消费品，从根本上说也没什么分别。不过，在有些人看来，谈资本就得首先谈消费品，如果他相信，企业家要向狭义的生产资料的所有者"预付"消费品，那就更是如此了。真是这样的话，消费品也就变得矫矫不群；消费品也就有了一种特殊的作用，一种在我们看来为资本所独有的作用。这样一来，企业家就得用生产性服务来换取消费。于是乎我们就得说，资本就是消费品。但我们已经排除了这种情况。

澄清了上面的说法，也就没理由对企业家购入的各种货物分出个三六九等，也就没理由将任何一组货物冠以资本的名头。资本由具体货物构成的定义，放到任何社会都成立，既然如此，这样的定义显然不适合用来刻画资本主义社会的特征。再者，要是有人问某位商人，他的资本在哪里，很难想象这位商人会指着其中的任何货物说："看，这不是吗？"要是他指着厂房说这就是资本，按理说还得算上厂房下面的土地；就算这些货物逐一列举过了，他也要知道，直接或间接用来购买劳动服务的流动资本，也应该算资本。

但是，一家企业的资本，也不是它要用到的全部货物的总和。因为资本和实物乃是一种对立的关系。人们用资本购得货物，或者说"人们将资本投资于货物之中"，这种说法其实相当于确认了，资本的用途不同于所购入的这些货物的用途，后者靠着在技术上的特点，能够服务于生产。资本的用途在于，向企业家提供生产资料。在交换经济中，资本不仅是企业家、实物以外的第三个生产要素，而且是前两者的中介，是衔接它们的桥梁。资本并不直接在生产中起作用，资本本身不是"生产作业的对象"；事实上，资本要先行完成任务，否则技术意义上的生产就启动不了。

企业家要想有具体货物可用，手头就得先有资本。会有那么一段时间，他已经有了必要的资本，但还没有购入生产资料，这个时候就可以更清楚地发现，资本和具体货物并不是一回事，它是一种独立的要素。显然，资本的唯一宗旨，也是企业家需要资本的唯一原因，只是被当成用来偿付生产资料的一笔资金。再者说，只要企业家尚未完成采购，这笔资本就和任何具体货物没有任何关系。资本当然是实实在在的——有谁能否定这一点呢？但资本的独特之处恰恰在于，它不能当成具体货物来看，它不是技术意义上的货物，而是一种手段，借助这种手段，那些技术意义上的货物能够用于生产。但是，一旦企业家采购完毕——不管他购入的是土地还是工具设备，始终都是货物——他的资本是否就变成具体货物呢？如果有人向魁奈大声说："当你走过一些农场及手工场后……你会继续看到一些房屋、牲畜、农用种子、原料、家具以及各式各样的工具"——在我们看来，他还应该加上土地及劳动的服务，还有消费品——采购完毕后，难道不就是这样的吗？资本现在已经完成了我们赋予它的使命。如果必要的生产资料以及——按我们的假设——必要的劳动服务已经购入，那么企业家就不再拥有一度归他支配的资本了。他付出了资本，换来了生产资料。这笔资本化整为零，成为各种各样的收入。传统理论认为，他的资本现在已经变成了这些外购品。事实上，传统理论之所以有此一说，是因为它完全没有看到资本在提供货物时所起的作用，反而一厢情愿地认为，企业家需要的这些货物，是物主借给他的。只要人们不像传统理论这样不切实际，只要他从实际出发辨别出，用来支付生产资料的这笔资金，和这批生产资料本身不是一回事，他一定不会怀疑我们对资本的认识：人们说到资本时习惯指的各种东西，被我们当成资本现象来看的各种东西，无一不指这笔资金。要是这个说法没错的话，那么很显然，企业家不再持有这笔资金，因为他刚刚已经把这笔钱支付出去了，落到生产资料卖主手里的那笔钱，和面包师卖面包赚到的那笔钱在本质上没什么两样。虽然我们经常听到人们平常都将外购的生产资料说成"资本"，我们还听到有人说，资本"留在了这些货物之中"，但这些说法并不能证明资本就是这样；除非我们能说煤炭"留在了"一段钢轨之中，也就是说煤炭参与制造出这段钢轨，我们才能说资本"留在了这些货物之中"。无论哪一种说法，都要回答两个关键问题：企业家还拥有资本吗？那批煤炭固然已经灰飞烟灭、不可复得，但企业家难道没一点可能从这项"投资"中再次"抽出"他的资本吗？在我看来，这两个问题很好回答。先看第一个问题。我们的回答当然是否定的，因为企业家已经花掉这笔资本，用它购入了一批货物，他不可能把这批货物当成资本来用，也就是将它们当成支付其他货物的一笔款项，而只能将它们用于技术生产。当然，要是他不知怎的一改初衷，想把这批货物脱手，一般说来，这时候总会有人有意接盘，于是，他手头又会有一笔数量不等的资本。既然他的生产资料既可以直接当成生产资料来使用，也可以间接当成资本来使用——只要他先将生产资料换成购买力，然后再用这笔购买力购入其他生产资料——单从这一点来说，他当然可以图省事，也将这批生产资料统称为资本。实际上，要是他在生产完成以前需要购买力，他手头能调动来换取购买力的唯一资源，就是这批生产资料了。这里还有一个原因容后再说。再来看第二个问题。我们的回答是，企业家当然能再次获得资本，只要他卖掉手头的生产资料就行了。但很显然，他此时获得的这笔资本，已经不是原先的那笔资本，而且在多数情况下连数量都不会相等。但既然这些无关紧要，因此，虽然"抽出资本"这个词的含义不那么明确，也只不过是一种形象的比喻，但总的意思还算说得通，和我们的说法并不矛盾。

资本既不是具体的货物，也不是泛泛的货物，那么它到底是什么呢？说到这里，答案其实已经呼之欲出了：资本是一笔购买力资金。只有这样，资本才能发挥其关键的作用，正是凭着这个作用，资本才在现实中不可或缺，也只有凭着这个作用，资本这个概念才在经济理论中占有了一席之地，而不仅仅是罗列一下各种货物就可以取而代之的东西。

现在的问题是，这样一种购买力资金，具体来说是哪些东西呢？这个问题看起来很简单。我的购买力资金是哪些东西？那还用问，当然是我手头的钱款，以及折算成货币的其他财产。这样的回答，其实就是门格尔提出的资本概念。我当然可以将这些钱款及财产称为"我的资本"，随便叫多少次都不会有人反对。此外，虽然都是"资金"，但我们不难将它们和来自收入"流"的资金区分开来，这样一来，我们其实是按欧文·费雪的思路前进了一步。另外，我们也可以说，我可以用这笔资金创办一家企业，也可以将这笔资金借给一位企业家。

这个观点乍看起来很有道理，但不幸的是有不少疏漏。谁说要成为企业家就非得有这笔资金不可？只要我开具的等额汇票能用于支付，我也一样可以买到相同数量的生产资料。也许马上会有人反驳说，我只不过是欠了一笔债，这怎么能说增加了我的资本呢？他也许会进一步指出，我用这张汇票"买到"的货物，从根本上说只不过是从别人那里借来的。且让我们仔细琢磨一下这个情况。假如我取得成功，那么我一定能偿还这张汇票，我用来偿还的，可以是一笔钱，也可以是一张旨在冲抵的汇票，但不管是什么，都不是出自我原先的资本，而是出自我卖掉产品的收入。这样，我就使我的资本得到增加，要是这么说有一些牵强的话，不妨换一种说法：我的成功对我所做的贡献，和我的资本增加的效果一样，而且还没有引起任何债务，让我的资本日后会再度减少。还有人反驳说，如果不是因为我要还债，我的资本原本是会增加的。但这笔债务是用产品收入来偿还的，就算这笔收入一分不少地到我手里，也不能确定它会用来增加我的资本。因为我也许会将这笔收入直接消费掉，要是这样的话，谁也不能说它还算资本。如果承认资本的作用仅仅是确保企业家支配生产资料，那么我们就得承认，开具汇票也能增加我的资本。如果读者仍然牢记前面提到的观点，再结合接下来要说的观点，我们得出的这个结论就不像表面看上去那么奇怪了。的确，我不会因开出这张汇票而变得更富有。但借助"财富"一词，我们倒是可以从另外一个角度来看待资本。

虽说财产本身不是以货币形式持有的，但只要折算成货币，财产的确也就有了我们所说的资本的特点。假如企业家手头有一批货物，一般不太可能直接交换到他需要的生产资料。事实上，他总是先要卖掉这批货物，再将得到的收入当成资本来用，也就是说，购入他想要的生产资料。门格尔的资本概念其实也认识到这一点，因为它特别强调了人们持有货物的货币价值。要是将这些货物也当成资本，这种说法显然不太好理解，或者只是一种形象的比喻。外购的生产资料也是如此，因为我们提过，在门格尔的概念里，外购的生产资料也属于资本的一种。

比之门格尔的资本定义及类似定义相比，我们的资本定义从一个方面看来得更宽，而从另一个方面看又来得更窄。说它更宽，是因为说支付工具是资本，这里的支付工具不仅仅是"货币"，而是泛泛的流通媒介；说它更窄，是因为并非所有支付工具都算资本，只有那些确实起到我们关心的那个独特作用的才算。

之所以有此限制，乃是资本的本性使然。如果支付工具没有帮助企业家获得生产资料，没有起到将生产资料从原先用途中腾出来，以满足企业家需要的作用，那么它们就不能算资本。因此，一个没有发展的经济，也不会有"资本"这种东西存在；或者换一种说法，如果资本没有起到那种独一无二的作用，那么它就不是一种独立的生产要素。我们还可以说，在一个没有发展的经济中，各种通用购买力不算资本，而只不过是交换媒介，是用来完成常规交易的工具而已。而这是它们在循环之流中所起的唯一作用了，换言之，除了这种技术上的作用，它们没有任何别的作用，所以，即使不理会它们，也丝毫不影响对循环之流本质的理解。但在实施新组合时，货币及代用货币就成为一种关键的要素，这时我们就将它们称为资本。因此，在我们看来，资本是只存在于发展中的概念，在循环之流中没有这样的东西存在。这个概念所代表的经济现象，我们只在发展的诸般事实中才看到过。我敦请读者将这句话放在心上。因为这句话特别有助于理解这里提出的观点。如果有人在说到资本时，用的是这个词在日常生活中的含义，那么他心里想到的，应该多是可用它来创业、可用它来支配生产资料这些事情。各种资本概念其实都提到这一点，但之所以显得"五花八门"，在我看来只是因为提法不同罢了。由此可见，没有什么东西生来就是资本，而能够成为资本的东西，只是因为它满足了一定的条件，或者只是从某个角度看才是这样的。

这样，我们对资本的定义是，在任一时刻能够转手给企业家的一笔支付工具。如果发展是从处于均衡的循环之流中产生的，那么按照我们的理论，只有极少的一部分资本是货币，而大部分资本是专门创造出来的其他支付工具。一旦发展的势头起来了，或者资本主义式的发展混以某种非资本主义的或暂时的形式，那时会有 流动资源积累起来以供发展之用。但从严格的理论上说，发展不会以这样的方式兴起。就算在现实中，一项重大的发展，一般也不可能以这样的方式开始的。

因此说来，资本是交换经济的一项要素。资本代表着交换经济的一项活动，也就是将生产资料转交给企业家。这样，按照我们的资本定义，交换经济中只有私人资本，没有所谓的"社会"资本。

支付工具只有落到私人手里，才能起到资本的作用。在这样的定义之下说社会资本，是没有多大意义的，不过私人资本的总量还是有些用处的，因为从这个数字可以知道，企业家可以支配多大的资金量，能从其他渠道腾出多少生产资料来。这样一来，社会资本倒不是一个全无意义的概念[19]，即使共产主义社会没有社会资本这种东西，但这个概念也还是有用的。但无论谁说起社会资本一词，他主要想到的还是一国的财货总量，社会资本这个概念，说到底还是从真实资本的概念衍生出来的。

货币市场

这一章仅剩一个问题要讨论了。资本不是生产资料。无论是全部的、还是部分的生产资料，无论是原始的、还是加工过的生产资料，它们都不是资本。既然资本是一种特殊的要素，那么从理论上说，资本一定有自己的市场，因为消费品及生产资料这两种要素，都有各自的市场。这种理论上的市场，在现实中必然有与其对应的东西，就像其他两种市场一样。我们在第一章说过，有专为劳动服务、土地服务及消费品而设立的市场，关乎循环之流每一样东西，都在这些市场完成交易，但加工过的生产资料只是暂时存在的项目，因此没有专为它们而设立的独立市场。在一个有发展的经济中，既然资本作为一种新的要素应运而生，自然也就有专为资本设立的第三种市场，也就是资本市场，也会有一些有趣的现象在这个市场发生。

这样的市场的确存在，事实上，我们对这个市场的熟悉程度，远胜于劳动服务市场、土地服务市场以及消费品市场。资本市场在现实中的实体，比之后两种市场更加集中，组织得更加完善，也更好观察，这就是商人常说的货币市场，也是每一份报纸开列专栏天天报道的对象。我们对货币市场这个名称不太满意，因为这个市场绝不仅仅交易货币，所以一些经济学家反对使用这个概念，我们有些赞同他们的意见。但我们觉得这个名称还可以一用。无论如何，发生在资本市场的现象，和人们描述货币市场的那些现象没什么两样。除此之外，就再也没有第二个资本市场了[20]。要是有人有意就货币市场总结出一套理论来，那一定是有趣也有意义的事。但到目前为止，我们还没有看到有这样的理论[21]。要是有人观察人们在这个市场，是根据什么样的经验法则作出决策，作出具体事项的判断，并从中总结、验证这些经验法则背后的理论意义，那一定更加有趣、也更有意义。这些经验法则，其中的大部分已经严格归纳过，并且成为撰写有关货币市场文章的指导原则。只是这些用来做经济预测的经验法则，就目前来看还很不成体系，虽说研究它们有助于深入理解现代经济的本质，但这不是本书的旨趣。我们只能根据需要概略地提一提，不会花费太多的篇幅。

一个没有发展的经济，也没有货币市场这种东西存在。假如这个社会组织得很完善，一切交易都通过信用支付工具结算，那么它一定有一个中央清算机构，相当于经济的清算中心或簿记中心。在这个机构里发生的各种交易，如实地反映了这个经济中发生的一切活动。比如，定期支付工资、定期缴税，收割庄稼的开销，节假日的支出，但这些只不过是结算一类的事。在一个有发展的经济中，这些事情一样要做。再者，有了发展，那些暂时闲置的购买力也就有了用武之地。最后，正如我们强调的那样，有了发展，银行信用也就硬闯进了循环之流的交易中。这么说来，这些事情当然就是货币市场的基本职能，也构成了货币市场的运作机理。一方面，货币市场不仅要满足企业家的需要，还要满足来自循环之流的需要；另一方面，来自循环之流的资金也增加了货币市场的资金供给。因此，在货币市场的每一个交易项目中，我们都能感受到循环之流的脉动。比如，在收获的季节，在纳税日，以及类似的日子，我们会发现购买力需求在增加，但只要过了这些日子，我们又发现购买力供给在增加。虽说货币市场同时承载了企业家和循环之流的需要，但我们不会分辨不出，发生在货币市场的交易，何者属于循环之流，何者又属于发展。只有后者才是货币市场的根本所在，前者只不过是衍生出来的，如果不是因为有发展，它们本来根本不会出现在货币市场。虽然这两类交易相互影响，彼此已经密不可分，但我们仍然可以说，在任何一例中，甚至在实例中，我们都能分辨出，发生在货币市场的这些交易，何者属于循环之流，何者又属于发展。

货币市场的根本系于新企业对信用的需求。当然，需要指出的是，货币市场还受到其他一些因素的影响。比如，一个开放经济的货币市场，总要受到各种国际关系的影响；再如，货币市场也难免受到经济以外因素的干预，我们之所以没提这些因素，只是出于表述的方便。这样，我们就不用理会国际收支平衡、黄金交易这一类的现象。经过这样的简化，在货币市场，只有一件事才关乎根本，这就是，企业家出现在需求端，购买力的供应商——也就是银行家——及中间商出现在供给端，两者各自有其代理及掮客，除此之外的任何事情，都只能算这件事附带而来的。这两方每一天的讨价还价，决定了新组合的命运。在这样的讨价还价中，将来的价值体系第一次有了现实而具体的样子，也第一次和经济的那些既定条件挂上了钩。谁要相信新企业不关心短期贷款的价格，因为它只想要长期贷款，那就大错特错了。事实上，任何时候的经济总体形势，没有比短期贷款的价格表现得更清楚的了。企业家不需要全程借入他需要的贷款，而是视需要借入，甚至可以按天借入。再者了，投机客也经常借入这样的短期贷款，以之来持有企业的股份，尤其是新企业的股份，这样的贷款有可能今天借明天还。我们每天都会看到，工业部门如何提出他们借钱的需求，而这样的需求又如何有时得到银行部门的支持，有时又遭到后者的遏制。另外两种市场里的需求和供给，都表现出相当程度的稳定性，即使在有发展的经济中也是如此；相比之下，货币市场里的需求与供给，日复一日地大起大落，波幅之大令人咋舌。这只能从货币市场的特殊职能中找到答案。经济中的每一项计划，每个人对将来的看法，一切自然条件、政治条件、经济条件，以及一切自然事件，都会影响这个市场。谁敢断言，有哪一条新闻一定不会影响实施新组合的决策、货币市场的现状以及企业家的想法和意图？将来的价值体系必须适应每一种新的形势。它不仅会受到购买力价格的影响。经常出现的情况是，个人的影响一会儿会推波助澜，一会儿也会取而代之。但这些情况已经被人所熟知，无须深究。

可以说，货币市场一直都是资本主义经济体系的指挥部，各种指令从这里向私人部门下达，在这里辩论和决定的，本质上都是未来发展计划的落实。各种信用需求被提交到这个市场，各种经济方案先是相互比较，然后相互竞争，以求得以实现；各种购买力、各种结余也都纷纷涌向这个市场，待价而沽。各种套利操作和中介操作应运而生，它们的出现会轻易掩盖这个市场的本质。尽管如此，我仍然相信，我们的理论事实上无惧任何反驳。

所以说，货币市场或资本市场的主要职能，是为信用提供交易场所，以便为发展筹措资金。这个市场因发展而生，随发展而兴。在服务于发展的过程中，这个市场又衍生出另外一项——也是第三项——职能：为各种收入来源本身提供交易场所。至于信贷价格和各种持久或暂时收入来源之间有什么关系，这个问题容后再说。但就我们目前知道的情况来说，靠着出售这样的收入来源，也能获得资本，反之购入这样的收入来源，相当于是将资本投入使用，这样一来，涉及这些收入来源的各种交易，就不可能脱离货币市场而存在。土地交易也要在这里进行，如果现实中土地交易没有纳入货币市场中，那也是因为一些技术上的问题，而不是因为这两者间缺乏因果关系。

第四章
企业家利润[1]

前面三章为后续的论述打好了基础。作为第一项成果，我们首先来解释企业家利润的成因，这实在是一项容易而顺理成章的任务，为了这一章的简洁，我宁可在这里暂不讨论一些本应讨论的棘手问题，而将它们延后至下一章，在那里，我们将一并解决各种难缠的问题。

企业家利润是扣除成本后的剩余。一方面，从企业家的角度说，企业家利润就是一家企业的收入与开支之间的差额，这算经济学中的老生常谈了。这个定义虽说有些肤浅，但也可以作为研究的起点。"开支"一词指的是，企业家在生产时必须直接或间接给付的一切支出。除此之外，我们还得加上企业家本人付出劳动的合理工资；要是这家企业刚好用的是他本人拥有的土地，那么还得加上合理的地租；最后我们还得加上风险贴水。另一方面，我目前并不坚持将资本利息排除在成本之外。实际的情况是，人们要么干脆就将资本利息划归到成本里，要么由于资本刚好归企业家所有，按照他本人的劳动要付工资、他本人的土地要付地租一样的会计原则，他本人的资本当然也要付利息，资本利息也就自然划归到成本里。在本章的范围内，则是像我们认为的那样，暂不理会资本利息是否存在这个问题，还是像其他利息理论认为的那样，认定利息是收入流的第三条"静态"分支，将其划归到企业的成本项目里，且由读者自行决定何去何从。

单就开支的这个定义而论，我们还无从判断出，一家企业在扣除成本后，究竟还有没有剩余。这样，我们首先得证明，这样的剩余是存在的。一句话就可以概括我们用的法子：在循环之流中，一家企业的总收入——暂不考虑垄断的情况——刚好够抵偿它的各项开支。在循环之流中只有一种生产者，那就是不赔不赚的生产者，他的收入用"管理工资"一词尽可概括。凡是在有"发展"的地方，实施新组合一定比原来的组合更有利可图，既然如此，这种情况下的总收入一定高于总成本。

我们先以生产过程的改良为例，具体来说是用动力织机这个著名的例子，来说明企业家利润的成因，以此来向劳德代尔这位开创新研究先河的前辈致敬[2]。这个例子得到过庞巴维克的深入分析，因而身价倍增[3]。现代社会所取得的主要成就，即便不能说大多数，也有不少属于生产过程的改良；而标志着新时代开端的18、19世纪，更是以这个方向的开拓而著称。的确，我们发现在率先改良生产时需要区分开来的那几项功能，在当时明确区分开来的情况甚至还比不上今天。比如，阿克莱特型纺机的发明人，同时也是将这项发明投入生产的人。他们当时还没有现代信用体系可资利用。但我希望读者对前面的内容已经有相当的领会，这样，我尽可以运用最纯粹的分析工具来说明问题，而不需要另作解释和复述。

　　事情是这样的。假设一国的纺织业还停留在手工阶段，有人发现，从动力织机着手，说不定能开拓出一门不错的生意，经过评估，他觉得自己有能力克服可能遇到的无数困难，并下定决心这么干，那么他首先需要一笔购买力。再假设他从银行借到这笔钱，随后创办了一家企业。至于说他是亲手制造这些织机，还是自己只管使用，制造的事通过下订单委托给另外一家企业，这都完全无关紧要。假设使用这种织机的一名工人，日产量是一名手工业者的六倍，显然，只要满足给定的三个条件，这家企业在扣除成本后，一定会赚到一笔剩余，也就是收入减去开支后的差额。第一个条件是，这种产品一定不会因为新增供给[4]而跌价，起码不会跌到这样一个地步：虽说一名工人现在的产量高于以前的一名手工业者，但前者的收入并没有高于后者。第二个条件是，一台动力织机每天花费的成本，必须低于为省下的那五名工人开出的日工资，或者必须低于扣除产品跌价因素以及必要的那名工人的工资后的余额。第三个条件是前两个条件的补充。满足前两个条件，就能偿付操作织机的工人的工资，以及用来支付制造织机的工资和地租。但到目前为止，我们都是在一个假设下讨论上述问题，这就是工资和地租不因企业家推出这项计划而有任何改变。如果企业家的需求不大，这个假设没什么问题[5]。但若不是这样，那么新的需求会推高劳动服务及土地服务的价格。因为其他纺织企业起初还可以照常经营，企业家需要的生产资料不必直接从它们那里腾出来，而是从其他地方腾出来。这需要提高生产资料的价格才办得到。这样，这位企业家就不能简单地套用先前的工资和地租来计算得失，而是要提前估计，由于他的出现，生产资料的价格会上涨多少，然后将这个涨幅也计算在内，这样就出现了第三个必须扣除的项目。只有在扣除这三组变数后，收入仍然超出支出，这时候我们才能说，这家企业在扣除成本后还有一笔剩余。

现实中，这三个条件得到满足的例子不胜枚举。这就证明了，在扣除成本后，企业是有赚到一笔剩余的可能的[6]。但这三个条件也不是每次都会得到满足，要是企业家提前预判到这种情况，他就不会创办新企业；要是没预判到就一头扎进去，他不仅不会赚到剩余，反而会搭进本钱。但假如这些条件得到满足，由此实现的剩余，实际上就是净利润。这是因为，用来制造这台织机的劳动服务及土地服务，如果换回手工方式的话，它们生产出来的实物产品，在数量上肯定不及先用这些生产资料生产出织机，再用这台织机生产出来的实物产品，虽说只要生产资料及产品的价格保持不变，后一种生产方式也能做到不赔钱。再者，这位企业家显然能以成本价购进这一批织机，当然，我们在此暂不考虑专利因素。既然新企业的收入还按原来均衡时确定的价格——也就是只有手工劳动时的成本或价格——来计算，而新企业目前单位产品的开支低于其他企业，这样一来，收入减去开支就会有一个差额。即使因这位企业家的出现，在供需两端都引起价格变动，这个差额也不一定就此弭平。这一点再清楚不过了，不需要给出严格的证明。

这一场大戏现在拉开第二幕。魔咒已被打破，新企业在利润的诱惑下不断涌现。整个产业全面改组：产量不断增加，竞争日趋激烈，过时的老企业陆续被淘汰出局，它们的工人也丢了饭碗，诸如此类，不一而足。详情容后再说。在这里我们只关心一件事：剧终人散之际，势必会有一个新的均衡位置出现，在这个时候，再加上新的数据，成本法则再度君临天下，产品的价格又恢复正常，等于两组工资和地租的总和：其一是用来制造织机的劳动服务及土地服务的工资和地租，其二是另外一些劳动服务及土地服务的工资和地租，织机必须辅以这些劳动服务及土地服务，才能正常开展生产。只要这个条件还没有得到满足，只要价格还没有因日益增加的供给而下跌，企业家就会一直生产下去。

总有那么一天，这位企业家及其紧随者不再有剩余可赚[7]。当然，这种事不是一蹴而就，往往是在一个长短不等的期间内渐次而成[8]。但不管怎样，剩余已经赚到，在一定的条件下构成了一笔数量确定的净收入，虽然只是暂时的。那么，这笔净收入落到谁的腰包里了呢？当然是率先将织机引入循环之流中的那些人，而不会是发明织机的那些人，也不会是只制造或使用织机的那些人。因为按订单制造织机的那些人，只会收回他们的成本；而按企业家要求使用织机的那些人，在付掉购买织机的钱后，也不会有什么利润留给他们。利润落到成功引入织机的那些人的腰包里，不管他们制造并使用织机，还是单单制造织机或使用织机。在我们所举的这个例子中，利润归因于使用织机，但这无关紧要。率先引入织机，是通过创办新企业实现的，至于这样的企业是专门制造织机，还是只使用织机，或者兼有制造和使用，这都无关紧要。但他们在这件事上到底做出什么贡献呢？无他，唯意志与行动耳：他们没有贡献任何具体物品，因为后者是花钱从别人那里买来的，也有可能是从他们自己那里买来的；他们也没有贡献购买力，因为用来买东西的钱是从别人那里借来的，也有可能是从他们自己那里借来的，如果算上以前赚到钱这种情况的话。那么，他们在这件事上到底做过些什么呢？虽然他们既没积累任何货物，也没创造任何原始生产资料，但他们却以一种新的方式来使用现有的生产资料，以一种更合适、更赚钱的方式。他们成功"实施了新组合"，他们就是企业家。他们的利润，也就是一笔没有相应负债的剩余，即企业家利润。

　　率先采用织机是率先采用机器的一个特例，而率先采用机器又是广义生产过程变革的一个特例，而引入变革的目的在于，以更低廉的成本生产出每个单位的产品，这样一来，从产品的现价中扣除新的成本后，会有一个差额出现。为数众多的企业组织创新，以及全部的商业组合创新，都可以归入此类。前面说的每条都适用于这些情况。在一个只有小企业的经济中率先引入大规模制造方式，就是前一种情况的典型代表。一家采用大规模制造方式的企业，对生产要素的配置及利用都要优于小企业，也有可能将厂址设在更便利的地方（因为担负得起运输费用）。但引入大规模制造方式谈何容易。依照我们的假设，这种制造方式需要的一切条件都付之阙如，包括熟练工人、受过专门培训的职员以及必要的市场条件。更何况还有不计其数的社会及政治因素从中作梗。再说了，这种组织形式本身毫无先例可循，只有凭着非凡的才具，才能从无到有地创立起来。尽管如此，假设确实有人具备了在这些情况下成功的一切要素，而且他还能获得必要的信用，那么，他向市场提供的每一单位的产品，其成本都比其他企业更低，再假设前面提到的那三个条件都得到满足，那么他就能赚到一笔利润，并能收归自己所有。他的成功既令自己得利，同时也惠及他人，因为他开辟了一条新道路，创造出一种别人可以效仿的商业模式。很快就有人能够也愿意效仿他，先是三三两两的，接着是成群结队的。到了最后，整个产业都为之一新。但随之而来的，是扣除成本后的剩余也不断减少，直到新企业完全融入循环之流中，这样的剩余也就消失殆尽。但不管怎样，以前赚到的利润总是实实在在的。再强调一遍：这些人所做的，无非是让现有的货物发挥更大的用途，他们成功地实施了新组合，正是我们所说的企业家。他们的收益就是企业家利润。

说起商业组合，最先想到的例子是，找到一处更廉价的生产资料或者原材料供应来源，这样的供应来源以前闻所未闻。本国与原产国之间，也没有正常的直接交往，如这个原产国远在海外，两国之间既没有开拓固定的航线，也没有相互派驻联络官员。开拓这样一条商道，被大多数生产者视为畏途，也确非他们能力所及。但假如确实有人专门为此创办了一家企业，并且做得顺风顺水，那么他就能以更低廉的成本生产每一单位的产品，而刚开始的时候，产品的价格也大体保持不变，那么他就赚到一笔利润。同样，他在这件事上所贡献的，无非是意志与行动而已，他在这件事上所做的，无非是重新组合了现有的生产要素。同样，他就是一位企业家，他赚到的利润就是企业家利润。同样地，由于追随者的竞争，企业家的职能逐渐消失。选择新的贸易线路也算同一类例子。

和改良生产过程类似的情况是，用一种生产品或消费品取代另一种生产品或消费品，这两种生产品或消费品所起的作用相同或相似，只是替代品更便宜。18世纪的最后二十五年，棉花部分地取代羊毛，就是这类情况的典型例子；各种替代品的生产也可以归入这一类。上面的方法同样可用于这些例子。虽然在这种情况下，新产品的价格会不同于这个行业原先生产的产品，但我们不难发现，前后两种情况的差异只是体现在程度上。除此之外，其他方面完全相同。至于这些人是自己生产出这种生产品或消费品，还是使用或支配它，将之从原有用途中抽调出来，这都无关紧要。同样地，这些人既没有贡献任何产品，也没有贡献任何购买力。但是，由于成功地实施了新组合，他们创造出利润。因此，我们也认为他们是企业家。同样地，他们的利润也不能持久。

创造出一种新产品的情况略有不同。这种新产品比老产品能够更好地满足既有的需求，如制造出更优质的乐器。在这种情况下，能否获利取决于质优商品实现的高价是否超出其成本，因为在大多数时候，成本也随之上升。读者不难证明这一点。如何将上面提到的三个条件用于这种情况，这也不是难事，我们留给读者自行完成。如果确实存在剩余，那么，企业家就率先成功地引进这种优质乐器，而这个乐器行业将会一直改组，直到最后，成本法则重新恢复其支配地位。因此，我们可以清楚地发现，在这种情况下，同样有对现有要素的新组合，同样有企业家行为、企业家利润，当然，企业家利润同样不能持久。铁路建设和运河开筑这两个例子代表的是如下两种情况的结合：一是某种需要得到更好的满足；二是单位产品的成本随着需求的大幅增加而降低。

再来看开拓新市场这种情况。一种产品的新市场指的是，这个市场里的人对这种产品还很陌生，而且还没有大规模生产这种产品。曾几何时，开拓新市场是企业家长期获取利润的不二法门。古代的贸易利润就属于这种情况，而将玻璃珠贩卖到非洲部落，也算其中一例吧。这件事的道理在于，在买主眼里，这种新商品的价值，简直可以媲美造化天成的奇珍异宝，或者古代能工名匠的杰作，他从未想过用它的生产成本来估计它的价值。从事这样一项冒险的事业，势必要克服数不清的困难，花掉各种各样的费用。但一旦取得成功，这种商品卖出的价格，也大有可能超出包括上述费用在内的成本。刚开始的时候，只有少数人看到这样的新机遇，并具有成功实施的能力。这也是一种企业家行为，也是在实施新组合；从中也会赚到一笔利润，并将之留在企业家的腰包里。当然，这样的利润来源迟早也会枯竭。直至今日，相信一种恰当的组织很快会出现，而贩卖玻璃珠这门生意很快也就不再赚钱了。

上述这种情况还包括生产出一种全新的产品。这样一种产品，起初免不了要向消费者强力推销，甚至有可能要让人免费试用。这样一来困难自然少不了。但一旦这些困难得以克服，消费者开始接受这种商品，那么在接下来的一段时间内，这种商品的价格，只取决于消费者对它的直接估价，而和成本没有太大的关系；而在这里，构成这种商品主要成本的劳动服务及土地服务的价格，到目前为止仍然保持不变。这样，取得成功的生产者，当然会将一笔剩余收入囊中。他们也是企业家，他们在这件事上所贡献的，无非是意志和行动，他们在这件事所做的，无非是重新组合已有的生产要素。同样，这里也有一笔企业家利润。同样，一旦这种新商品融入循环之流中，它的价格又恢复了与成本之间的正常关系，这样的利润也就不复存在。

这些事例表明，利润本质上是实施新组合的结果。这些事例还表明，这件事的来龙去脉是什么样子的，一言以蔽之，就是将现有生产资料挪作新用途。企业家随时可以获得他需要的生产资料，而不需要先行储蓄，他也可以随时开始生产，而不需要先积累货物。如果一家企业现在的这个样子不是一下子就确立的，而是慢慢演变而成的，那么情况也未必和常人的判断有什么两样。如果经过这一次创业后，这位企业家仍然精力充沛且意犹未尽，那么他接下来推出的新变革，仍然是我们所说的新企业，只是在这个时候，他往往会从以前赚到的利润中拿出一部分当作创业的本钱。这样一来，这个过程表面上会有些不一样，但其实质未曾改变。

新企业也可以是原来的生产者创办的，也可以和原先的生产搭上关系，并不影响上述的那些结论。但这种情况并不普遍，普遍的情况是，新企业由新人创办，老企业随之变得无足轻重。虽说在前面这种较特殊的情况下，企业家本人已经有了必要的生产资料——是有了全部还是只有一部分，要视情况而定——或者能用老企业的资源来偿付，但他作为企业家的身份并未受到影响。说起来，我们的理论当然不可能和现实分毫不差。因为事实上新老企业交相杂陈，老企业起初还能照常经营，因为新企业的出现，既不会增加生产资料的需求，也不一定马上就提供新产品。但我们只能按照企业家是新人的情况来构建我们的理论模型，因为这种情况更重要，更能为我们揭示了这件事的本质机理，使我们知道，新企业未必脱胎于老企业。其实只要正确理解的话，这种情况本质上还是一回事，无非还是实施新组合。

　　企业家从来都不是风险的承担者[9]。在我们举过的例子中，这一点是很清楚的。如果这项冒险的事业以失败告终，应该痛心疾首的，是那些放贷的人。因为尽管企业家有可能刚好有一些财产，但有没有财产都无关紧要，只不过更有利一些罢了。但即使企业家用来实施新组合的资金出自先前赚到的利润，或者他用于实施新组合的生产资料出自"循环之流中"的业务，但承担风险真正的主体，是他的资本家身份或者货物持有者的身份，而非企业家的身份。即使他也许要冒名声扫地的风险，但失败要承担的直接经济责任，从来就不会落在他的身上。

　　现在可以概括地说，这里所说的利润，其实就是人们常说的发起人利润这种现象的基本要素。无论人们怎么说起发起人的利润，其实质总是收入扣除生产成本后的暂时剩余。我们说过，发起人也许是纯粹意义上的企业家。这样，他就只履行这个实施新组合这个独有的企业家职能。假如创办新企业的过程算无遗策，也没有出一点岔子，那么创办者手里最后剩下的就是利润。虽说现实的情况大不一样，但这个假设还是说到这件事的根本了。当然，这里说的只针对真正的发起人，而那些时不时也做一些创办公司的技术性工作的代理人，虽说也经常顶着发起人的头衔，但算不得数。这些代理人拿到的唯一报酬，实质上还是工资。最后，但凡一家公司创造的新生事物，往往不会一推出就臻于完美。事实上，那些新生事物的推动者，往往会不断着手开创新的企业，因此，无论他们在这家公司官居何职，都一直延续着初创者的角色，一直都是企业家。但假如事情不像上面说的这样，假设这家公司一旦创立新企业，就只管一门心思经营后者，那么，真正在创业的就只有这位发起人了。再假设，债券体现着生产资料的市值 [10]；而股票则体现着新企业持久利润来源进行资本化后的较高收入；还有一些是无偿赠予发起人的干股。在这些假设下，这些干股不会给发起人带来持久收入，而只会带来暂时的剩余，等到这家企业融入经济后，这样的剩余也就不复存在，这些干股也就变得一钱不值。这种情况下的利润，乃是最纯粹的利润。

现在要说明利润到底是怎么回事了。只要我们能够回答，在资本主义社会以外的其他社会，与利润现象相对应的，分别是什么样的事情，那么这个问题也就迎刃而解。先看简单的交换经济。这种经济也有产品的交换，但没有"资本主义式的方式"，也就没有什么新问题要我们解决。这样一种社会，一定有其独有的支配生产资料的力量，一种不同于其他社会的力量，这方面的情况，可以套用我们接下来要着手处理的情况。但除此之外，这种经济的处理手法和资本主义经济没什么两样。这样，为避免重复，我们先从简单的非交换经济入手。

现在来看两种不存在交换的组织。其一是一座孤立的封建采邑，其中的大多数生产资料归领主所有，采邑里的居民都臣服于他。其二是另一种孤立的社会，它的实物及劳动服务，一律都归中央权力机构支配，这些实物及劳动服务的价值，一律由这个权力机构说了算。这两个地方有两个共同之处：其一，生产资料都由若干人完全支配。这些人很清楚，其他经济单位既不会自发合作生产，也不会自发提供赚钱的机会。其二，这两个地方都没有价格，只有价值。这样，当我们的考察从企业家利润转到非交换经济时，我们首先要研究利润背后的价值现象。

我们知道，这两个地方也都有循环之流，也都受到成本法则的支配，因此，产品的价值等于生产资料的价值；这两个地方也都有我们所说的经济发展，也就是说只能用现有的货物来实施新组合。也许有人会认为，在这种情况下，货物的积累必不可少，故而起着特殊的作用。第一条说法有些道理，但也不全对。诚然，积累货物经常是实施新组合的一个步骤。但这从来不会起到什么特殊的作用，并带来特殊的价值现象。在这两种社会，货物换一种用途，也就是领导者一声令下的事。至于这个结果是通过挪用直接实现的，还是先经过积累货物这个阶段间接实现的，这都无关紧要。至于老百姓是否一致认同这些新目标，是否愿意积累货物，这也无关紧要。只要政局稳定，领导者自己不会有任何付出，也不会在意老百姓暂时的付出。如果因为这些着眼长远的计划的执行，老百姓眼下不得不节衣缩食——这种情况非属必然，但有可能——那么后者也会奋起反抗，当然他们要有反抗的实力[11]。由于老百姓的反抗，这些计划也许会流产。但撇开这些变数不说，领导者想做的事，平头百姓一般只有接受的份儿，根本没有说话的份儿；如果考虑到节衣缩食也好，积累货物也好，都不是老百姓自愿的事，那就更是如此了。因此，这件事不会起到什么特殊的作用，不值得当作我们发展理论的一部分来大书特书。如果领导者向老百姓承诺好处，这和将军向士兵许以重赏没什么两样，这只不过是驭民术而已，和这件事的本质沾不上边，也不能算一种特殊、纯粹的经济事项。这么说来，这两种社会的领导者其实应归入一类，差别只不过体现在程度上。比如，在后者那里，得到的好处归全社会所有，而在前者那里得到的好处归领主一人所有，但这样的差别无关本质。

由此还可推断，时间因素在这两种社会里也没什么影响。诚然，对于他属意的组合，领导者一定会就结果进行多方比较，比如，用同样的生产资料，在同样的时间里，新组合与老组合比孰优孰劣；再如，用同样的生产资料，领导者属意的组合与其他新组合比孰优孰劣。如果后一种组合耗时更少，那么，他还得考虑在这段省下来的时间里，能实施多少其他组合，以此来权衡前两种新组合孰优孰劣。这样一来，非交换经济也得考虑时间因素，而正如我们将在后面指出的那样，在资本主义社会，时间因素已经反映在利息项目里了。但这一点不言而喻。除此之外，即使是在资本主义社会里，时间也不会起到其他什么作用，比方说，延后消费，或者"将来的享受看起来不及当下的享受"，这一类因素不会仅仅因为时间因素的存在，就变得特殊起来。一个人要是无所事事的话，那有什么不愿意等待的呢？一种享受要是"别无选择"的话，就不会仅仅因为时间的流逝而打折，那么，这种享受是当下实现，还是将来实现，试问又有什么分别呢？

这样一种社会的领导者，无论他身居何位，都是从原来的用途中腾出一批生产资料，用它们来实施一项新组合，如生产一种新产品，或者用更先进的方式生产已有的产品。如果是后一种情况，他是让原来生产这种商品的企业暂停一部分生产，并从中腾出他需要的生产资料，还是不干预这些企业的正常经营，只从其他不相干的产业腾出需要的生产资料用于新企业，然后新老企业一同生产这种商品，这完全无关紧要。无论这样的社会以何种方法来估计价值，用相同数量的生产资料生产出来的新老产品，价值应该总是以新产品来得高。问题是，新产品的价值如何归属呢？在新组合完成、新产品面世之际，这些产品的价值已然确定，那么，投入其中的生产要素的价值又将如何确定呢？要回答这个问题，我们最好回到下定决心实施新组合的那一刻，并假设随后诸事顺遂。

生产者首先要权衡两种价值：其一是新产品的价值，其二是同样这批生产资料，在循环之流中一向能生产出来的产品的价值。显然，要是没有这样的价值权衡，他就不可能估计出新组合是否有优势，也就不可能付诸行动。要回答上面那个问题，关键要搞清楚，同一批生产资料，现在产生了两种价值，那么究竟哪一种价值归属于它呢？我们现在只知道一点，在实施新组合的决策尚未作出以前，只有原先组合生产出来的价值，才归属于这批生产资料。这是因为，要是将新组合实现的剩余提前归属于这批生产资料，那么实施新组合还有什么优势可言呢？比较这两种用途的价值还有什么意义呢？所以这么做是没有道理的。但一旦作出这项决策，这么做还有没有道理呢？凭什么不能像在循环之流中那样，将新产品的全部价值按门格尔[12]提出的法则归属于这批生产资料，因为更高的价值是靠它们才实现的，这样，假定接下来的事不出一点岔子，新产品的全部价值是否会反映在这批生产资料中呢?

我的回答是,并非如此;我还要说,即使在这里,劳动服务及土地服务还得按它们原有的价值来计算。事实上,我这么说是有依据的。首先,这些原有的价值已经成为习惯。它们是由长期的经验凝结而成的,已经深植于人们的意识之中。这些习惯价值只会随着时间的流逝,在长期经验调整的压力下有所改变。它们本身就已经相当稳定了,如果劳动服务及土地服务也保持不变,那就更是如此了。另外,新产品的价值独立于现有的价值体系,正如在资本主义社会,新产品的价格独立于现有的价格体系一样。这些新价值是独立产生的,与原有价值并不连贯。因此我们有理由说[13],任何生产资料,在实际用途中可以归属于它的价值,只能是将它用于别处时能实现的价值。因为只有这个价值,亦即我们所说的一直以来的通行价值,取决于这批生产资料。假如这批生产资料不存在了,应该会有来自其他用途的生产资料取而代之。同一时间内的同一种商品,是不会有两种价值的。用于新组合的这部分劳动服务及土地服务,和同时用于其他地方的劳动服务及土地服务没什么两样——如果有差异,价值自然也不同,但这种情况很好解释,不至于影响这里的基本原则——因此不会有两种价值。就算在极端情况下,如这个社会的全部生产力都用来实施新组合,在目前这个阶段,它们还是要用一直以来的通行价值计算投资成本,一旦实施新组合以失败告终,而这些生产力犹在,它们还仍然能实现这些价值,而一旦这些生产力全部打了水漂,也得按这些价值来计算投资损失。因此,在非交换经济中成功实施新组合,同样会有一笔价值剩余,不独资本主义经济为然；事实上，这里的价值剩余不单单是扣除以前满足后的剩余，而是一笔价值，一笔没有对应生产资料要求其归属权的价值。我们也可以这么说：发展中的剩余价值[14]，不仅是一种私人现象，也是一种社会现象，而且到目前为止，在各方面和我们前面提到的资本主义经济的企业家利润没什么两样。

换一个思路也能殊途同归。我们可以说，领导者承担的企业家职能，其实可以算作一种生产资料，因为这是实施新组合的必要条件之一。通常我是不会这么来看的，因为我更感兴趣的，是企业家和生产资料之间的对比。但且容我们暂时将企业家职能当成第三项原始生产要素。这样一来，在新产品的价值中，显然有一部分要归属于这种生产要素。但问题是，这部分的价值有多大呢？领导者和生产资料缺一不可，新产品的全部剩余出自这两者的通力协作。这个结论无须多说，也不违背我们前面的说法。各个价值项多大才算合理，只取决于各方——不管是物还是人——的竞争实力。在非交换经济中，不存在人与人之间的竞争，而且哪些是利润，哪些不是利润，这样的差异远不及在交换经济中那么重要（这一点容后再说），这样一来，非交换经济中的价值自然也不像交易经济中的价值那样总是清楚明确的。尽管如此，我们大体上还是能够确定，多大的价值应该归属于企业家职能。正如我们说过的，大多数情况下生产资料可以替代，但领导者却无可替代[15]。这样，归属于生产资料的价值，应该是必须替代它们的情况下损失的价值，扣除生产资料价值后剩下的价值，就是归属于领导者的价值。归属于领导者的，应该是新产品的价值，减去没有领导者也能实现的价值后，最后剩下来的价值。这样，这里的剩余对应的是一种特殊的归属权，因此是绝不可能挤占生产资料应有的归属权。

我们说，归属于生产资料的价值，是一直以来的通行价值。但要切记，一味地这么说就不对了。事实上，由于从以前的用途中腾出生产资料，这些用途里的边际价值也就随之上涨。我们在资本主义经济中也会看到同样的现象。在那里，生产资料的价格因企业家的新需求而上涨，跟这里的情况如出一辙。我们的表述要据此做些修正，但这不影响这件事的本质。当然，我们不能将边际价值升高的情况，和将发展实现的价值归属于生产资料的情况混为一谈。

有谁敢断言，上面的估价虚妄不实，利润作为一笔特殊的价值，在非交换经济中毫无意义可言？即使是在非交换经济中，人们也必须清楚地知道，目前正在做什么，实施新组合能带来哪些好处，这些好处应该归因于何者。他倒是可以说，从分配的角度看，利润在非交换经济中毫无意义可言。在某种意义上，这种说法是对的。比如，在封建采邑这种非交换经济中，领主确实能任意处置他的"服务"所对应的那部分产品，但事实上他能任意处置一切报酬——采邑里的佃户拿多拿少，不是按他的边际生产力，而是全凭领主一言而决。再如，在某种社会里，全部利润都归于全体人民，起码理论上是这样的。这件事本身倒没什么好说的。但能否据此认为，利润全被工资吸收了，价值理论在现实中失灵了，工资包揽了全部的产品？当然不能这么说。一种报酬在实际中表现出来的样子，和它在经济上的属性并不是一回事，必须区分开来才对。一种报酬在经济上的性质，取决于相应的生产性服务。这样说来，工资就是归属于劳动服务的报酬。在自由竞争的交换经济中，这种报酬归工人所有，但这只是因为，自由竞争的原则，说到底就是根据边际贡献获得报酬。在资本主义社会，只有这笔工资才引出这么多的劳动投入，我们才说报酬必然等于边际贡献。假如换一种方式也能有这么多劳动投入，如成功灌输社会责任的观念，或者动用强制手段，那么工人实际得到的工资就会减少；但他的工资仍然取决于劳动的边际生产力，他实得工资少于应得工资的那部分，应该算是他的经济工资的减项。这个减项当然也是工资，和实际支付给工人的工资有着相同的性质。而共产主义社会的领导者，自然不会收受利润，但显然不能说，发展因此变得不可能。相反，在这样一种社会长大的人，最后兴许会有异于常人的想法，所以不会将利润据为己有，就像有些政治家或将军也不太贪图战利品一样。但利润终归是利润，硬要将利润当成劳动工资一类的东西，这是行不通的，只要我们将庞巴维克研究利息的经典论证思路[16]略作修改，就能证明这一点。这个思路同样也适用于地租，因此，土地做出的生产性贡献的性质和价值，就与土地实际收入的性质和价值不是一回事，必须区分开来才对[17]。

那么，这笔被当成工资来用的利润，应该支付给哪些工人呢？这个问题有两种答复。先来看第一种答复。有人会说，当然是给参与新产品生产的那些工人作为工资。但这是不可能的。因为这样一来，这些工人好像理应比其他工人拿更高的工资。但其他工人干的活儿一点也不逊色于前者，因此如果我们认为这种事情有可能发生，那么我们就违背了一条基本的经济原则，这就是同一种货物不可能有两种价值。且不说有违公平原则，这样的做法会滋生出一批享有特权的工人来。这么做不是不可能，但这些工人收受的这笔剩余不能算工资。

　　再来看另外一种答复。还有人会说，人们创造出来的这笔剩余价值，以及这笔剩余价值对应的这批产品，其实只是国民所得的一部分，因此应该在相应经济期内的全部劳动服务间平均分配，当然，这里要假设这些劳动服务完全同质，或者视情况的不同，以公允方式兼顾到各种劳动服务间的差异。这样一来，那些没有参与生产新产品的工人，他们实际得到的工资，要超过他们劳动应得的那部分产品的价值。一笔工资要是高出其劳动应得的那部分产品的价值，那么它在经济上有什么说法，从来还不曾有人能把这件事说出一二来。因此必须承认，那些工人在这种情况下得到的那笔报酬，并不完全是经济意义上的工资，其中一部分安不上经济上的名目。诚然，这么做也不是不可能，但其他做法同样也有可能。这个社会总得将它的"利润"当成其他报酬来处置，不是这种报酬，就是那种报酬。既然这个社会只有工人有权分享"利润"，那么它就得按照有利于工人的方式来处置这笔利润。但这只是一个笼统的目标，实际上会有五花八门的操作标准。比如，可以根据各人需求的轻重缓急来分配，也可以干脆不按人头来分配，而是集中用于一些公共项目上。但无论怎么做，都不会影响各个经济项的构成。在循环之流中，工人或土地的实际所得，无论直接还是间接，都不可能超过各自在经济上应得的那部分产品，因为超出的部分根本就不存在。如果在我们这里这种可能居然出现了，那只有一个原因：其他某种生产要素没有得到它应得的产品。"剥削"这个词的意思含糊不清，但如果我们将剥削一词定义为，当某种生产要素，或者某种生产要素的所有者——视具体情况而定——实际得到的，不及它（他）在经济上应得的那部分产品，它（他）就被剥削了，那么我们就得说，额外付给工人的那部分报酬，只可能是从领导者那里剥削来的。如果我们将剥削一词的含义严格限定为，某些人提供了服务，但没有得到相应的产品——这么做是避免将剥削这个概念用于土地，因为共产主义社会没有地主这类人，也就谈不上发生在土地上的剥削——那么我们还得说，剥削领导者的事情仍然存在，当然，我们无意评判这件事是对是错。

即使利润尽归工人所有，它也没有变成经济意义上的工资。共产主义社会也很有必要认清这一点，并总是将两者区分开来。因为无论是对生活的总体理解，还是对具体问题的决策，显然都离不开这样的认识。这样的考虑告诉我们一件事，这个现象不依经济制度的具体形态而普遍存在。由此可以得出一条普遍真理：利润是一种特殊而独立的价值现象，利润本质上源于经济中的领导职能。如果不是因为发展需要人指明方向、贡献力量，那么利润本来是不会存在的，而只会是工资和地租的一部分，不可能成为一种独立的经济现象。只要情况不是这样，也就是说，只要在芸芸众生中，总有一些人显得卓然不群，那么，在全部报酬中，总有一些报酬不能归于劳动服务及土地服务[18]，即使在完美无缺的情形下，经济过程畅通无阻、不耗时间，结论也是如此。

不过，在非交换经济中，利润同样也不能长久。这里也一定会出现一些终结利润的变化。新组合已经成功地得以实施，成果也各归其主，所有的猜疑也都烟消云散；新组合的好处，以及获得这些好处的手段，也都变得人所共知。这个时候，经理或监工也许还有需要，但有创造力的领导者已经不再需要了。这时候只需照搬先前的做法，没有领导者也一样能获利，事实上已经不需要领导者了。即使还要克服摩擦带来的阻力，但问题的性质已经不一样了。发展的好处已经人所共知，新产品也连续不断地面世；有了这些产品，人们不再像第一章所说的那样，扩大生产还得先节衣缩食，或者要等上一段时间。我们敢说，此时的经济应该不会进一步扩大，而只会保持现有货物流的连续循环。

这种新的生产过程就这样循环往复起来[19]，不再需要企业家来指挥。假如我们暂时再将企业家职能当成第三种生产要素，那么我们可以说，虽说这种生产要素在开始实施新组合时不可或缺，但等到新组合已人所共知，接下来只是简单重复，那么这种生产要素也就随之消失了。与此同时，它对产品的归属要求也随之作废，其他生产要素——也就是劳动服务及土地服务——的价值也随之增加，直到它们拿走产品的全部价值。到了现在，只有这些生产要素才是不可或缺的了，而且仅凭它们确实也能完成生产。这样，全部的价值只能归属于它们，先是实际参与生产的那些劳动服务及土地服务，然后按照我们熟悉的原则，一步一步扩及全体劳动服务及土地服务。其结果是，前一批劳动服务及土地服务的价值率先增加，然后扩及全体。

这样，劳动服务及土地服务的价值就会普遍增加。但这种价值的增加，比之实施新组合引起的劳动服务及土地服务的价值的增加，在数量和性质上都要区别开来才对。前一种情况不是它们的价值整体上有所增加，而只是它们的边际效用有所增加，因为自一部分生产资料从原来的用途中腾出来时，生产就不能再像以前那样做了，此时还能够满足的，就只有比原来更强烈的那些需要了。而在后一种情况下，有一点大不一样，这就是，新产品的价值变成生产资料的价值，这样自然也会抬高生产资料的边际价值，但也从整体上抬高了后者的价值，凡是在大量使用生产资料的地方，这就有着重要的现实意义。这样，生产资料的价值现在表明，新增的满足得靠它们实现，也仅仅靠它们实现，劳动及土地此时的产量也更大了。现在归属在它们身上的价值，不再是它们在原先的循环之流中的价值，而是在新的循环之流中实现的价值。新旧交替完成之际，再以高出重置价值的价值归属于它们，就没有道理可言了。这一种社会产品在价值上的增加，带动生产资料在价值上随之增加；不久之后，经济稳定在新的状态上，生产资料原先的习惯价值，也被新的习惯价值所取代，因为它们已经有了新的边际生产力。这样，产品价值又恢复了和生产资料价值之间的固有联系。这两种价值之间前一阵子出现的缺口，如今已不复存在。假如诸事顺遂，那么现在的共产主义社会，就完全有理由将全部产品当成劳动的持久报酬，并分配给每个劳动者消费[20]。这个说法并不违背上述种种事实。

就目前来看，非交换经济中利润消失的经过，和资本主义经济有的一比。但在资本主义经济中，竞争企业的涌现迫使新产品的价格下跌，这又是非交换经济没有的情况。非交换中的新产品，当然也要融入循环之流中，新产品的价值也要和其他产品的价值挂上钩。理论上说，我们也能够区分出，哪个过程是实施新组合，哪个过程又是新产品融入循环之流中。但不难看出，这两个过程是否确实同时发生，在现实中还是有蛮大的分别的。在非交换经济中，只要能证明一笔剩余归于企业家行为，就足以解决我们的问题。在资本主义经济中，这些剩余无论是到企业家手里，还是从他手里夺走，都只能靠市场机制，正所谓"成也萧何，败也萧何"。因此，在资本主义社会，价值归属只是一个简单的问题，而利润实际上如何到企业家手里，就没那么简单了。

除去这一点，在各种经济制度下，不仅利润的内在本质完全相同，消灭利润的过程也都相差无几。无论在哪一种经济制度下，消灭利润的过程，说到底都是清除一些障碍的过程，正因为有这些障碍的存在，产品的全部价值不能尽数归属于劳动服务及土地服务，或者换一种情况说，劳动服务及土地服务的价格达不到和产品价格一样的水平。起支配作用的原则总是这样的：只要不受掣肘，这个消灭利润的经济过程，首先是不容单个产品价值剩余的存在，其次总是不断推高生产资料的价值，直到后者等于产品的价值才会罢休。同样这些原则，在非交换经济中是直接起作用，在资本主义经济中则是通过自由竞争起作用。在后一种情况下，生产资料的价格由于自由竞争的不断推高，一定会拿走全部的产品价格。要是这样不行的话，那么产品的价格就得有相应的下跌。如果在这些情况下还有利润存在，唯一的解释是：没有企业家出手，经济不可能从一个没有剩余的位置，过渡到另外一个也没有剩余的新位置，而在资本主义经济中，还要满足另外一个条件，这就是，竞争不会立刻夺走他手上的利润。

利润之于生产资料，充其量相当于诗人创作的名篇之于草稿，利润一分钱都不会归属于生产资料，无论占有还是提供生产资料，都和企业家职能无关。正如我们说过的，原始生产资料会因为新的使用方式，在价值上有着持久的增加，但我们在利润那里看不到这种情况。我们不妨以奴隶制经济为例，来看看利润的情况。在这种经济中，企业家用来实施新组合的土地及工人，都是他花钱买来的，是任由他支配的。在这种经济中——假如世间还有奴隶制的话——有人会说，这位企业家为这些土地及工人支付的价格，是根据后者一直以来的用途而定的，而实施新组合的利润，则是他现在用这些土地及工人多生产出来的那部分产品，而且会一直多出来。但这么说是不对的，有两条理由支持我们的判断。其一，新产品的收入不可能一直居高不下，竞争势必将之拉下来，这种情况下又哪有利润可言呢？其二，这笔持久的剩余——既然不是准租金——从经济上说，其实只不过是劳动工资的增加额以及地租的增加额，在奴隶制下，劳动工资的增加额归于"劳动的所有者"而非工人。对其所有者来说，这些奴隶和土地现在当然有更高的价值，他当然比以前更富有了，但若不计这中间偶然或暂时的利润，他之所以变得更富有，乃是因为他是奴隶和土地的所有者，而不是因为他是企业家。即使是某种自然资源首次用于新组合，比如将溪流产生的水力用于生产，情况也不会有什么不同。由水力带来的持久收入，不是利润，而是我们所说的地租。

因此，在第一个例子中，一部分利润会转化成地租，而且在经济上的性质也跟着改变了。我们再来看一个例子。设有一位种植园主，他先前种的是甘蔗，尔后改种棉花——这项业务直到不久前都是有利可图的[21]。这是一项新组合；此人也成为企业家，赚到一笔利润。列入成本的地租，暂时还按种甘蔗时的水平计算。按理说，竞争迟早会拉低种甘蔗的收入，实际情况也是如此。但若是这里还有一笔剩余，这又作何解释呢？这笔剩余在经济上到底又是什么呢？撇开摩擦因素不说，这笔剩余的产生只可能是因为，这片土地的土壤独特，最适宜种植棉花，或者此项新用途使得地租出现普涨——往往两个因素兼而有之。这样，在总报酬的增加额中，持久的那部分立刻就被划入地租一类。如果此人继续种植棉花，他的企业家身份也就不复存在，这样一来，全部报酬就尽归原始生产要素所有。

这里要简单说几句利润和垄断收入的关系。由于新产品面世之际，企业家全无竞争对手，所以，新产品完全或部分地比照垄断产品来定价。因此，资本主义经济中的利润，其中会有垄断的成分。假设新的组合正是要建立一种持久的垄断，或者组建一个托拉斯，有了它就可以高枕无忧，完全不用担心外人的竞争了。在这种假设下，利润显然可以看成持久的垄断收入，反过来看也对。但这里说的是两种经济现象，在本质上颇有不同。建立这种垄断组织，其实是一种企业家行为，从中得到的"产品"就是利润。一旦进入平稳运转状态，这种垄断组织还会继续有剩余可赚，但这笔剩余必须归于垄断地位赖以存在的那些自然或社会力量，换言之，这笔剩余就变成了垄断收入。在这里，创办一家企业获得的利润，和这家企业获得的持久报酬其实是两码事；前者是垄断的价值，后者只不过得自垄断地位的报酬。

这些讨论不能再继续下去，否则就要偏离主题了，而且恐怕已经很冗长。如果说因为在这些事上耽搁过久、惹人厌烦而自责，那就更要为没有详尽说清每一点、没有澄清每一项可能的误解而自责了。因为这个问题的根本方面还有待阐明。在结束这个主题前，且容我再啰唆几句。

企业家利润不是租金，因为它不是企业那些具有的级差优势的持久要素的报酬；企业家利润也不是资本的报酬，无论怎么对资本下定义都是这样。所以说，利润势必平均化的说法没什么道理，事实上也没有这回事。既然人们在同一地点、同一时间和同一产业都能观察到判若云泥的利润差别，为什么还有这么多作者力陈利润有平均化的趋势呢[22]？这只有一个解释：他们将利息和利润混为一谈了。最后我们还要强调，利润也不是工资，虽然人们禁不住会做这样的类比。利润当然也不只是一笔简单的剩余。利润是企业家向生产贡献的那部分价值的名称，正如工资是工人"生产出"的那部分价值的名称一样。利润不是剥削的产物，工资也不是。但工资是由劳动的边际生产力确定的，而利润则是边际法则的一个显著例外：利润问题的提出，完全是因为成本法则和边际生产力法则看起来不能套用在利润身上。而所谓的"边际企业家"有多少利润可赚，和其他企业家的成功完全沾不上边。工资的每一次上涨，都会扩展到其他工资；但谁要是成功的企业家，起初是会独占利润的。工资本质上是一种价格，利润则不是。支付工资是从生产中抽血，利润则不是。古典经济学家认为地租不进入产品的价格，其实利润更有资格这么说。如果作为一种报酬，收入和其他报酬的根本区别在于，有规律地反复出现，那么我们得说，工资是收入的持久分支之一，而利润则不是。因为一旦企业家完成其使命，利润就从他手中流失。利润只存在于创造新事物的过程中，只存在于新价值体系的形成过程中。利润生于发展，也亡于发展[23]。

没有发展就没有利润，反过来也可以说，没有利润也就没有发展，对资本主义社会，还要加上一条：没有利润就不会有财富的积累，起码没有发生在眼皮底下这种壮观的社会现象，因为这种现象显然是发展及利润的产物。如果我们忽略租金的资本化以及狭义的储蓄——因为在我们看来，它们的作用有限——也不考虑许多人因发展的影响及机遇而有意外收入的情况——这些收入本身并不持久，但要是不用于消费的话，也会成为财富积累的一部分——我们就会发现，到目前为止财富积累最重要的源泉，绝大部分财富出自发展及利润。这部分不用于消费的利润，严格说来并不能算传统意义上的储蓄，因为传统的储蓄是靠节衣缩食挤出来的。这样我们就可以说，绝大部分财富起因于企业家。在我看来，现实也雄辩地证明了，利润是财富积累的主要来源。

虽然读者在本章还可以自行决定，利息是不是工资及地租以外的第三种生产开支，但我们所做的考察，其实已经默认了，扣除工资及地租后的全部剩余尽归企业家。事实上，企业家还要为资本支付利息。这笔剩余一会儿被当成利润，一会儿被当成利息，不讲清楚是无法交代的，所以我要立刻指出，这一点会在下一章解释清楚。

利润的大小，不像循环之流中的收入那样都有明确的数量。尤其说来，我们不能像在循环之流中说成本的那样，说一笔利润刚好引起"必要的企业家服务数量"。虽说这样的数量在理论上可以确定，但在现实中并不存在。无论是某个时候实际赚到的利润总额，还是某个企业家赚到的利润额，也许都远超引起企业家服务实际数量的必要利润额。但这个利润总额经常被高估也是事实[24]。但要记住，即使企业家成功的范例和企业家数量明显地不成比例，也仍会有示范作用，因为在这种事上，成功的范例，要比用概率系数乘以利润额算出来的结果更有激励作用。对于那些失败的企业家来说，这样的前景可以说也是当成"报酬"来看的。但很明显，在大量的实例中，较小的利润额，甚至较小的利润总额，也会吸引同样多的企业家投身其间；同样明显的是，同样是服务数量与成功的例子，在企业家市场里的关系，远不及比方说职业劳动市场来得紧密。这个情况不仅对税务理论很重要——尽管这个因素的实际重要性有限，因为必须考虑到一种"资本积累"的影响，也就是加工过的生产资料的供给增加了——而且也解释了，为什么社会能这么容易地拿走本属于企业家的利润，为什么只要从利润总额中拿出很少的一部分，就足以支付那些通常承担企业家职能的人——如企业的经理人——的报酬，后者因此也被称为"拿薪酬的"企业家。当经济生活变得越来越理性，越来越平均化和民主化，企业家越来越不靠某些人（尤其是亲朋好友）或某些事物（如一间工厂或一份祖产），我们在第二章列举的那些动机也就越来越不重要，企业家也就越来越抓不牢利润了[25]。与此同时，发展渐趋"自动化"，势必也会减弱企业家的作用。

　　无论是今天，还是尚不知发展根源的往昔岁月，企业家职能不仅使得经济不断改组，也令上层社会不断洗牌。成功的企业家自然会出人头地，亲朋好友少不得也沾他的光，不用奋斗就能坐享其成。在资本主义社会，这是提高社会地位最重要的方式。在一个竞争社会，新企业的兴起意味着老企业的衰亡，而靠这些老企业过活的人，自然也难逃生活窘迫、社会地位一落千丈甚至惨遭灭顶之灾的命运。对那些不复当年之勇的企业家，对那些只继承了父辈的财富，却没能继承父辈创业才华的庸碌后代，这样的结局也是命中注定的。这一方面是因为，一切利润总有枯竭之日，竞争之下剩余价值不可能长久存续，只会消失，追求利润的动机，反过来也是消灭利润的力量；另一方面也是因为，成功的企业家一般会有自己的企业，等到自己退休，一般也会交由下一代继续经营，这样的企业很快就成为寻常的企业，也难逃被新企业取代的命运。西谚有云：富不过三代（Three generations from overalls to overalls）。斯言诚矣[26]，鲜有例外，甚至二代而亡者也大有人在。舆论和社会斗争一类的陈词滥调之所以经常忽视这些事实，乃是因为企业家及其家人和后代无时不在。他们富贵逼人，过着钟鸣鼎食、悠哉游哉的生活，浑不知人间疾苦。事实上，上层社会有如一家客栈，虽说总是客满为患，但住客却来来去去，没有谁能一直住下去。来自社会底级的新住客数量之多，说出去都没人会信。于是乎我们又面临一些更深入的问题，只有回答这些问题，才能揭示资本主义竞争制度及社会构成的本质。

第五章
资本的利息

引　言

经过深思熟虑，我决定原封不动地沿用本书第一版提出的利息理论，只是在措辞上做一些无关大局的改动。凡是引起我注意的反对之辞，我的答复一律是：请参看原文。本来我倒是很想对本章的内容做一些删减，但这些反对意见让我打消了这个念头。这些在我看来显得冗长烦琐的内容，这些影响整个论证的简练与通达的内容，反倒准确预见到了最主要的那些反对意见，这样一来，它们最初也许显得多余，如今反倒有其存在的价值。

尤其值得一提的是，读者可以在第一版清楚地发现，我从未否认利息是现代经济的常规要素之一——谁要否认这一点，那才奇怪了——事实上，我还竭力解释利的成因，说我不承认利息，这真是从何说起呢。利息是当前购买力高出将来购买力的溢价。溢价的形成有若干原因，多数原因也没有什么争议。比如，凡是遭遇无妄之灾（如厂房毁于火灾）的人，凡是有把握收入在将来看涨的人

（如一位学子虽说眼下一贫如洗，却是一位病怏怏的有钱姑妈的法定继承人），100马克的现款在他们眼里，当然要比将来的100马克更值钱，他们当然愿意为这笔借款支付利息。政府举债也是一样的情况。政府借钱也总是要支付利息的，即使在没有发展的循环之流中，这种利息显然也是存在的。但它们影响有限，还没有重要到必须得解释的地步。生产性贷款的利息也算其中一例。这种利息在资本主义社会随处可见，不独新企业——正是利息的发源地——为然。我只想表明的是，生产性贷款利息的源头来自利润，从根本上说是后者衍生出来的，像那些具有"利息特点"的报酬一样，这种利息也是出自成功实施新组合所产生的利润，随后扩及整个经济的产物，甚至硬生生闯进老企业当中，要不是因为有发展，这种利息本来不会成为老企业的一项要素。我说"'静态经济'中没有生产性贷款利息这回事"，本意不过如此。顺便说一句，只有理解这句话，才能洞察资本主义的内在构成及运行机理。经过分析，这个结论岂非差不多已经不言自明了吗？没有人会否认，商业状况决定利率的走势——正常情况下的商业状况，也就是不考虑非经济因素影响下的商业状况，仅指发展的既有节奏——创新需要的资金，是货币市场中工业需求的主要因素，这两种说法都对。如果我们由此能够确认，创新需要的资金不仅是现实中的主要因素，也是理论中的关键因素，如果不是因为它，其他资金需求的来源——也就是按已经证明成功的方式、周而复始经营的老企业的资金需求——本来一般是不需要进入货币市场的，因为老企业需要的资金，会从生产报酬中随时得到充分的补充，这难道不是理论迈进了一大步吗？有了这一点，余下的结论，尤其是利息依附于货币而非实物这个结论，也就顺理成章了。

我只在意我的利息理论是否真实可信，而不在意它有多少原创的成分。实话说，我巴不得我的理论都能从庞巴维克那里找到出处，虽说后者已经明确拒绝任何交流。庞巴维克也认为，利息问题首先得归结为购买力问题，只不过他随即转而讨论现货的溢价去了。事实上，在证明当前购买力为什么有溢价时，他所用的那三条著名的理由，我只对第一条理由——也就是将来的享乐"都得打折扣"——存有异议，因为他让我们将之当成无须解释的理由来接受。至于说第二条理由，也就是他称为欲望及其满足手段间不断变化的关系，我可以将这条理由看成一条公式，而我的理论合乎这条公式。那么第三条理由，也就是"迂回生产方式"，又该怎么来看呢？要是庞巴维克确实紧扣"采用迂回生产方式"一词的本义，这原本是该算作一种企业家行为的，因为在我的实施新组合的概念里，这算其中的一种情况。但他没这么做；而且我相信，用他自己的分析都能证明，一旦这种迂回生产方式得以实施，并且融入循环之流中，仅仅是简单地重复这种生产方式，是不会产生净收入的。从这一点开始，我和他很快就彻底分道扬镳了。但我们的分析，从头到尾都满足庞巴维克的价值理论的要求，没有哪个地方是庞巴维克曾经反对的[1]。

1

经验表明，资本的利息是一项持久的净收入，流向特定的一批人。问题是，这项收入从何而来？到底是怎么回事？这里面有三个问题。第一个问题是，这条货物流的源头在什么地方？也就是说，要有这条货物流，就得先有作为源头的一笔价值[2]。第二个问题是，这笔价值为什么被那些人攫取？也就是说，这笔价值对应的货物流是如何形成的。最难回答的是第三个问题，也可以说是资本利息的核心问题：为什么这条货物流源源不断，为什么利息这样一种净收入，即使消费掉也不会损及食利者的经济状况？

利息的存在之所以构成一个问题，是因为我们知道，在正常的循环之流中，产品的全部价值要尽数归于原始生产要素，也就是劳动服务及土地服务；因此，得自生产的全部收入要尽数分给工人及地主，除了工资及地租，不会有其他的持久净收入。在竞争和归属的两面夹击下，收入扣除支出后的任何剩余，扣除投入其中的劳动服务及土地服务的价值后，产品价值的任何剩余，都会消失殆尽。原始生产资料的价值随时随地都要等于产品的价值，绝不允许出现一点缺口，然而利息却实实在在[3]。这是为什么呢？

这是一个相当棘手的难题。虽说我们在利润那里碰到类似的难题，但要容易克服一些，远不及这里的情况那么棘手，因为利润只不过是一种暂时而非持久的货物流，因此利润没有像利息这样，和竞争及归属这两个基本而无可置疑的事实有如此尖锐的冲突。事实上，我们敢说，劳动服务及土地服务是唯一的收入来源，即使在竞争及归属的两面夹击下，它们的净报酬也不会化为乌有。面对这个难题，可以有两种选择。

第一种选择是接受。这样一来，利息必须被当成一种工资或地租才说得通，既然不可能是地租，那就非工资莫属了，因此，利息要么是从工资收入者那里剥削而来的（剥削理论），要么是资本家付出劳动的工资（字面意义上的劳动理论），要么是投入生产工具及原材料中的劳动的工资（如詹姆斯·穆勒及麦克库洛赫提出的理论）。这三个方面都有学者研究过，庞巴维克也逐一批评过。对于庞巴维克的批评，我只想补充一点，这就是，我们对企业家所作的分析，尤其是企业家无须掌握生产资料这个结论，也在一定程度上推翻了前两种理论的立论基础。第二种选择是，拒不承认引出这个难题的那个理论性结论。这样一来，我们要么得扩大成本的范围，也就是说，我们得肯定，工资及地租并没有付清一切必要的生产资料；我们要么得在归属及竞争这两种机制中找到某种隐秘的障碍物，在这种障碍物的持续阻碍下，劳动服务及土地服务的价值不能达到和产品价值齐平的程度，这样就会留下一笔持久的剩余价值[4]。现在来看一下这两种选择。

扩大成本的范围，不只是承认利息是企业要正常列支的费用项目这么简单。这一点是显而易见的事，不能拿来说明任何问题。扩大成本范围的含义要深刻得多，因为虽说这同样是将利息看成一种成本，但这里的成本，是我们在第一章提出的那种有特殊含义的狭义成本。这相当提出了第三种原始生产要素，利息归于这种原始生产要素，正如工资归于劳动一样。假如这一点能不折不扣地得以实现，我们面对的那三个问题，也就是利息的来源、基础以及利息永不消失之谜，自然都会迎刃而解，这个难题也就烟消云散。节欲兴许就是这第三种要素。假如节欲确实是一种独立的生产性服务，那么我们需要的各种条件都得到满足，任谁也挑不出毛病，持久净收入为什么存在，其来源是什么，为什么归于特定的一些人，这些问题都能有一个圆满的回答。唯一有待证明的，只有现实中的利息确实取决于这种要素。但很遗憾，这种解释站不住脚，因为这样的一种独立要素并不存在，这一点庞巴维克已经证明过了，无须在此赘述。

除了节欲，加工过的生产资料似乎也可以被看成第三种生产要素。用它们来解释利息，走的是另外一条路。它们具有的生产能力当然无可置疑，也难怪人们很快就将眼光投在它们身上，也难怪直至今日，还有人一看到劳动服务及土地服务的价值等于产品价值这个基本命题，就会大惊小怪一番。甚至经验告诉我们，在这件事上让一些专家迷途知返，都是极其困难的。但事实上，用加工过的生产资料也不能解释，为什么会有利息这种持久净收入存在。用了加工过的生产资料，确有可能比不用它们能够生产出更多的货物。而这样生产出来的货物的价值[5]，也会高于那些不用加工过的生产资料生产出来的货物的价值。但更高的货物的价值，一定会抬高这些生产工具的价值，继而抬高投入其中的生产服务及土地服务的价值。不会一直有剩余价值归于这些中间生产资料。因为，一方面，归于它们的产品的价值和它们自身价值之间的缺口，不会一直存在下去。无论用一台机器能生产出多少产品，竞争一定会不断压低这些产品的价格，直到弭平上述缺口为止。另一方面，无论这台机器的效率比手工劳动高多少，一旦引入生产，它不再节省劳动了，也就不再产生新的利润了。因为它产生的这笔额外收入实在太过明显，机器"使用者"愿意为此支付的全部款项，都必须尽数归于工人及地主。一般情况下，这台机器给产品增加的价值，并不像外行认为的那样[6]是由它生产的，而只是暂时和它有关，这一点已经在上一章讨论过。打个比方，设有一件外套，口袋里有一张银行券，这件外套对它的主人来说，当然有更高的价值，但这个更高的价值，只不过是这件外套假借外物得到的，而非它自身产生的。同样的道理，一台机器的价值，固然随产品的价值而水涨船高[7]，但它已经从劳动服务及土地服务那里得到了它的价值，在它还没有被制造出来以前，这些劳动服务及土地服务就已经存在，而这台机器的价值已经尽数归于这些劳动服务及土地服务了。确有一条货物流流向这台机器，但要知道，这条货物流也流过这台机器。这样一来，这台机器并没有蓄积起一批货物以供人消费。从机器所有者的收入中扣除必要的成本后，不会一直有剩余，无论是按价值还是按价格来计算，结论都是如此。这台机器本身也是一种产品，因此和消费品一样，它的价值向前流动，最终流进消费的蓄水库，这里面不会有利息产生。

因此，根据第一章及第四章的结论，再参考庞巴维克的观点，我们可以认为，上述路径根本就绕不开这个难题，也根本不存在任何用来支付利息的持久价值源泉。就算有人拿那些会"自动"增殖的货物——如谷种或种畜——来说事，但这件事起码也有困难要克服。凡是手头有谷种或种畜的人，将来一定会收获更多的谷物或牲口，也一定会收获更高的价值，谁说不是这样呢？但凡熟谙这些农事的人会知道，大多数人是如何坚定地相信，这些农事是价值会增加的明证。但是，谷种或种畜并不"自动"增殖，事实上，从它们的"报酬"中，还得扣除掉一些众所周知的费用项目。但更重要的是，即使扣除这些费用后还有剩余，这也不代表价值上有收益，因为既然谷物及牲口是从谷种及种畜而来，那后者的价值就得根据前者的价值来估算。假如物主打算卖掉谷种或种畜，那么（假设没有替代品）在扣除必要的成本及风险补贴后，谷物或牲口的价值一定会反映在交易价格中。它们的价格一定等于归属于它们的产品的价格。人们不停地将谷物用作种子，将牲口用于繁殖，直到这么做不再产生利润，以及它们的价格仅够抵补工资及地租这些必要的费用为止。"它们的"产品的边际效用，也就是归属于它们的产品的边际效用，最后势必等于零。

2

要是有人将当前的情况概括成这样一句话："虽然我们无法解释，在产品价值和生产资料的价值之间为什么有缺口。但这个缺口确实存在，我们总得想办法讲清楚这件事"，在我看来，这么说是不对的，或者更准确地说，这么说太过武断，因为这表明他已经认定有缺口这回事。事实上，在我们看来，这样一种持久的缺口根本就不存在。我们看到的缺口，其实只是一个未经分析的事实，与其猜想它是一个本原性的事实，仅凭它就能解释利息，莫不如猜想它只不过是资本利息产生的一个结果——我相信，只要有些常识的人都会有此判断。可能有一些人，因为在从生产资料到产品的过程中必须支付利息，会认为生产资料的价值不及产品的价值；但他们不会因为在其他一些场合也认为生产资料的价值不及产品的价值，就一定要支付利息。这一点非常重要。在这里，我只想请读者留意一个事实，也是我们自始至终都在克服的一项困难，这就是，除了一些基本原理，我们习惯于盲目接受一组未经分解的事实，而不是深入事物的本质再作判断，习惯于将一些事物当成基本元素，殊不知它们只是后者的复杂组合而已——这种情况在利息问题上尤为严重。一旦养成这种习惯，每前进一步都属被逼无奈；我们总是将这样的事实当成活生生的反对意见。节欲就属于这样的事实。有人说，资本的价值只不过是资本报酬经过资本化处理后的价值，这个说法也属于这样的事实。由于这种说法是根据经验做出的，所以听起来没什么毛病。不过，我们暂时还得保留"缺口"这个概念。

接下来，我们要花一些篇幅来仔细说一说归总法。到目前为止，我们一直说的是归属法，并借之从产品价值落定之处，一路追溯到劳动服务及土地服务。情况似乎是，归属法还可以再进一步，还可以将这条价值流再向前追溯，这就到了劳动本身及土地本身了。在一个交换经济中，人们没有理由注意到劳动力本身的价值，假如劳动力真有价值的话，那么土地当然也有价值，既然如此，我们最好只考虑土地，而提及劳动力时，我们只要再次强调，除非我们将劳动力看成满足劳动者及其家人的生活必需品的一种产品（事实上，我们不是这样看待劳动），否则的话，我们无须特别关注劳动力。这样一来，有人就会说，土地服务也应该看成土地的产品，而土地本身才是真正的原始生产资料，最终产品的价值应该尽数归于土地本身。这个说法在逻辑上站不住脚[8]。因为土地不是一种独立的商品，只不过是土地服务的总和，怎么能和土地服务分开呢？这样，在这里最好就别提归属法。因为归属法意味着价值向等级更高的产品持续转移，在归属法的作用下，没有一笔价值会悬而不决。但在确定土地的价值时，情况却有所不同，因为这是从土地在经济上"包含"要素的给定价值，推导出土地自身的价值，在这里，土地要素的给定价值已经通过归属法得到确定。所以这里最好只提归总法。

任何一种货物，无论是用于消费的货物，还是用于生产的货物，都要将这两种方法区别开来使用。这种货物，只有它的服务才有明确的价值，要么直接由欲望程度来确定，要么间接由归属法确定，而这种货物自身的价值，是从前一种价值衍生而来的[9]。归总法用于加工过的货物会特别简单，由于这种货物迟早都要再生产出来，这样，归总法可以归结为某种已知的规则；但归总法用于土地就没那么简单了，因为土地可以一直使用下去，土地可以自行恢复地力，而且一般无须付出任何成本[10]。这样问题就来了：用了归总法，土地的价值岂不是变得无穷大，地租这种净收入岂不是就得消失？我对这个问题的回答，和庞巴维克的回答颇有不同之处[11]。

第一，就算土地的价值真是无限大，我仍然要将地租当成一种净收入。因为将这种报酬消费掉，并不会耗尽这种报酬的源头，只有这样才能解释，为什么有一条货物流源源不断地流向地主。仅仅将土地的净报酬加起来，决不会褫夺其净报酬的身份。能够使一项净报酬消失的，从来就只是归属法，而不是归总法。第二，在现实中，一片土地的价格当然绝不可能是无限大。但不能因为从归总法中得出土地价值无限大这个荒谬的结论，就指责我提出的这个概念。这个概念本身并没有错，错的是通行的资本化理论，因为这种理论的核心观点是，一种生利资产，只需将其报酬适度打折扣，然后再加总起来，其结果就是这种资产的价值。事实上，这种价值确定起来绝非这么简单，而是一个相当复杂而特殊的问题，也是本章要着力解决的问题。无论是在这里，还是在其他确定价值的地方，都有必要看一看估价是出于什么样的目的。在这里，价值汇总没有一定之规，因为大多数情况下，价值量是不能简单加总的。在正常的循环之流中，人们根本不会考虑土地本身的价值，但会考虑机器的价值，因为他们要决定是否再生产它，就得知道它具体的总价值。加总的规则也可用于这种情况，竞争使之起作用。假如为一种机器付出的成本，低于这种机器产出的价值，那么就会有利润产生，这样一来，这种机器的需求就会随之增加，价格就会随之上涨；反之，假如这种机器的成本高出其产出的价值，那就会有亏损产生，这样，这种机器的需求就会随之减少，价格就会随之下跌。但反过来说，在循环之流中出售的是土地服务，而非土地本身。因此，人们在经济筹划时要考虑的，是土地服务的价值，而非土地本身的价值。单凭常规循环之流发生的事，谁也说不出土地的价值如何确定。只有发展将价值赋予土地，使得地租可以"资本化"、土地可以"转手买卖"。稍有常识的人都知道，在一个没有发展的经济中，土地的价值根本不可能成为一种普遍的经济现象。因为除非土地有买有卖，否则谁还关心土地的价值呢？在一个接近于循环之流概念所描述的现实经济中，土地买卖的事也确实罕有发生。土地交易市场是属于发展的现象，也只能用发展的诸般事实才能讲得通，土地价值的成果也是如此。暂时说来，我们对这个市场还一无所知。说到这里，我们就可以说，按照我们的理论，土地的价值不是无限大，而是一点也没有，土地服务的价值和其他任何价值无关，所以是净报酬。也许有人会反驳说，总会有人想要出售土地，话是不错，但他也得承认，这些动机一定是偶发的，也一定可以归结为一些私人原因，如生活窘迫、穷奢极欲，以及其他一些非关经济的想法。关于土地，这里就不再多说什么了。

因此，凡在用归总法得到无限大价值的地方，我们就用净收入来称之，就像在工资那里一样。因为我们在这里唯一关心的是，一条货物流源源不断地流向某人，而且止于此人。用归总法得出无限大的价值，不仅不会排除这样一条货物流存在的可能性，反倒是它存在的一个征兆。事实上，要理解接下来要阐述的利息理论，这一点倒是关键因素之一。

3

还有一种方法可以化解"利息的两难处境"。在扣除劳动服务及土地服务价值后，产品价值如何还可能一直有剩余？如果能够找到阻碍劳动服务及土地服务价值增加的因素，这个问题也就迎刃而解了。假如真有这样的阻碍因素，那么我们不仅能让人信服地证明，剩余价值一直都会有，并将产生剩余价值的这种环境，称为充分意义上的价值生产力，起码从"私人"角度看是这样的。这种环境——或者具体化的商品——就会产生净收入。在每个经济过程中，都会产生一种独特而独立的剩余价值。这样，利息就不再是真正意义上的成本，而是出自成本和产品价值或价格之间的缺口；利息将是扣除成本后的真正剩余。

如果产品是垄断的，这种情况就出现在交换经济中——但我们对原始生产要素的垄断不感兴趣，因为我们从一开始就知道，利息不可能出自垄断。垄断地位确实起到这种阻碍作用，使得垄断者获得持久的净收入。

既然我们能将地租看成一种净收入，凭着同样的权利和理由，我们也能将垄断收益看成一种净收入。因为首先，在垄断这种情况下，用归总法也会得到无限大的价值。其次，归总法也不会褫夺垄断收益的净收入的身份。但为什么一种垄断的价值——如一种持久的专利的价值——不是无限大，这个问题这里暂且按下不表，容后再说。最后，垄断价值的确定同样是一个特殊的问题，在解决这个问题时不可或忘的一点是，在常规循环之流中，没有人有意形成这种价值，因此垄断收益和其他任何价值无关。话虽如此，但垄断者绝不能说："我没赚到利润，是因为我将太高的价值归到垄断地位上了。"

在讨论劳德代尔的利息理论时，庞巴维克还评论了另外一种情况，也就是使用机器节省人手，从而产生利润的情况。他强调指出，这种机器一定会昂贵得很，使用它不会有利润，或者就算有利润，顶多刚够诱使人们购买或租用它。他说得没错。但生产这种机器无疑是有利润的，机器的专利期持续多久，利润就会持续多久。

垄断地位之于垄断者，可以说像一种生产要素。和其他生产要素一样，这种准生产要素也会有价值归属于它。这种机器本身都不是剩余价值的来源，生产出这种机器的那些生产资料更不是，但由于垄断的存在，这种机器或者这些生产资料有可能获得剩余价值。显然，如果机器的生产者和使用者刚好是同一个人，情况还是一样。

这样一来，我们就有一种独立的净报酬。假如所谓的利息确实和这样的净报酬一模一样，那么一切就都说得通了。我们提出的那三个问题也就迎刃而解了。这样就有一种剩余价值的来源，它的存在用垄断理论就可以说得通；这样也就有理由将一笔报酬归于垄断者；最后，为什么归属和竞争都不能使这笔报酬归于消失，也就说得通了。但这样的垄断地位，无论就其发生的规律性还是频率，都不足以让人接受这样的说法，更关键的是，在没有垄断地位的地方，也会有利息存在[12]。

也许有人会说，假如将来的货物在人们心目中的价值，确实普遍低于现货，那么劳动服务及土地服务的价值，就会一直有规律地低于产品的价值。虽然读者已经知道这个说法不成立，但还是有必要再拿出来分析一下。在前面提到的各种情况下，收入的持久来源都只是出自某种持久的生产性服务，起码从"私人"角度看是这样；而在这里情况却有所不同，收入的持久来源出自价值自身的波动。同样是解释收入的持久来源，在前面只需要确定某种独立生产性服务的价值；而在这里，需要一方面确定劳动服务及土地服务的价值，另一方面确定消费品的价值。产品价值扣除生产资料的价值后，也会有一笔剩余价值，比之垄断情况下的剩余价值，这里的剩余价值更狭义，也更真实。由此可知，"扣除成本后的剩余"无疑表示一笔净报酬，表示扣除加工过的生产资料之"资本价值"后的剩余。由此可以证明，这笔报酬用归总法来处理，既不会消失，也不会被吸收殆尽。因为如果一种将来产品的价值，在运用归属法及确定生产资料价值的那一刻，看起来不等于其真实的价值，而是稍有不及，那么，这种产品的全部价值不能尽数归属掉或归总掉。这样，一条持久货物流有可能存在这件事，也就无可置疑地得到了证明，至于它是不是我们在现实中观察到的利息，这另当别论。我们的第一个问题，也就是利息的价值源泉存在与否，也就可以回答了。第二个问题，也就是这条货物流为什么流向特定的一些人，显然也不难回答。至于第三个问题，这种报酬为什么一直都会有，本来在利息难题中最是棘手，现在反倒是一个多余的问题。既然剩余价值用归属以外的理论都可以说得通，还要问它为什么没有归属掉，岂不是荒唐？

这样，假如仅仅是时间的流逝，就真的会对价值有根本的影响，假如我们在现实中看到的时间的影响，确实不仅仅是某种未经分解的事实——这种事实从根本上反过来要仰仗利息的存在，而利息要靠其他理由才说得通——那么这样的论证本身就是无可置疑的，当然在我看来，照此思路，势必和现实经济活动有不少冲突。虽然从单纯的逻辑角度说，这个思路没有任何问题，但是，时间的流逝并没有此种独立而根本的影响。即使确有许多货物随时间的流逝而增殖，也不能证明后者有这种影响力。鉴于这个事实太过突出，且有不少文献都拿它说事，有必要在这里再多说几句。

这样的价值增加要分成两种情况来说。先来看第一种情况。随着时间的流逝，某种货物的服务，无论是实际的还是潜在的，有可能随着时间的流逝自然而然地改变，这种货物的价值也就随之增加，如一片幼林或一桶窖藏葡萄酒，就经常被人们拿来说明这种情况。这种情况下究竟发生了什么事？只要给足时间，这片树林和这桶葡萄酒当然会变得更有价值。但是，说它们逐渐变得更有价值，只是从实物角度说的，从经济角度来说，更高的价值早已存在于每一株小树苗中，存在于新入窖的葡萄酒中，因为后者是价值的载体。因此，就目前来看——从我们已经熟悉的事实出发——这些小树苗，一定和日后由此伐下的木材价值相当，这瓶新入窖的葡萄酒，一定和日后的陈酿价值相当。考虑到木材或窖酒还可以在完全长成或充分酿成前卖给别人，物主需要权衡，在相同的经济期内，是等到完全成熟再卖掉更划算，还是现在就卖掉，然后再开始新的生产更划算。他们自然会选更划算的那种方案，并从一开始就据此来估计这些树木及葡萄酒的价值，以及必要的劳动服务及土地服务的价值。但实际情况并非如此。在现实中，树林和葡萄酒越接近成熟，价值更高。但这种情况从根本上说，一是因为世事无常、人事变幻的风险，尤其是人生无常的风险，二是因为利息已经存在的事实，在一定的条件下，这个事实使得时间成为一项成本，这一点容后再说。如果不是因为有这些因素，本来是不会有价值的增加的。如果物主决定让这片树林和这瓶葡萄酒放一段时间再卖，那一定只是因为，他们发现这样做更有利。这样，这片树木和这瓶葡萄酒就多了一种使用方法，而一旦他们决定用新办法，它们的价值显然一定随之增加。但是，一般说来，如果仅有时间的流逝这种独立而本原的现象，是不会有真正而连续的价值增加的。

第二种情况也经常发生：虽然某种货物的服务在实物上保持绝对不变，但其价值随着时间的推移而增加，其原因只能归结为新需求的涌现，因此算一种发展现象。不难看出应该如何来看待这种情况。如果需求的增加未被预见到，那么会有一笔收益，但不会在价值上一直增加下去。反之，如果需求的增加被人预见到，那么这笔收益从一开始就要归属于这种货物，这样一来，同样不会有价值上的增加。无论是哪一种情况，只要确实有需求的增加，我们都可以按照实物质量改良的情况来加以解释。

4

那些有可能让我们摆脱利息悖论的思路，其中最重要的几条已经逐一考察过了，结果都不行。这样，我们发现还得回头看那些反复说起的剩余价值，我们倒是可以明确地说，它们是净剩余，也就是说，扣除投入其中的生产资料的价值后，产品价值还有剩余。这些净剩余的存在归结为某种特别的因素，这种因素抬高了产品的价值，使之高于循环之流中同等商品应有的均衡价值。这种剩余就这样具有了净报酬以及货物流来源这两种特征，这和普遍低估将来货物的情况没什么两样。

在一个没有发展的经济中，也会有一些因素抬高某种产品的价值，使之高于投入其中的生产资料的价值，这样，生产资料的物主就会借之赚到利润。比如，判断失误、飞来横财、意外偏离预期的结果，遭遇无妄之灾，以及意外的过剩等，都属于这样的因素——虽说这些因素也会产生剩余价值，也就是说使产品的实际价值偏离正常价值，同时也偏离投入其中的生产资料的价值，但这些情况无足轻重。我们更在意因发展而出现的剩余，因为这种剩余的重要性不可同日而语。我们已经将之分成两种情况。其一是发展直接引起的剩余，发展的意义之一就在于创造剩余，具体来说，是将生产资料投入更有利的新用途，而这批生产资料的价值已经由原来不太有利的用途所确定。其二是靠发展的余波产生的剩余价值，具体来说，是发展引起一些特定货物的需求的增加——有可能是现实的增加，也有可能是预期的增加——由此产生剩余价值。

再强调一遍，所有这些剩余价值无论怎么看都是——庞巴维克也会同意——真正的、真实的剩余，都丝毫无惧归总法以及成本归属法的双重侵蚀。流向人们的任何产品之流，只要没有冠以工资、地租及垄断收益的头衔，一律都要归结为这些剩余价值，无论直接还是间接。但我们不禁又想起前面得出的一个命题，这就是，只要竞争及估价的一般规律在起作用，扣除成本后尚存的一切剩余势必消失[13]。举例来说，若有一家企业突如其来地需要某种机器，那么这种机器的价值势必增加，机器的所有者势必获得剩余价值，全部或部分都有可能。但如果生产者预见这种新需求，那么就应该认为，他们一定提前制造出这样的机器，现在则要竞相出货了。要是生产者能够随意扩大生产，那么此时就根本不会有任何特殊的利润存在；要是受到一些自然原始生产要素的限制，生产者不能随意扩大生产，虽然此时还会有剩余价值，但这部分剩余价值必须归属于那些生产要素，所以要落入所有者的手里。哪怕生产者没能预见这种新需求，经济也会逐渐调节，最终适应这种情况，这样，这种机器也不会一直有剩余价值。

5

我们得出的第一个基本结论是：利息是一种价值现象，本质上也是一种价格。这个结论和任何一种利息理论都完全一致。从这个结论出发，我们现在就很自然地提出我们利息理论的五个命题，等到提出第六个命题，我们的利息理论也就大功告成了。

首先，利息主要出自发展带来的剩余价值。既然常规的经济过程没有其他剩余，利息也就不可能出自其他地方。当然，这个结论只适用于我们所说的狭义的生产性利息，而不适用于消费型的生产性利息[14]。因为只要利息是寄生于工资及地租，那么它就和这些剩余价值没有直接关系。但是，那条资本家赖以生活的巨大而有规律的货物流，也就是在每个经济期都从生产收入中流向他们的货物流，只能出自我们专指的那种剩余价值。这些观点容后细说。还有一种剩余价值非属此类，这就是垄断收益。我们据此有一条假设：典型的利息不是来自垄断收益。但正如我指出的那样，这一点应该很清楚，无须多说。这样，只要满足上述条件，我们就可以说，没有发展就没有利息；如果将经济价值比作一片平静的海洋，发展就如同风暴，在这片海洋掀起惊天巨浪，而其中一股潮流正是利息。要证明我们的命题，首先要从反面证明，只要循环之流中的价值确定原则起作用，就不会有利息这种现象存在；而要证明这一点，先要知道价值确定的原则，接着要看在一个没有发展的经济中，那些试图在产品价值及生产资料价值间拉开缺口的尝试是不是靠得住。然后我们从正面证明，这样的价值缺口在发展中确实存在。随着讨论的深入，这个命题将不像刚开始那么让人觉得奇怪。但这里倒是可以立刻强调一点，这个命题不像看上去那样偏离现实，因为起码可以说，工业发展是利息这种收入形式的主要来源[15]。

其次，我们说过，发展带来的剩余价值分成两种情况：其一是企业家利润，其二是由"发展的余波"带来的那些价值。我们很容易断定，利息显然不可能出自后者，因为形成这种剩余的过程相当清楚，我们能够立刻指出在这里边有什么、没有什么。这种情况最好举例来说明一下。设有一位商人在家乡开了几间工厂，收入暂时高出均衡收入，这样就赚到利润。这笔利润本身不可能是利息，因为它并不持久，很快就会被竞争夷平。但利息也不是出自这笔利润——假设这位商人只不过是站在店里向他的顾客索要高价，就赚进这笔利润——因为除了将这笔利润装入腰包，然后高兴的时候花掉，再也没有其他事情发生在这笔利润身上。这件事从头到尾都看不出，利息将从何而来。这样一来，利息就一定出自企业家利润。当然，比起佐证这个命题的其他事实，这个间接的结论没那么重要。因此，在发展浪潮的席卷之下，一部分利润以某种方式流向资本家。利息是对利润的课税。

最后，很显然，无论是全部利润，还是部分利润，都只会是暂时的，因此不可能直接就是利息。同样道理，我们立刻就知道，利息不会出自任何具体货物。一切出自具体货物的剩余价值，从本质上说一定是暂时的，即使在经济处于充分发展的鼎盛阶段，这样的剩余价值会持久增长——但在这个时候需要有深刻的洞察力，才能认清它们不能长久的本性——但它们也不能直接形成一种持久收入。既然利息是持久的，那么就不能将它看成出自具体货物的一种剩余价值。虽然利息出自一类明确的剩余价值，但没有哪种剩余价值本身是利息。

只要利息成为一种重要的社会现象，就一定是发展的产物[16]；利息出自利润；利息不会出自任何具体货物——这三个命题正是我们利息理论的根本所在。只要认同这三个命题，想从具体货物中找到一种基本价值的尝试就可以休矣[17]，利息问题就此聚焦到一个很小的范围之中。

6

这个重要的问题，现在得要有更牢靠的把握了。这个主要的问题——解决了这个问题，就解决了利息问题迄今为止最重要的一点——现在可以表述成这个样子：这样一种持久的利息流，是如何从昙花一现且变动不居的利润中抽出来，且一直流向资本的呢？这样的表述不仅体现了到目前为止取得的研究成果，而且独立于接下来要做的研究。如果这个问题有一个圆满的回答，那么利息问题就彻底解决了，因为这样一来，庞巴维克的分析已经证明的那些不可或缺的要求，此时尽数得到满足，不仅如此——哪怕它还有其他什么缺陷——那些令前面那些理论无言以对的反对意见，对这样的回答并无任何威胁。

接下来要看的第四个命题，和剥削理论以外的通常理论大异其趣，但拿来对抗起剥削理论却是最具分量，这就是：在共产主义社会或非交换社会，利息不会以一种独立的价值现象而存在。显然，在这样的社会，没人会支付利息。但同样显然的是，这样的社会仍会有某种价值现象存在，换成交换经济，这种现象就会产生利息。但作为一种特殊的价值现象，一个经济上的数量，甚至一个概念，利息在这样的社会一概不存在；利息的存在要仰仗交换经济的制度。这一点需要有更精确的阐述。在一个纯粹的共产主义社会，人们不会支付工资和地租。但在这样的社会，劳动服务及土地服务依然存在，仍然要估算其价值，否则一切经济筹划都无从说起。但利息就不能这么说了。在共产主义社会，根本就不存在那种人们要为之支付利息的要素。人们自然也不可能去估计一个子虚乌有的要素的价值。因此，在这样的社会，是不可能有利息这种收入形式所对应的那种净报酬的。因此，虽说利息确实是一种经济上的项目——也就是不是由经济以外的力量造成的——但它只存在于交换经济中。

为什么共产主义社会没有利息，而交换经济中有利息？这个问题引出了我们的第五个命题，这个命题让我们第一次发现，那种从利润中抽出一条持久货物流的吸泵，究竟如何工作。资本家当然也参与生产。从技术说，凡是有生产的地方，无论是何种社会制度，生产的过程总是相同。从技术上说，生产总是需要货物，也只需要货物。这样说来，差异不可能出现在技术环节，只可能在其他什么地方。在交换经济中，企业家和生产资料之间的关系，从根本上不同于非交换经济中权力机构和生产资料之间的关系。后者直接支配生产资料，而前者先要获取生产资料，要么租赁，要么购买，不会有第三种办法。

假如企业家也能随意征用所需的生产资料，以此来实施他们的新计划，那么，企业家利润照样还有，但企业家再也不用从中拿出哪怕一分钱来支付利息。他们根本也无意将利润中的一部分，看成他们花掉的那部分"资本"的利息。相反，扣除成本后剩下的全部价值，只会是他们的"利润"，而不会是其他什么东西。只是因为企业家需要的生产资料归别人支配，也就是说，生产资料归私人所有，而劳动者有权自由支配其劳动，企业家才不得不求助于资本家，以便清除这些权利给他们设置的障碍。而这样的帮助，在循环之流中根本就不存在，因为对连续经营的企业来说，当前需要的资金只能是通常也确实是来自前一期的收入，这笔资金自动流向它们，不需要任何独立资本主义中介机构的介入。所以说，如果我们干脆假设，在循环之流中，生产者用来生产的生产资料，都是通过前一期的产品获得的，这样的假设一点也不会影响循环之流的本质；但是在实施新组合中，企业家手头没有这样的产品来获得需要的生产资料。所以此时就需要资本来施以援手了，而且很显然，与资本对应的东西，不仅不可能存在于共产主义社会，甚至不可能存在于共产主义以外的"静态"社会。

7

我要提请读者注意一个事实，这就是，我们对利息问题的认识，有不同于寻常认识的地方。虽然这一点其实已经很明显，但再说得更明白一些并非多余。

为此目的，我们先来看一看，贷款利息和资本"原始"利息间的通常区分。这样的区分就把我们带回到考虑利息本质的开始阶段，并成为利息理论的基石之一。考虑利息问题，当然得先从消费贷款的利息入手。

这么做再合理不过了，因为从诸多特点看，这种利息确实表现为一条独立的收入分支。这样一条从外表就能区别分出来的收入分支，比之构成复杂、先要逐一厘清的收入分支，当然在理论上更容易把握，这也是为什么地租率先在英格兰得到明确承认的原因，因为地租在那里不仅存在，而且一般是单独支付。消费贷款利息过去就是研究利息的起点，因为它是古代乃至中世纪最重要也是最广为人知的利息形式。在彼时，生产性贷款利息并非没有，但在有生产性贷款利息的地方，没有人会对它归纳思考，而那些善于归纳思考的人，对各种经济现象并不怎么上心，只注意到发生在身边的那种利息。到了资本主义时代，生产性贷款利息虽然变得普遍起来，但也只局限于商人的圈子，里头的人只谈生意，少有穷究事理兼舞文弄墨之辈。而教会神父、经院学者乃至托庇于教会的哲学家，还有大哲亚里士多德，在这些人眼里就只有消费贷款利息，而且显然是极其卑劣的东西。在他们看来，这种东西让穷人流离失所，让轻狂之徒或败家子散尽家财，实在是可鄙可憎，在这种情绪的主宰下，他们反对一切收取利息的行径。难怪历史上对利息屡有禁令。

随着资本主义经济日渐壮大，经济生活呈现出新的面貌，人们对利息也有了新的认识。谁要说生产性贷款利息是后来的著述者发现的，那当然是言过其实。事实上，关注生产性贷款利息，庶几可以算一项发现。

当时的人们一下子就明白了，以往对利息的认识有失偏颇，忽略了利息现象的另外一部分，而到了他们所处的时代，这另外的一部分已经变成最重要的一部分，而且他们同时还认识到，负债借钱未必总是致穷之道。这样一来，对利息的敌意就不那么理直气壮了，对利息的理性认识就此前进了一步。一直到亚当·斯密的时代，各种论述利息的英文著作都充斥着一个观点，这就是一笔贷款经常可以帮助借款人赚进商业利润。理论家原来认为借钱的人一律是弱者，要么是饥寒交迫的可怜人，要么是浪荡无行的地主，现在发现其中也不乏精明强干的企业家，虽然他们对企业家的定义还很保守，也不够清晰，但已经足够明确了。我们对利息理论的阐述，正是从这一点开始的。

但在这派理论家看来，生产性利息仍然是贷款利息。他们承认企业家利润是其来源。但不能就此认为，企业家利润只是利息，就像不能因为总收入是工资的来源，就认为这些总收入也是工资。这些著述家关于利息的论证尽管有这样那样的毛病，但有一个可圈可点的地方，就是他们起码没有将利息和利润混为一谈，或者视两者在本质上为同一物。事实上，从休谟的著作里可以看出[18]，他们确实注意到这两者的差异，绝没有将利润看成自有资本的利息。他们对利润的解释，根本不能套用到贷款利息身上，而只能套用到另外一种利润身上，一种称得上贷款利息的来源的利润[19]。这些著述者认为商业利润是利息的来源，但没有说商业利润本身不过是利息的一种情况，事实上是主要的情况。他们笔下的"利润"不能当成利息来理解，即使他们用到的"资本利润"一词也是如此。他们没有解释清楚利息问题。但要说他们只不过从贷款利息这种衍生利息出发，追溯到真正的、本原的利息，却没有对后者加以解释，那也不对。他们只不过没能证明，为什么放贷的人凭着他的资本，有权要求从利润中分一杯羹，为什么资本市场总是得出有利于他的结果。另外，这个核心问题——解决了它，就能洞察利息现象的本质——当然在于商业利润，但这不是因为商业利润本身是真正的利息，而是因为商业利润的存在，乃是支付生产性利息的前提条件。最后，企业家当然是整件事的核心人物，但这不是因为他是典型的、真正的、本来的利息收入者，而是因为他是典型的利息支付者。

在亚当·斯密那里，我们还能找到种种线索，证明他还认为利润和利息不是一回事。只有到了李嘉图及其门徒那里，利润和利息才明白无误地成了同义词。正是从那时起，理论才发现一般商业利润中的唯一问题，事实上也就是利息问题；也正是从那时起，企业家为什么获得商业利润，成了一个利息问题；也正是从那时起，只有将英文著作中的"利润"一词替换成"资本利润"或"原始利息"，我们才能正确理解作者的意思。这样的替换，绝不像用自有资本的利息替换借入资本的合约利息那么无伤大雅，而是提出一个新的命题，这就是企业家的利润本质上就是资本利息。这种在我们看来步入歧途的做法，还得从以下事实中找原因。

首先，这个问题的表述相当清楚。合约地租当然只是某个"本原"现象的结果，也就是土地的部分产品得"归属"于土地。它无非是地主眼里的农业净报酬。合约工资只是劳动生产力的结果；它无非是劳动者眼里的生产净报酬。利息凭什么不是这样呢？除非有特别的理由，否则利息也不能例外。要是有人就此认定，合约利息必定有一种原始利息与之对应，这种原始利息就是企业家的典型收入，正如地租是地主的典型收入一样，他的这番推论看起来顺理成章，几乎可以说不言自明。事实上，企业家也为自有资本支付利息——如果这种情况是必然的话，那就是一条无可置疑的明证。

产品价值扣除成本后的剩余，确实也是利息赖以存在的基本现象。而且这样的剩余也出自企业家之手。这样说来，经济学家们只看到这个问题，并且相信解决了这个问题，其他问题都迎刃而解，这又有什么好奇怪的呢？要知道他们刚刚摆脱重商主义的肤浅观点，刚开始习惯于透过货币的面纱来看待实实在在的货物。他们将具体货物也当成一种资本，势必也将这种资本当成一种生产要素。一旦有了这样的观点，他们立刻就将利息看成和存货总价款有关的东西，利息也就和企业家用这批存货获得的利润合二为一了。由于利息无可置疑地出自利润，也就代表着利润的一部分，这样一来，利润，起码说大部分利润，不知不觉地也就变成了利息，之所以会自行完成，是因为当时的经济学家认为，利息是企业家用以生产的那批具体货物的产物。利息也有可能从工资中支付，但工资没有像利润那样变成利息，这个说法并不像人们认为的那样切中要害。

这种观点之所以如此普遍，主要是因为经济学家对企业家职能的分析很不到位。他们当然不会简单地将企业家和资本家混为一谈。但无论如何，一切问题的根源在于，他们先入为主地认为，只有借助存货形式的资本，企业家才能赚到利润，然后才会在这个结论上做一些无用功。他们从使用资本这件事看到了——这也难怪——企业家的独特职能，并据此将企业家和劳动者区分开来。企业家从根本上就被当成了资本和生产资料的使用者，正如资本家被当成某种货物的提供者。这样一来，在这个问题上的这种表述也就很容易说得通了；在关于贷款利息问题的各种表述中，这种表述看上去一定会更精确，也更复杂。

显然，这样的认识注定给利息问题带来了严重的后果。既然贷款利息出自原始利息，而原始利息又出自企业家之手，那么利息问题的解决全系于企业家一身。这样的思路引出了各种错误的线索。许多解释利息的尝试，如剥削理论、一些劳动理论，首次有了崭露头角的机会。因为仅当利息系于企业家时，人们才会想到，利息得通过企业家的劳动服务，或者投入生产资料中的劳动，或者企业家和工人之间的价格争斗，才能解释得通。至于其他的尝试，如各种生产力理论，尽管都未能奏效，但都因这样阐述利息问题，而从根本上变得更显眼。以这样的认识，他们当然不可能建立起合理的企业家理论及资本家理论，也很难认识到企业家利润的独特之处，他们对利息的解释，一开始就注定要以失败告终。但这些还不是最糟糕的，最糟糕的是，由此制造出来的一个问题，成了经济学中的永动机（perpetuum mobile）。

经验表明，利息是一种持久的收入。而追根溯源的话，利息又是出自企业家之手。这样一来，就有一种持久收入出自企业家之手。传统利息理论面临的问题是：利息究竟来自何处？近一个多世纪以来，理论家们一直在试图解答这个注定没有结果、事实上也没有意义的问题。

我们的立场截然不同。如果说传统理论将合约利息和企业家利润拉上了关系，它也只不过将利息问题追溯到它自以为是根本的情况，这项任务的主体部分仍然悬而未决。如果我们能够将利息和企业家利润拉上关系，那就解决了整个问题，因为正如前面已经解释的那样，企业家利润本身不是另外一种利息，而是不同于利息的另外一种东西。"之所以有贷款利息，是因为有商业利润"这个命题唯一的价值在于，为通行的利息理论更精确地表述了这个问题。但在我们这里，这个命题已经具有解释力了。因此，商业利润从何而来？这个问题仍然需要通行理论来回答。但在我们这里，这个问题已经得到解决。对我们来说，只有一个问题还悬而未决，这就是，利息是如何从企业家利润而来的？

在我们的利息理论中，之所以有必要让读者特别关注这个问题的另外一种狭义的表述方式，是因为如果不这样做的话，就会有人指出，我们这里所做的，只不过是将利息归于商业利润，而通行的利息理论早就做到这一点了，那样就麻烦了。这就是为什么读者也许会说，这些事我早就明白了，但我们仍然反复强调它们的良苦用心。接下来要讨论我们利息理论的第六条，也是最后一条命题。

8

既然构成利息根源的这种剩余是价值上的剩余，只能表现为价值的形式，因此，在交换经济中，这种剩余只能表现为两笔款项的比较。这一点不言自明，一眼看去也没有任何争议。尤其要指出的是，单靠两批货物之间的比较本身，是根本不可能证明剩余价值的存在的。只要一批货物关乎剩余价值，它们只能表现为价值的形式。而这种价值形式，还有利息，在现实中又都只表现为货币形式。虽说横竖都得接受这个事实，但可以有各种各样的解释。

人们有可能认定，利息的这种货币形式，只是因为需要有一种价值标准，而和利息的本质无关。这种观点相当普遍。这样一来，货币就只充当表现形式，而利息其实来自一批货物，是这些货物本身的剩余。对企业家利润也可能持同样观点。企业家利润也必须表现为价值形式，而用货币来表示只是出于便利的考虑。尽管如此，企业家利润的本质和货币无关。

毫无疑问，在论及利息时，人们特别想尽快摆脱货币的纠缠，而将对利息的解释置于产生价值及报酬的地方，即实物生产的领域。但我们不能这么做。任何货币利息，也就是任何购买力的溢价，的确都有某种货物的增殖与之对应。诚然，技术意义上的生产所需要的，的确是货物而非"货币"。但是，如果我们就此认定，货币只是一种中介工具，只在技术上有用处，继而用凭它得到的那些货物来取代它，并最终认定利息是为那些货物而支付的，那么我们立刻就失却了我们的立论基础。换一种更准确的表述。我们的确可以离开货币领域进入商品领域。但这条路没走几步就到头了，因为商品的增殖并不持久，这样，我们立刻就知道此路不通，因为持久性是利息的根本特性。因此，为了得到具体货物的增殖而刺穿货币的面纱，这是行不通的。要是有人非这么做不可，他只会戳进一片虚空[20]。

因此我们不能离开货币来谈利息。这也间接地证明了，为什么在论及货币形式在利息问题上的重要性时，我们更倾向于第二种解释，也就是这种货币形式乃是问题的核心所在，而非表面形式。当然，单凭这样一个证据，还不足以证明这个影响深远的推断。但它和前面对信用及资本的论证遥相呼应，借助这些论证，我们就能理解购买力在这里所起的作用。这样，我们就能提出我们的第六个命题：利息是用来支配生产资料的购买力的价格。

这个命题当然没有赋予购买力在生产中的任何作用。大多数人明明知道，利息随着货币市场中货币的供求变化而上浮动——无疑佐证了我们的判断——但在刚开始的时候也不认同这个命题[21]。再补充一个证据。在商人眼里，利息随着信用工具的增加而降低（其他条件不变），这个道理就像天上下雨地上湿一样天经地义。事实上，要是政府印出一笔钞票，并将这笔钞票借给企业家，利息哪有不下跌的道理？政府凭什么不能从这笔贷款中收取利息？利息和汇率及黄金流向之间的关系，说的难道还不够明白吗？这样的事到处都有，每天都有，都在佐证我们的这个命题。

但只有为数不多的几个主要理论家，在讨论利息现象时提到这些事实。虽然在庞巴维克和我看来，西奇维克对利息现象的解释，本质上就是节欲理论。但还未到论利息一章，他就在论货币价值这一章讨论起利息来，也正是在这一章，他将利息和货币联系在一起，并且认识到创造购买力对利息的影响，他是这样说的："……我们必须认识到，在一定范围内，银行家所贷出的货币，有一部分是他创造出来的……然后很容易将这笔钱做贷出去，只要他索要的利息明显低于通行的资本利息。"[22] 首先，这句话里的若干观点不合我们的心意。其次，他也没有说透整件事的来龙去脉。最后，他也没有在利息理论上得出任何深入的结论。尽管如此，他还是朝着我们希望的方向迈进了一步，而且显然是依照麦克里奥德的建议做出的。达文波特虽说在这个题目上倾注了大量心力，但他的分析也没有值得一提的地方。他像一位优雅的骑士，信心满满地一路纵马来到围栏前，却就此止步，怎么也不想一跃而过。至于那些通行的理论，根本就不去理会货币因素，在他们眼里，货币只是一个技术问题，由那些金融著述者操心就好了，一个理论家是不应该对它感兴趣的。这样的态度实在是普遍，让人不禁相信它背后肯定有真理在撑腰，而且怎么也得说清楚。

至于有人试图否认利率和货币数量之间的统计关系，这件事只要三言两语就能打发了。乔治·列维[23] 拿利息和黄金开采量作比较，结果不出所料地发现，两者之间没有显著的统计关系。且不说他用的统计方法有漏洞，单凭这个结论并不足以证明，货币数量和利率之间没有关系。首先，利率和黄金开采量在时间上未必会很吻合。其次，黄金的供应量，甚至银行的黄金供应量，并不和它投放的信贷量刚好成比例，而利率主要取决于信贷量。最后，开采出来的黄金并不尽数流向企业家。

欧文·费雪试图用归纳法来反对货币数量和利率间的关系，他的做法也丝毫无损于我们的论断。用年平均数据得出的结论，来反驳得自日常交易细节的判断，这又如何让人信服呢？而且他是用人均货币流通次数来和利率相比较，这样的比较纯属风马牛不相及。

但话又说回来，身处18世纪的经济学家，完全有理由强调利息最终是为货物支付的。当时的他们，一头要反击重商主义者，一头还要对抗商人及哲学家们的种种谬见，在这个过程中，他们事实上确立了一些真知灼见，揭露了一长串盛行一时的谬误。劳氏、洛克、孟德斯鸠等人认为利率只取决于货币数量，他们无疑都搞错了。亚当·斯密指出[24]，其他条件不变，货币数量增加会将物价抬到一个更高的水平，资本及其报酬之间原先建立的关系，势必在这个新的水平上再次得到恢复。他说得没错，甚至流通货币增加的直接影响，都是抬高利率，而非降低利率。因为预见货币增加，就一定会有这样的影响[25]，而且不管怎样，物价上涨都会刺激人们扩大信贷需求。所有这一切，虽然让我们知道，并且在一定程度上还会认同，为什么大多数顶尖人物回避用货币来解释利息理论的做法，但和我们的命题毫不相干。

在"反对用货币来解释利息"的观点中[26]，我们还能找到其他一些合理的东西。商人和金融的著述者，他们经常将贴现政策及货币制度的重要性说过了头。中央银行确实能影响利息，但这不能证明利息就是购买力的价格，就像政府能厘定物价，但这不能证明物价脱胎于行政事务。的确，只是对通货动向投入关注，都会使利率上下波动，但这个事实本身在理论上并没有多大的意义。这件事只不过证明了，市场里的价格，会受到市场以外动机的影响。有人说，通过货币制度及贴现政策，一国可以人为地压低利率，并以这样的政策来刺激经济发展，在我看来，这只是没有科学依据的成见。货币市场和劳动市场一样，当然可以改进得更高效，但货币市场的运作机理却不会因此而有所改变。

9

我们现在要回答的，可以归纳为如下这个简单的问题：在哪些条件下，当前购买力对将来购买力会有溢价出现？为什么当我借出一笔购买力，我有把握在将来的某一天收回更大一笔购买力？

这显然是一个市场现象。我们要考察的市场是货币市场。我们要考察的内容，是价格决定的来龙去脉。每一笔贷款交易，都是一笔实实在在的交易。一种商品自己和自己交换，这种说法乍看起来也许有些古怪。但既然有庞巴维克的论述在先[27]，这里也就没有深究的必要：现货与期货之间的交换，无异于同类商品之间的交换，也无异于同种商品的异地交换。既然一地的购买力可以交换异地的购买力，为什么当前的购买力不能交换将来的购买力？信用交易和套利交易有得一比，读者可以借此来加深理解。

如果我们能够证明，在一定的条件下——直接来说就是在发展中——货币市场当前的购买力，必定对将来的购买力有稳定的溢价，那么，为什么会有一条持久的货物流流向购买力的持有者，也就能从理论上说得通。这样一来，资本家就能得到一笔持久收入，虽然单独说来，这笔收入的来源都不持久，而且是发展的产物，但这笔持久收入本身就其表现来看，从哪个方面说都好像出自循环之流。无论是归属法还是归总法，都丝毫不能改变这条产品流所具有的净报酬的特性。

我们现在能直接指出，一笔终身年金的总价值有多高。这笔年金的价值一定相当于这样一笔款项，若以取息为目的将这笔款项贷出，由此获得的报酬等于每年的年金数，因为要是不足的话，贷款人会竞相购买这种年金，要是超出的话，本来打算购买年金的人，现在更情愿将这笔钱贷出去赚取利息。这就是"资本化"的真实原则所在，而用这条原则有一个前提条件，这就是利率已经存在。由此可以再一次推断出，对持久收入的估价，是不可能褫夺其净报酬的身份的。

这样，如果我们能解开当前购买力为什么有溢价这个谜题，那么我们就能尽数回答利息难题的那三个问题。如果我们有证据证明，有一条持久的产品流流向资本家，他无须从其他地方有所减扣，也不只是为人作嫁，那么我们就彻底解决了利息问题，并就此解释了，这条货物流为什么也代表一种收益，为什么是一种净报酬。我们接下来就要拿出这样的证据，并逐步完成我们对利息这三个问题的解释。

10

我们说过，即使在循环之流中，也会出现这样一些情况：哪怕必须借少还多，也有人愿意去借钱，无论他们借钱的动机是什么。

比如，突遇困境，将来的收入看涨，消费冲动难以抑制，或者预见将来的赚钱机会——这些人就会去比较当前和将来购买力的价值，如此就能根据这种比较得出他们对当前购买力的需求曲线。另外，可能会有——一般来说一定会有——另一些人，他们愿意满足前一批人的购买力需求，但要满足一个条件，即他们得从借出的那笔钱中得到一笔溢价，因为为了借出这笔钱，他们必须砍掉这笔钱原来的用途，这会给他们的生活或经营带来不便，这笔溢价必须足以补偿这种不便而有余。这样，我们可以据此得出供给曲线，有了供需曲线，购买力的价格——市场厘定的溢价——自然也就在这个市场脱颖而出，此中的细节自不必多表。

但此种交换一般说来无足轻重，而且首要的是，它们并不是日常经营所不可或缺的东西。借贷能够成为工商业常规活动的一部分，利息能够像现在这样具有重要的经济及社会地位，只有在一种情况才会发生：对借钱的人来说，只要掌握当前购买力，他就有把握获得更多的购买力。既然一笔当前购买力的价值，关键在于人们对商业利润的预判，因此，虽说还有一些因素，在这些因素的作用下，甚至在没有发展的地方也会有利息的存在，但我们暂不理会这些因素。

无论在循环之流中，还是在一个处于均衡的市场中，单凭一笔钱，是不可能获得更大的一笔钱的。假如我手头有值100块钱的资源（包括管理上的资源），无论我在已知的传统领域怎么折腾，我能获得的收入都不会超过100块钱。无论我采取何种现有的生产方式，我从产品中得到的收入不会都超过100块钱，倒是有可能少于这个数目。因为这正是均衡应有的含义，也就是说，均衡表明生产力处于

"最佳"配置，当然是在给定的条件下。这样说来，每1块钱的价值都必然等于其面值，因为理论上说，该赚的套利收益都已经被人赚走，现在已经不存在套利机会了。如果我用这100块钱买进劳动服务及土地服务，再将后者投到最有利可图的生产中，我将会发现，最终的产品卖掉后不多不少还是100块钱。生产资料的价值和价格，正是参照这些最有利可图的生产而确定下来的，而我们这里的购买力的价值，也是由这些最有利可图的生产所决定的。

只有在发展中，情况才变得不同。只有在发展中，我的产品才有可能获得更大的报酬，具体来说就是，如果我用这100块钱购入生产资料，再用这批生产资料实施新组合，并成功地生产出并卖掉一种价值更高的产品。因为这些生产资料价格的厘定，只参照原先的那些用途，并没有将这种新用途计算在内。这样，在这种情况下，凭借手头有的一笔钱，我可以获得更大的一笔钱。正因如此，也只在这个范围以内，一笔现款通常比一笔将来的款项更值钱。因此，现款——也可能说一笔潜在价值更大的款项——会有价值上的增加，继而会有溢价。解释利息靠的就是这个结论。在发展中，提供和接受信用成为其中的关键所在。在发展中出现的这种现象，经常被人们用"资本的相对稀缺""资本供给落后于需求"一类的话来描述。只有社会的货物流变得富足，利息才变得如此之突出，其影响力才变得无远弗届，到了这个时候，除非花大力气来分析，否则任谁都不会相信，凡有经济的地方，未必都会有利息。

11

我们现在要仔细考察利息的形成过程。照已经得出的结论来看，这意味着我们要仔细考察购买力价格是如何确定的。为此目的，我们首先只考察一种情况，一种我们认为是关乎根本的情况，这就是企业家和资本家之间的交换，这也是前一章得出的结论。随后我们再考察利息现象最重要的那几个分支。

在当前的假设下，只有一类人认为当前的购买力比将来的购买力更值钱，他们就是企业家。按照我们的定义，只有在企业家的需求的推动下，货币市场才会出现有利于现款的结果，在企业家需求的推动下，货币的价格高于面值。

和居于需求端的企业家相对的，是居于供给端的资本家。首先我们假设实施新组合必要的资金出自循环之流，而且不存在信用支付工具的创造。其次，既然我们正在考察的，是没有承继先前发展成果的经济，因此不存在大量的闲置购买力，因为我们已经证明了，大量的闲置购买力只能出自发展。这样，在一定的条件下，有资本家愿意压缩生产，或者节衣缩食，为的是将一笔钱从习惯的用途中抽调出来，转让给企业家。最后，我们仍然假设经济中的货币数量不会以其他任何方式增加，如发现金矿。

交换会在企业家和货币持有者之间展开，这和其他任何交换没什么两样。参与交换的双方，我们都有其明确的需求曲线及供给曲线。企业家的需求曲线是什么样子，要看他用到手的那笔款项，从面临的机会中赚到多少利润。我们也要参照处理其他货物时的惯例，假设这些需求曲线都是连续的，虽说一笔小额贷款，如几块钱、几十块钱，对企业家几无用处，也就是说，凡是有可能出现重要创新的地方，单个需求曲线实际上是不连续的。而当需求曲线过了某个点，换言之，当贷款额超过某个数量，这个数量的贷款，能让这个企业家心目中的全部计划都付诸实施，他的贷款需求就下降得很厉害，有可能变得没有一点需求。但若从需求的总体情况来看，也就是从众多企业家来看，这些事情也就无足轻重了。这样，我们可以假设，货币数量从零到某个实际上限的区间里的每一个数值，企业家心里都能定出一个相应的企业家利润值，就像任何货物的连续单位，每个人在心里都定出相应的价值一样。

我们在第一章说过，每个经济期内的货币存量在常人心目中的价值，取决于一单位货币的主观交换价值。超出惯常存量的那笔钱，也适用于这条原则。由此可以得出各人明确的效用曲线，根据那些众所周知的原理，再由此得出整个货币市场潜在供给的具体曲线[28]。现在来说企业家和潜在货币供应者之间的"讨价还价"。

假设刚开始的时候，有人像股票交易那样，试探性地向货币市场报出购买力的一个价格。根据当前的假设，这个价格应该相当高，因为要挪出这笔款项，出借人的生活和经营安排势必大受影响。假设当前购买力和将来购买力以一年计的交换比率是140。在40%的溢价下，只有那些有把握赚到40%以上利润的企业家，才能提得出有效的贷款需求；其他企业家一律被排除在外。本着"哪怕只是蝇头小利，有的赚总比没的赚好"的原则[29]，这些企业家定会为一定数量的购买力支付这么高的利息。在市场的另一头，当然也会有一些出借人，即使面对如此之高的利息，他们也不为所动。我们再假设另有一些出借人，他们觉得以这样的利息当补偿还蛮划算的，唯一要考虑的是应该借出多少钱。40％的利息只对一定数量的贷款才够补偿，因为不管是谁，挪用当前的购买力总有一个限度，超过这个限度就得不偿失了。但这笔贷款也会达到一个上限，超过这个上限点就会得不偿失，因为只要没到这个上限，那么以40％的利息继续出借仍然有赚头，根据利大利小都要赚的商业原则，没有人会眼睁睁地看着这笔钱而不想赚的。

这样，每当有人向市场报出这样一个"试探性"价格时，供给和需求的情况也就确定下来了。假如供给和需求刚好相等，那么在这个例子中，购买力价格就是40％的利率。但如果在这个利率水平，企业家还有能力消化更多的贷款，那么他们势必相互竞价，这样一来，不断会有企业家被淘汰出局，也不断会有新的出借人入市，直到供需恢复平衡。反过来说，如果在这个利率水平，企业家不能尽数消化掉现有的贷款，那么就轮到出借人相互竞价，这样一来，不断会有出借人被淘汰出局，也不断会有新的企业家入市，直到供需恢复平衡。在交易双方的竞争下，货币市场会形成一个明确的购买力价格，这和其他市场没什么两样。一般说来，交易双方对现款的估价都要高于将来的款项。企业家这样估价，是因为对他来说，手握现款意味着将来有更多的钱；而出借人这样估价，是因为根据假设，现款才能让他的经济事项井然有序，而将来的款项只是增加他的收入。因此，在现实中，一笔现款的价格往往高于面值。

截至这里的讨论结果，都可以用边际理论来表述，这和其他价格决定过程没什么两样。一方面，利息势必等于"最后一位企业家"的利润，这位企业家有把握从实施其计划中得到的利润，刚够付掉这笔利息。如果我们按照企业家有把握赚到的利润的大小，将企业家排成一个队列——适当考虑风险的不同——那么这个队列越往后，企业家的"借款能力"就越低，如果我们假设这个队伍是连续的，那么起码一定有一位企业家，他有把握赚到的利润刚好等于这笔利息，在他前面的企业家有把握赚到多一些的利润，而在他后面的企业家一律被淘汰出货币市场的交易，因为他们有把握赚到的利润不够支付利息。从实际情况来看，这个所谓的"最后一位"或"边际"企业家有可能保有一小笔剩余，但也经常会有一些企业家，这笔剩余实在太小，他们只在当前的利息水平上对购买力有需求，利息再高一点点，他们就无力提出需求了。他们其实就是理论上的边际企业家。这样我们可以说，无论如何，利息势必等于实际能够实现的最少的企业家利润。这个说法和通常的说法没什么两样。

另一方面，利息势必也等于一笔款项在那位最后或边际资本家心目中的价值。只要略作调整，上面关于边际企业家的说法，都可以套用到边际资本家身上。这样就不难知道，利息势必等于这笔款项在最后那位出借人心目中的价值，而后者又等于这笔钱在最后那位企业家心目中的价值。这个结论如何再往前推导，也是很清楚的事——这方面的阐述在经济学文献中并不鲜见。这笔款项在这位最后出借人心目中有多大的价值，要看他所习惯的经济生活在他心目中有多重要；换言之，放贷意味着要有所付出，边际资本家的"边际付出"，等于得自利息的收入增量在他心目中的价值。这样，利息也等于那个边际的、同时也是最大的付出，是出借人为了在给定利率下满足当前的货币需求，必须做出的付出。这个说法就和节欲理论说到一处了。

12

假如工业发展是从循环之流中获得资金，那么利息就只会这样确定下来。但我们注意到，即使借的是专门创造出来的购买力，也就是信用支付工具，人们也支付利息。这就和我们在第二章、第三章提出的结论挂上钩，现在是时候在这里提到这些结论了。我们在那里得出的一个观点是，在资本主义社会，工业发展从根本上说，只凭信用支付工具也能实施起来。我们现在就要用到这个观点。这里要再次提醒一下，现实中的巨大的货币储量是发展的成果，不能作为起初考虑的因素。

引入这个因素后，我们前面对现实的概括，现在要做一些修正，但主体框架还是可以用的。前面说到的货币市场需求端的结论，暂时不受影响。和前面一样，货币市场的需求来自企业家，其间并无任何不同，只是供给端有很大的改变。现在的供给，靠的是另外一套人马。首先是新出现了一种购买力来源，这种来源在性质上不同以往，而且不见于循环之流。其次，供给者也不再是"资本家"，而是另外一些人，也就是我们先前说到的"银行家"，我们还沿用这个说法。在这种情况下，企业家和银行家之间的交换，不仅是利息的来源，也是现代经济中涉及货币的其他交换的典型。

因此，如果我们能发现决定信用支付工具供给的那些条件，我们应该就能把握利息现象的这个基本情况。我们已经知道，信用支付工具的供给受两股力量制约：其一是对企业家有可能失败的顾忌，其二是对信用支付工具有可能贬值的担心。第一条可以不予考虑，因为只要根据经验加上风险补贴就可以了，也就是将风险因素一次性加进"贷款的账面价格"中。举例来说，如果某位银行家凭经验知道，他的贷款会有百分之一的坏账，那么我们得说，要是他从全部良性贷款多收百分之一的利息，他就消除了坏账风险。当然，我们还忽略了另外一个因素，也就是银行家应得的工资，因为他也要参与银行的日常经营。这样，货币市场的供应规模只取决于第二条因素，也就是银行家对新创造购买力和现有购买力间价值缺口的担心程度。我们要证明的是，在货币市场确定购买力的价值及价格的过程中，新创造的购买力也会产生溢价。

在先前研究的情况下，出现负利息也不是完全不可能的事。在那种情况下，假如确有一些人认为，谁能暂时接管他手头的钱，那是在"帮他的忙"，而相比这些人愿意提供的款项，企业家的贷款需求有所不足，这时候就会有负利息的情况发生。但我们在这里不考虑这种情况。要是银行家进项不及出项，那么他就会遭遇亏损；由于他不能全额兑现其负债，他必须想办法填补这个亏空。因此，银行家那里不可能有负利息的情况发生。

利息一般都是正数，因为企业家的购买力需求，在一个重要的方面不同于人们对一般货物的需求。循环之流中的需求，必定总有货物的实际供给予以支持，否则就不算"有效"需求。但企业家的购买力需求并不受到这个条件的约束，这一点和对必要的具体货物的需求不一样。唯一约束企业家的购买力需求的条件是，企业家日后能连本带息归还贷款。这个条件远不及约束货物需求的条件那么严格。哪怕不用付任何利息，企业家也不会对信贷有需求，除非他有把握用这笔钱赚到利润——要是赚不到钱的话，哪来的生产积极性呢？——我们也可以说，企业家的贷款需求只有一个约束条件，或者说只有满足一个条件才是有效需求，这就是他能用这笔贷款赚到利润。

这样就得出了供给和需求的关系。事实上，我们在第二章说过，无论在什么样的经济状况下，可能的新组合从数量上说是无限的。哪怕是再富庶的经济，也没有到好得不能再好的地步，也不可能是这样。进步这件事总有可为，对进步的追求之所以难以施展，不是因为经济已经好得不能再好，而是因为现有的条件跟不上。人类每前进一步，都会有新的前景呈现在眼前。人类每前进一步，反倒离绝对完美的境界更远一步了。这样说来，赚取利润的机会，连同企业家的"潜在贷款需求"，都可以说是无止境的。这样在零利息下，需求无限而供给有限，需求必然总是超出供给。

但若是没有企业家的独特才能，再多的机会也是枉然。到目前为止，我们只知道能够带来利润的新组合在经济中是"有可能实现的"；但即使我们知道，零利息下的购买力需求总是超出供给，我们甚至都不知道，这些新组合是否总会有企业家付诸实施。让我们把这件事再说得透一点，没有发展的经济是现实存在的，这表明有能力也有意愿实施这些新组合的人，有时甚至根本就不存在。从没有发展这件事岂不是可以断定，这些人就算有也是少得可怜，当前供应的购买力不会满足不了他们的需求，反而在尽数满足他们需求后还颇有余裕？如果没人想要购买力，或者想要购买力的人少之又少，那么，根本就没有必要再去创造购买力，信用支付工具的总供给也干脆就不存在[30]。但只要企业家有信贷需求，那么这样的需求就不可能低于零利息下的供应。因为一个企业家的出现会带动一批企业家的出现。我们会在第六章证明，新组合越为人所熟知，它面临的障碍也就越小，创办新企业的技术困难也会变得更小，因为与海外市场的来往、可行的信贷方式诸如此类的有利条件，一经形成就会惠及追随者。因此，成功创办新企业的人越多，当上企业家的困难就越小。经验表明，这个领域的成功和其他任何领域的成功一样，会吸引越来越多的人加入，这样不断会有更多的人参与实施新组合。资本需求本身就会不断催生出新的资本需求。这样一来，货币市场的有效供给数量再大，也总有一个上限，但相比之下，货币市场的有效需求根本就是没有止境的。

这样一来，利息势必就从无到有。一旦有了利息，不少企业家就被淘汰出局，利息上升得越高，被淘汰出局的企业家就越多。因为虽说世上赚取利润的机会层出不穷，但机会有大有小，大多数机会也很有限。虽说货币市场的供给并非一成不变，利息的出现会再次使得供给增加，但是利息必定会一直存在下去。货币市场的讨价还价已然开始，不消说，在各种经济因素的影响下，购买力有了一个明确的价格，其中一定有利息的成分。

13

我们现在要拿利息的基本原理和经验事实做一些对照，因为到目前为止，我们还没有提及任何经验事实。首先我们要逐一列举的是，新创造购买力以外的各种购买力来源，正是它们撑起了货币市场的巨量货币；其次，我们要说明，利息是如何从一个很狭窄的地方扩及整个交换经济的看似无处不在，以至于由利息占据的舞台，看起来远比我们理论所揭示的来得广阔。除非这两个方向所涉及的利息问题都能用我们的观点一一梳理清楚，否则我们就不敢说，我们的问题已经得以解决。

第一项任务应该没什么困难。首先，我们说过，发展的任何一个具体的阶段，都是从继承先前阶段的成果开始的。购买力储备的一部分，可能是资本主义社会之前的交换经济所创造的，因此，经济中总有一些购买力——多少不论——由新企业一直或者暂时支配的。其次，随着资本主义发展的势头起来了，涌向货币市场的可支配购买力之流越来越丰沛。我们要分辨出其中的三条支流。先来看第一条支流。到目前为止，绝大部分企业家利润都沿这条支流进入货币市场，也就是说，企业家利润多用于"投资"。至于企业家是将利润投到自家的企业，还是投到货币市场，从根本上说无关紧要。再来看第二条支流。有些企业家功成身退，或者企业家的后代无意经商，也就不再经营企业，如果这意味着将企业转手套现，那么就会有一笔款项——多少不论——变成闲钱，不像其他钱款总是锁定了用途。再来看第三条、也是最后一条支流。可以说，发展带来的利润不只为企业家独有，也惠及其他一些人，这些靠"发展的余波"获得的利益，多少也会流入货币市场，只不过有直接间接之分罢了。需要指出的是，之所以说这是一种附属的情况，固然是因为这些钱款的存在完全有赖于发展，但不要忘记，这笔钱款会流向货币市场，靠的是有利息这个事实，是因为在那里能够获得利息。获得利息，是这笔钱款的所有者愿意将之提供给货币市场的唯一动机，如果不是因为有利息，这些购买力本来不是被贮藏起来，就是用来买东西消费。

至于货币市场的第二项购买力来源，情况也差不多。我们说过，在一个没有发展的经济中，储蓄的重要性相当有限，而以现代社会储蓄规模来衡量的储蓄，无非出自发展的那些利润中，没有变成收入的那些钱款[31]。传统意义上的储蓄，之所以没有重要到在工业需求中起关键作用的地步，即使在有发展的经济中也是如此，乃是因为出现了一种新型的储蓄，一种"真正"的储蓄，一种在没有发展的经济中不存在的储蓄。一旦人们发现，只要借出一笔钱，他们有把握从中获得一笔持久收入，他们就有了储蓄的动机。仅仅因为储蓄的一笔钱自动增值，这笔钱的边际效用就随之下降，人们在这种情况下的储蓄，有时甚至少于没有收到利息的情况下的储蓄，这种事也不是没有。但在大多数情况下，由于利息的存在，储蓄的钱多了一条出路，人们的储蓄会有显著增加，当然，这不代表说，利息每一次的上涨，一定会引得储蓄增加，更不用说以一定的比例增加了。由此可见，现实中可以观察到的储蓄，一部分要归结为利息的存在；由此会涌出一条"购买力的支流"，最终流进货币市场。

货币市场的第三项购买力来源，是社会的闲钱，闲置的时间可长可短，如果有利息可赚，这些钱款也会投放到货币市场供人借贷。其中就有企业暂时不用的资本。银行将这些闲置资金归拢，然后运用高超的技巧，令每一块钱——哪怕马上就要花出去——都能用于增加货币市场的购买力供应。还一种情况也要放到这里讲。我们说过，信用支付工具不是为了节省金属货币而创造出来的。引入信用支付工具后，金属货币的用量当然会较先前少，因为原来只能借助金属货币完成的交易，现在可以借助信用支付工具完成了。但这些交易只不过是借助信用支付工具而已，假如没有这样的信用支付工具，这些交易也会提出同样的货币需求，因此不存在"节约"货币一说。但我们现在必须认识到，撇开发展引出的信用支付工具不说，单从银行的逐利动机来说，它们也总是希望能生息的购买力多多益善，这样一来，原先借助金属货币完成的一些交易，银行也会想方设法以信用支付工具来取代其中的金属货币。这样，银行靠经营上的技巧，也会创造出一部分信用支付工具，故而会有更多的可支配资金从这个来源产生，最终进入货币市场。

所有这些来源都增加了货币市场的供给，如果不是因为这些来源，利息水平要比现在高出一大截。如果不是因为发展持续创造出实施新组合的机会，利息早就降到零了。但凡到了发展停滞不前的时候，银行家对着这些可支配资金就犯了愁，他们要担心，货币的现价在扣除本金后，还够不够偿付风险补贴及银行家的劳务报酬。这样，尤其在富裕国家的货币市场，银行家创造购买力的特点往往隐而不现，人们很容易形成这样的印象：银行家只是借贷双方的中间人；无论是经济理论，还是银行业经营，都会为这种印象付出代价。从这样的认识出发，再到干脆撇开贷款人借到的钱款，用企业家需要的实物取而代之，乃至于用另外一些人——也就是向企业家转让必要生产资料的那些人——需要的具体货物取而代之，也只是一步之遥。

有必要进一步指出，庞巴维克曾强调过，会有这样一些情况，人们在这些情况下之所以要求也愿意支付利息，只是因为有可能要求和支付利息。银行账户余额就属于这种情况。没有人会认为，将钱存到银行，是他投资闲钱的理想方式。事实上，货币只有在一种情况才会存到银行，即向企业或私人提供购买力是有利可图的。有时即使要为此付出代价，这种情况也会发生。但大多数国家的储户从存款中得到的好处，其实是银行所获利息的一部分。一旦存钱拿利息变得天经地义，那么谁还愿意把钱存在不付息的银行呢？在这种情况下，储户可以说是坐享利息。时至今日，这已经成为经济生活的普遍现象了。既然每一块钱都能生息，那么这一块钱无论派什么用场，都会有溢价。这样，虽说有些人和实施新组合完全沾不上边，但利息还是硬生生地闯进他们的经营中。可以说，人们在用每一块钱时，都要掂量掂量是这样用划算，还是投到货币市场赚利息划算。更有甚者，无论是谁，无论他出于何种理由，只要他需要信贷，由此引发的借贷——国债一类的——势必都能和利息这个根本现象挂上钩。

14

就这样，利息逐渐渗透到经济生活的方方面面，人们到处都能观察到利息现象，如果仅仅从利息的本质来推断，那是无论如何也得不出这样的结论的。因此，正如我们早先指出的那样，时间本身就是一项成本。在我们看来是由利息导致的这个现象，却被通行理论认为是一条根本的事实，由此可知——同时也证明了——我们的理论为何不同于通行的理论。不过，我们的任务离完成还有一步之遥：我们还要解释，为什么除工资以外的各种报酬，最终都要用利息来表示。

现实中只要一提到土地，人们总是认为它是生息的，一提到专利或其他什么货物，人们也总是认为它是产生垄断收益的。哪怕提到的只是一种不持久的报酬，人们也会说它是生息的。譬如，人们会说，用于投机的一笔钱，甚至一件商品，会有多少利息。这些说法岂不是有悖于我们对利息的理解？这些说法岂不是表明利息是来自货物所有权的一种收入，和我们所说的情况完全不是一回事？

美国经济学家特别喜欢用这种方式来表述报酬，首倡者非克拉克教授莫属。他将出自具体生产资料的报酬称为租金，而将出自生产力之持久经济基金——他称之为"资本"——的报酬称为利息。这样一来，利息只是表现报酬的一种特殊形式，不复是国民收入流的独立分支。这个观点虽由费特教授[32]略加变化，却愈发地变本加厉。但在这里，我们最感兴趣的，还是费雪教授在其《利率论》一书中阐发的理论。在费雪教授看来，利息现象的成因很简单，那就是人们会低估将来的欲望满足；最近，他又将他的利息理论概括成一句话："利息是由人性不耐形成的市场价格。"[33]他据此认为，但凡离最终消费还隔着一段时间的货物，都有其利息。在费雪教授看来，一切报酬都能"资本化"，因此都能用利息来表示，这样一来，利息就不是收入流的分支，而是收入流的全部：工资是人力资本的利息，地租是土地资本的利息，其他每一种报酬，都是加工过的资本的利息。任何一种收入都是打过折的产值，而折扣依据的标准，就是人们低估将来欲望满足的程度。显然我们不能接受这个理论，因为在我们看来，作为这个理论根基的人性不耐因素，甚至都不存在。但显然在费雪看来，人性不耐乃是经济的核心因素，任何一种经济现象，差不多都得从中找到答案。

对于这种用利息来表示一切报酬的普遍做法，我们应该如何来理解呢？只要掌握了接下来要说的这个基本原理，就很容易回答这个问题。我们说过，具体货物绝不是资本。在一个发展处于鼎盛阶段的经济中，但凡拥有具体货物，只要变卖掉它们就能获得资本。从这个意义上说，具体货物可以说是"潜在资本"，起码在货主看来是这样的，因为他可以用它们换来资本。但非要从这个角度来看的话，也只有土地和垄断地位[34]符合条件。这么说有两条依据。先看第一条依据。除非在奴隶制下，否则劳动本身显然是非卖品。而从通行理论可以认定，不存在消费品及加工过的生产资料的存货，这样，从原则上说，我们直接又回到土地及垄断地位。再来看第二条依据。只有土地及垄断地位是直接产生收入的。既然资本也是产生报酬的，因此，资本的所有者不会用它来交换不直接产生净报酬的货物，除非货物折价卖给他，这样，他用这些货物能在当前经济期中赚到一笔利润，然后毫发无损地恢复他的资本，但这样一来，货物的卖主势必蒙受损失，除非碰到异常状况，尤其是处于困境——这一点容后再说——否则他是不会干这种吃亏的事的。

这样，在一个有发展的经济中，出售"自然要素"或垄断地位兴许有利可图，因此，自然要素的所有者及垄断者就有理由要比较一下，是保持现状的报酬高，还是将他们的自然要素或垄断地位套现后，得自资本的报酬高。资本家也就有理由要比较一下，是得自资本利息的报酬高，还是用资本购得土地或垄断地位后，从中得到的地租或持久垄断收益高。现在问题是，这些收入来源的价格有多高？没有哪个以赚钱为宗旨的资本家，在一片土地的地租和一笔钱款的利息相同的条件下，会认为这片土地的价值高于这笔钱款。当然，同样的条件下，他也不会认为这片土地的价值不及这笔钱款。如果买这片土地花的钱超过这笔钱款——忽略那些明显的次要因素——那么，这片土地是卖不出去的，没有哪个资本家会干这种吃亏的事。如果买这片土地花的钱低于这笔钱款，那么资本家为了得到这片土地，势必会竞相抬价，一直到它的价格升高到和那笔钱款相当的水平。再从地主那头来说。没有哪个处境正常的地主，在一片土地的地租等于一笔钱款的条件下，愿意以低于这笔钱款的价格卖掉这片土地。但他要索取高于这笔钱款的价格也是痴心妄想，因为真有资本家愿意按这个价格买进的话，那么立刻会有大量的土地涌向这位资本家。这种收入的持久来源的"资本价值"，就这样明白无误地确定下来。虽然实际的成交价格会受到那些人所共知的条件的影响，表现得或高或低，但确定"资本价值"的原则却不受任何影响。

资本化问题的关键在于购买力的利息。其他任何一种持久的收入来源，都要拿来和它做比较，这样——作为利息存在的一项结果——在竞争机制的作用下，这种收入来源的价格就确定在这样一个水平，所有者完全可以将这笔潜在资本的报酬当成真实的利息。这样一来，每一种持久收入事实上都和利息搭上关系，虽然每项持久收入都有利息相伴，但这只是表面现象，持久收入和利息的关系有多紧密，取决于利息水平的高低。而这项持久收入本身并不是利息，这种习惯说法只不过是图省事罢了。这项持久收入并不直接取决于利息，要是利息的本质真能归结为"时间折扣"的话，倒是可以这么说。

我们的结论也可以扩大至不持久的净报酬，比如准租金。不难想象，在自由竞争下，一笔暂时的净报酬也会参照一笔款项来交易，这笔款项，如果在这笔交易达成那一刻起就用于取息的投资，那么，到净报酬消失的那一刻为止，从这项投资累积收到的利息额，将会等于将这笔净报酬出租后累积收到的租金总额。在这种情况下，买主的资本也经常被说成是生息的——所持的理由同于持久报酬的情况——尽管买主已经不再拥有这笔资本，他本人也从资本家变成收租人。我们以一座高炉为例来说明这件事。如果这座高炉既不能带来一笔持久的或者垄断的净报酬，也不能带来一笔暂时的净报酬，而只是循环之流中的一项业务，也就是说——必须忽略租金——不带来任何利润，那么，要是卖掉它，这座高炉的所有者能收回多少钱呢？没有哪个资本家会用他的资本做这样一笔交易。假设这件事不知怎的居然发生了，那么，从交易达成之时起，到高炉报废之日止，买主从这座高炉获得的收入，扣除补偿他付出的资本后，还要有一笔净报酬，数量上要等于他用这笔资本在这段时间里获得的利息，换言之，如果这座高炉不是用于新组合，那么它必须以低于成本的价格才能售出。卖主必须狠下心来亏本甩卖，因为只有这样，买主才能从这次交易中得到一笔等同于利息的利润，否则的话，他就不会买进这座高炉，因为他用这笔资本投资，也能得到同样的利息。

虽说在这些情况下，商人对利息的理解和表达方式都不对，但不对归不对，实际操作起来倒也没多大问题，至于他为什么用这种有缺陷的方式，答案也很明显。因为在现代经济中，利率已经成为支配一切的因素，利息也成为衡量整个经济状况的晴雨表，以至于任何一项经济举措，任何一项经济计划，都必须将利息计算在内。由此而来的一个现象，也是来自久远年代的理论所观察到的现象，就是从特定的角度看，经济中的各种报酬最后势必变得相等。

15

这种现实中常见的图省事的说法——其背后总是隐含着具体货物有利息的意思——显然已经将理论引入歧途。但我现在要证明的是，脱离利息的真实基础而任意扩大这个概念，虽然只是在理论上犯错，但在实践中也会酿出苦果来。

将报酬当成"利息"的观点用于持久报酬，也就是说，将地租及持久垄断收益看成利息，是不会有什么问题的。但若将这个观点用于其他情况下，那问题就来了。还是以前面提到的高炉为例。根据假设，从交易达成之日起，到高炉报废之日止，这位买主从这座高炉获得的收入，在扣除买高炉所用款项后，还有一笔等同于利息的净报酬——我们假设他这笔钱当成收入花掉。假设全部经济条件一律保持不变，当这座高炉宣告报废时，他能建起一座一模一样的高炉[35]，所用的花费也和原来那座高炉分毫不差。如果现在的花费要高于原先的花费，此人就必须从其他地方拿出一笔钱来补充折旧基金，才能付得起重建费用。这样一来，这座高炉就不再给他带来净报酬了。假如这位买主对这些条件看得很清楚，那么，他显然不会用收回的钱去重建这座高炉，而只会将它投向别处。但假如他稀里糊涂的，没看清这些条件，或者误以为这种报酬就像利息一样持久不衰，那么他势必要吃亏，尽管在当初的那笔买卖中，他的卖主很可能吃亏了，而他确实有理由相信自己赚了。这个例子乍看起来会让人摸不着头脑。但我不会再多解释一个字，因为只要读者是一路专注看过来的，那么这件事对他来说应该很清楚。这样的例子在现实中并不鲜见，只要人们习惯地将持久净报酬归于货物，而后者实际上不产生持久净报酬，这样的结果就不可避免。当然，令人失望的结果也有可能是其他失误造成的。如果交了好运，遇上特别有利的环境，这样的失望结果也不一定会出现。但我相信，任何人都能从经验中找到证据，来证明上面说的事情没错。

类似的情况是，净报酬确实存在，但不持久，如一项业务只产生若干期的企业家利润，或暂时垄断收益，或者准租金。如果人们仍然愿意将这些报酬当成利息来看，只要他心里清楚它们只是暂时现象，就不会有什么问题。但一旦他将这些报酬当成利息来理解，就很可能误认为它们和利息一样持久不竭；事实上，有时候完全可以从这样的表述推断出，他们已然犯下这样的错误。这样，他最后一定会发现，结果大出他的意料，而且让他极度不快：利息以不可阻拦的方式减少，甚至骤然消失。碰到这样的事情，商人不是抱怨时运不济、大声疾呼政府保驾护航和设置保护性关税，就是相信自己受到命运不公正的待遇，或者更有理由相信，自己是刚冒出来的竞争的牺牲品。这样的事情俯拾皆是，有力地证明了我们的利息理论。但人们从这样的事情，反而追溯到那个基本的谬误，有了这个先入为主的错误，人们在实践中举措失当，最终吞下失望的苦果，在理论上得出那些我们正在着力批评的利息解释。

我们经常听到有人说，某人名下的企业有30％的"获利"。这里所说的获利，当然不仅仅是利息。大多数情况下，这个结果的得出，不是因为人们将企业家的劳务当成一项开支，故而将为这项劳动支付的款项划归成本。如果不能将这项报酬归结为企业家的劳务，那么它就不可能是持久不衰的。来自商业领域的经验，完全证实从我们的理论得出的这个结论。一家企业凭什么会一直"生息"？商人确实没有认识到，利息这种报酬只是暂时的，明明利息是不断降低的，但他们反而做出完全相反的假设。而有人也是因为相信这种报酬会一直保持下去——或者顶多认识到，报酬的大小也许和上一任所有者有些关系——结果利欲熏心，斥资买下这家企业。这样，他就不自觉地套用利息公式，而不是循着正确的方法来计算报酬。如果他刻板地套用利息公式，也就是依照当前的利率对报酬做"资本化"处理，那么他注定会失败。任何一家企业的报酬皆有尽时；任何一家企业，如果因循守旧、一成不变，那么它很快就会变得无足轻重。

任何一家单独的工业企业，只是工资及地租的持久来源，而不是其他收入的持久来源。最有可能在日常经营中忽视这个事实的人，同时也是最有可能遭遇上述不幸的人，非一般股东莫属。不难想象，会有人发现，股东即便不定期地改变其投资，也有可能从股票分红获得一笔持久净收入，他会用这个所谓的"事实"来反驳我们的利息理论。根据我们的理论，资本家必须将其资本借给一位企业家，过一段时间后必须再借给下一位企业家，因为第一位企业家不可能一直有能力支付利息。既然股东其实只是资金提供者，但他们却从同一家企业获得持久的收入，这样的反驳似乎正中要害。但事实上，股东这个例子——凡是将贷款一直放在某家企业的出借人也是一样——反倒是证明了，我们的理论和现实是多么地吻合。因为这个所谓的"事实"相当可疑。真有基业长青的企业吗？真有能一直分红的企业吗？这样的企业当然也有，但一般来说只有两种情况。其一，是一些即便不可能永久保持，但相信可以长期保持垄断地位的行业，比如铁路业。但投资这些行业的股东得到的，只不过是垄断收益。其二，是有一些企业，虽说这类从骨子里和按计划都一直在从事新业务的企业，表面上看起来是同一企业，但其实只是前后衔接的多个新企业。既然这些企业的目标及领导风格一直在变，所以这件事最本质的地方就在于，才华出众的人总能脱颖而出，走上领导岗位。新利润源源不断而来，要是股东在这种情况下还亏钱，他的霉运肯定不能归结为必然，而只能从他自己身上找原因了。但撇开这两种情况不说，也就是假设某公司只经营一家不具有垄断地位的企业，在这种情况下，能够算得上是持久收入的，最多只有地租，绝不可能再有其他报酬了。经验雄辩地证明了这一点，只不过在现实中，竞争不可能立竿见影般见效，这样，企业在相当一段时间内会一直有剩余。除了上述两种情况，没有哪家公司能像一座取之不尽的金矿那样，源源不断地向股东分红；事实上，任何一家公司很快就会衰落得像开采一空的金矿那样满目疮痍。因此，偿还资本常常假分红之名以行，虽说机器损耗一类的费用总是一分不少地计入折旧科目。无怪乎计提的折旧经常远超机器的实际损耗，许多公司都想方设法将全部资本尽快折旧掉。因为对任何一家公司来说，迟早有一天，它经营的企业本身会变得一文不值，也就是说，这家企业的报酬只够支付成本。所以说，根本没有同一家企业一直会产生利息收入这回事，凡是不相信且按相反的理解来行事的人，要到付出代价的那一刻才会吸取教训。这样，股东收到分红这件事和我们的理论一点也不矛盾，反倒是能证明我们的理论。

16

我们的利息理论能不能在分析统计材料时派大用场，能不能在考察和利息有关的问题时发挥关键作用，尚需时间来证明。但有一点看起来是蛮确定的：在我们的利息理论下，有关货币、信贷及银行经营的诸般事实和纯理论更为贴近了。本书的作者希望在不久的将来能出版另外一本著作，专门介绍这些方面的一些研究成果，其中会讨论许多问题，如黄金储备和利息的关系，货币制度对利息的影响，不同国家在利率上的差异，汇率和利率的关联性。

我们的利息理论当然也能解释，利率是如何随着时间的推移而变化的。相信从这类事实出发，最终也一定可以验证我们的基本观点。如果一般商业领域的利息——俗称"生产性利息"——确实出自企业家利润，那么两者的波动轨迹应该很接近。在短期波动中，情况确实是这样。再将时间拉长一些，我们也许能在新组合的盛衰与利息之间找到某种关联，但这时候，一方面，要考虑的因素实在太多；另一方面，时间拉长到——比如说——十年以上，没有多少事情还能保持不变，证明起来就太过复杂了。在这么长的时间里，什么事都有可能发生：不仅政府会举债，资本会到处迁徙，物价水平会上下波动，还会出现一些更复杂的问题，限于篇幅，我们就不在此逐一列出。

从我们的利息理论，绝不可能推导出那个古老的观点：长期来看，利息势必下降。自古典经济学家以降，许多人都将这个观点奉为圭臬。可以证明，这样一种看起来很显然的印象，大体上要归结为风险因素，因为中世纪的利息大小，只有用风险才能解释得通；扣除风险因素后的真实利息，并没有表现出任何长期的趋势，因此利息的历史数据不仅不会推翻我们的理论，反倒是证实了。

我们已经说得够多了。无论我们的论证有多么不完整，还需要多精确的阐述和修正，相信读者一定会从中找到一些关键因素，有了这些因素，读者就能理解利息现象，这个到目前为止仍属最困难的经济现象。这里我只补充一点：本书只致力于解释利息现象的成因，而无意证明这个现象合不合理。利息和——比如说——利润不一样，它不是对发展所取得成就的奖励，因此不是发展的直接成果。事实上应该说，利息是发展的制动力量——在交换经济中必然的制动力量——是对"企业家利润的课税"。当然仅凭这一点，并不足以指责利息是不义的东西，即使假定经济学应该像有些人认为的那样，要担负起激浊扬清的义务。我们不仅不认同这样的指责，反而肯定利息在经济中所起的作用，就像指挥官在军队中所起的作用一样，而且利息只从企业家手里拿走一部分报酬——如果不是因为有利息，这部分报酬本来也不到他们手上的——要是不计"消费贷款"及"用于消费的生产性贷款"的话，利息并没有拿走本属于其他阶级的任何东西。但这个事实，连同利息现象并非各种经济制度所共有的事实，总是让社会批评家觉得，没有什么比利息这种东西更值得批评的了。因此，我们要郑重地指出，利息只是实施新组合的一种特别方法带来的结果，改变这种方法，远比改变竞争社会的其他基本制度容易得多。

第六章
经济周期

引 言

接下来要研究的危机理论，较之前面阐述的企业家职能、信贷、货币市场、利润及利息等理论，还不能令人满意。顺便说一句，这里的危机一词，准确地说应该是商业波动的一再重现。一种危机理论要称得上令人满意，不仅要全面处理以惊人的速度不断增加的资料，而且要考虑各种按商业条件的不同指标建立起来的理论，以及相互之间的关系，并且能够兼收并蓄。我在这个方向的工作还只是半成品；我向读者承诺的透彻研究尚未兑现[1]，而且依我的工作计划，承诺兑现的那一天恐怕还远着呢。我现在之所以原封不动地沿用这一章，只在表述上略做改动，不仅因为这一章的内容已经在危机考察中占有一席之地，还因为我仍然坚信它是真实可信的；不仅因为我相信，读者从这一章会发现，本书的论点对危机这个主题有着怎样的贡献，还因为这样的贡献切中危机问题的要害。因此，在这一章的基础上，我愿意接受批评意见。

在研究过那些让我有印象的反对意见后，我越发相信我的危机理论是正确的。在这些反对意见中，有两条意见有必要拿出来单独提一提。先看第一条反对意见。有人认为，我的危机理论充其量只是一种"危机心理学"。提出这条反对意见的人，是一位我所景仰的大师级人物，而且意见提得温文尔雅、没有半点火药味，但在我这头来说，我得用更尖锐直观的语言把他的意见重新表述一遍，这样才能让读者明白他的真实意图。"危机心理学"这个词，应该有着不同于"价值心理学"的明确含义，它指的是：我的理论唯一关心的是，在担惊受怕的商业领域轮番上演的大悲大喜的好戏，人们在每一场危机中都注意到这样的情形，尤其是在过去。这样一来，这种危机理论的立论基础，要么只是同时出现或随后出现的现象（比如恐慌、悲观一类的现象），要么更糟糕，是先前的看多趋势、促销狂潮一类的东西。这样的理论空洞无物，这样的观点什么也解释不了。但这些并非我所持的立场。因为我一直在讨论外部行为，硬要说在我的论证中找到了心理学因素的话，除非他认为，他在每一条关于经济事件——甚至是最客观——的命题背后都找到了心理学，但我对商业波动现象——无论是否实际正在发生——的解释，只靠一条客观的因果链条，一条不靠外力而动的链条，这就是，新企业在当前的条件下横空出世所引发的结果，这条因果链条是从第二章解释过的那些事实推导出来的。

再来看由罗伊提出的第二条反对意见。他认为，我的危机理论没能解释，危机为什么有周期性[2]。我不明白他何出此言。要我猜的话，他也许指的是繁荣继之以衰退、衰退之后又是繁荣这个简单的事实。但我的理论解释过这个事实。又或许他指的是周期的实际时间跨度。但没有哪个理论能从数量上给出解释，因为这显然取决于各个危机的具体数据。但我的理论还是对此做过归纳：当新企业的产品经过一段时间上市，这一刻就意味着繁荣的终结、萧条的开始。当创新成果的吸收过程宣告结束，这一刻又意味着新一轮繁荣的开始。

但若依艾米尔·莱德勒的说法[3]，罗伊还另有所指。莱德勒说，我的理论"之所以不令人满意，是因为它根本没打算解释，企业家集中出现这个现象，为什么会周期性出现，需要哪些条件，是不是只要满足这些条件，他们就一定会出现，为什么"。要说我对企业家集中出现的现象解释得不够令人信服，这我认账。但要说我根本没打算来解释这个现象，这就言过其实了，因为在我看来，这个现象，以及由它引发的后续现象，是繁荣的唯一成因，也是我的危机理论的根基所在，我怎么可能不花力气来详加解释呢？至于说企业家出现需要的那些条件，如果不计竞争经济下的一般经济及社会条件的话，我们在第二章已经有过阐述，概括成一句话就是，出现了对私人更有利的新机会，要想企业家出现，就得一直满足这个条件。至于抓住的机会为什么少之又少，这既是因为具有企业家素质的人并不多，也是因为必要的外部条件不是随要随有[4]，此外还要有合适的经济状况，企业家在其中还能大致作出可靠的估算。只要紧扣企业家这个概念所隐含的那些假设，那么，企业家为什么会在这些条件下出现，其中的道理就像利字当前人人踊跃一样直白。

现在要拿我的理论和斯皮托夫的理论[5]作一些比较，他在这个领域的研究，到目前为止算最透彻。需要说明的是，这样的比较没有任何厚此薄彼的意思，纯粹只是为了突出一些观点。非要比一个高下的话，那我得承认，就研究的透彻及完善程度而论，我的理论和斯氏理论的差距，实在不可以道里计。斯皮托夫率先指出，真正要解释的不是危机本身，而是商业为什么像波浪一样上下起伏，这一点我也赞同。我不仅在本章，而且早在第二章就已经提出，经济的交替起落，乃是经济发展在资本主义时代的表现形式，这个概念也得到斯皮托夫的认同。这样，我们也就一致同意，资本主义在何时才算有了充分发展，只能根据这种波动首次明白无误出现的时间来算（按斯氏的说法，这个时间在英格兰始于1821年，在德国始于19世纪40年代）。此外，我们还一致认为，钢铁的消耗量，是用来衡量经济形势最好的指标；具体说来，这个指标是由斯皮托夫发现并制定出来，虽然我本人在这方面没有什么好说的，但因为从我的理论也能得出同样的结论，所以也得到我的赞同。我们还一致认为，这个因果事件的第一环，是用资本购买入的那些生产资料、工厂设施（比如厂房、矿山、轮船、铁路）的建设与制造率先繁荣起来。最后，我们一致同意，繁荣的出现，用斯氏的说法，是因为"有越来越多的资本"投向新企业，而对原料、劳动及设备等的需求，使得繁荣的动力扩及整个市场。对于在此起到重要作用的资本，我们的理解也是一致的。唯一的分歧是，购买力创造在我的论证中起着关键的作用，而在斯氏那里就不是这样了。至此我只要补充一件事，这就是资本投资不是平均分布在各个时间段的，而是间断性集中涌现。这件事显然相当关键，我对此给出了解释，而斯氏却没有。我认同斯氏关于标准周期的说法。

但对于终结繁荣、引来萧条的条件，我们有不同的理解。在斯皮托夫看来，这个条件就是，无论是和现有的资本相比，还是和有效需求相比，资本品都出现过度生产的情况。如果将这句话理解成对现实情况的描述，那么我倒没什么意见。但是，斯氏的理论就此止步，接下来只是一个劲儿地解释，什么样的环境会诱使工厂设施、原材料等的生产者，周期性地生产出市场当时消化不了的产品来；而我的理论力图以本章后面提出的方式来解释这个事情。兹将要点概括如下。我们在第二章确立的一个事实是，新企业一般不是脱胎于老企业，而是在老企业以外新出现的，并通过竞争淘汰老企业，这样一来，新企业集中出现对老企业及原有经济形势的影响，在于使一切条件都为之改变，这样，无论企业还是经济形势，都需要经历一个特殊的适应过程。不过，随着讨论的深入，我们之间的分歧将会缩小。

篇幅过短难免会授人以柄。但为了突出基本观点，我还是尽量删繁就简。出于同样的考虑，我在论证的每一步都标上序号。

1

我们的问题是：我们一直在描述的整个发展，是否像一棵生生不息的树木那样，连续不断地前进？从经验来看，答案是否定的。事实上，经济的运动不是连续而平滑的。逆向运动，遭遇挫折，还有各种各样阻断发展路径的事情，都会发生；经济价值体系也会分崩离析，从而令发展中断。为什么会这样呢？我们在此遇到了一个新问题。

假如让经济偏离发展平滑线路的情况只是罕见的现象，那么，它们是不会让理论家关注有加，也不会构成一个有待研究的问题的。在一个没有发展的经济中，也会有人遭遇不幸进而处于困境，但他的处境没有理由成为理论研究的对象。同样道理，一个国家也有可能遭遇到的一些重大事件，足以毁掉该国的经济发展，但只要这些事件不经常发生，只要它们可以看成是孤立的不幸事件，那么它们也没有理由被当作普遍现象来考察。但我们这里提到的逆向运动及遭遇挫折，却是经常发生的事，经常到让人一下子就想到其中有周期存在的地步。即使在理论上可暂不理会这类现象，但在实践中断无此种可能。

进一步说，假如情况是，在克服了这样的挫折后，先前的发展从被阻断的那一点再度开始，那么遭遇挫折从原则上说也就没那么重要。即使我们不能解释这些干扰事件本身是怎么回事，或者干脆对它们不予理会，我们也可以说，我们已经无一遗漏地考察到发展的诸般基本事实。但情况不是这样的。逆向运动不仅阻断发展，更是终结发展。一大批价值就此消失，经济先行者赖以制定计划的基本条件及各种假设就此改变。经济需要重整旗鼓，才能再度前进，经济的价值体系也需要改组。由此再度兴起的发展，是新一轮发展，而非前一轮发展的简单延续。虽然经验表明，新一轮发展的方向和原来的发展多少有些相近，但经营"计划"的连续性已经被打断[6]。新一轮发展起于不同的条件，部分兴于不同人之手，不少原先产生的希望，连同原先的价值，永远被历史掩埋。被各次挫折所阻断的局部发展，连成一线后同总体发展的大方向相吻合，这种事从经验上讲也不是不可能。但从实践上说，企业家不可能越过中断的阶段，当它不存在那样继续其计划，直到下一轮发展；从理论上说，一个科学的观点也不可能置该阶段于不顾，否则就是脱离现实。

这类独立于甚至在一定程度上明显对立于发展现象的现象，就是接下来要考察的对象。考察伊始，先看几种存在两可的情况。其一，危机是不是一致现象，还在两可之间。我们从经验知道，发展会有不寻常的中断，并将这种中断称为危机，但在没有经验的人看来，它们只不过是同一现象的不同表现形式而已。但将危机看成是一致现象的观点，显然是说不通的。事实上，这种一致性主要体现在，危机对经济及个人都有着相似影响，以及有些特定事件往往在大多数危机中都会出现。但这样的影响以及这样的事件，是和干扰经济的各种各样的外部及内部因素一同出现的，它们并不足以证明危机总是同一种现象。事实上，各种不同的危机，以及引发危机的各种不同原因，是可以分辨出来的。我们没有理由事先假设，除了我们开始提到的那一点，也就是都是阻断前一轮经济发展的事件，危机还有其他共通之处。

其二，无论危机是不是同一现象，危机能不能以纯经济的方式来解释，这也在两可之间。当然，不可否认，危机大体上是经济部门的事。但这绝不意味着，危机是经济本质属性的一部分，要拿危机是不是必然出自有关经济因素的作用这个标准来衡量，甚至可以说危机不能归入任何一种体系。事实上，引发危机的真实原因，很可能是来自纯经济部门以外，即危机是外部干扰作用于经济的结果。危机发生的频率及规律性，都不是危机由经济内生的确凿证据，因为不难想象，具有这两个特点的干扰因素，在生活中也很常见。因此，危机应该只是一个经济自我调节的过程，为的是适应新的条件。

先来看第一个问题，即危机是否是同一现象。如果我们说，凡有巨大干扰的情况都算危机，那么，除了干扰这个共同的事实，危机就再也没有其他共通之处了。我们暂时最好从这个广义的角度来看待危机。这样，经济过程可以分成三类：其一，循环之流的过程。其二，发展的过程。其三，阻止发展不间断进程的过程。这个分类和现实并无出入，在现实经济中，我们能够清楚地区分出这一类或那一类过程。只有更细致的分析才能表明，其中一类是否应该归于另外一类或两类。

干扰并没有共通的属性，这一点也得到了历史上历次危机的证实。这些干扰，在任何地方的经济体身上都出现过，而且在不同的地方以不同的方式出现。它们有时出现在供给端，有时出现在需求端；当它们出现在供给端时，有时又出现在技术生产中，有时又出现在市场或信贷关系中；当它们出现在需求端时，有时表现为需求方向的改变（比如时尚潮流的变迁），有时又表现为消费者购买力的变化。大多数情况下，各行业不会无差别地受到干扰，而是次第受到干扰。危机有时候表现为信用体系的崩盘，这时候资本家就倒大霉了，而另外一些时候，危机又让工人或地主的日子很不好过。企业家也会受到危机的牵连，但情况很不一样。

从各种危机的表现形式里找到共性因素，乍看起来是一件很有希望的事，事实上，正是这个只存在于希望里的因素，让老百姓及理论家坚信，各种危机总是同一现象。但不难看出，那些从表面上得出的外部特征，除了是发展的干扰因素外，它们既不是各个危机所共有，也不是其本质所在。就拿恐慌这个因素来说，这种情况就很明显。虽说较早发生的危机，大多出现过恐慌的情形。但也有光打雷不下雨的时候，也就是说光有恐慌，却没有发生危机。不是危机越大恐慌越严重。最后，与其说恐慌是危机爆发的原因，毋宁说是危机爆发的结果。人们经常用在危机身上的"投机热""过度生产"[7]一类的话，也同样如此。一旦有危机爆发，且让整个经济状况都变了样，那么，危机前尚属正常的投资，危机后大多成了不理性的投机，危机前尚属正常的生产，危机后几乎都成了过度生产。其他一些因素，如个别康采恩的倒闭，各生产部门间的经济关系失衡，生产与消费的脱节，情况也如出一辙：与其说是危机的原因，毋宁说是危机的结果。虽说根据描述危机的文献，一定数量的危机必定重现，但除此之外，各个危机的列举就再也没有一致的地方了，这个事实表明，危机并没有公认的标准。

再来看第二个问题，即危机是否至少都是纯经济现象，换言之，全部的危机，以及危机的全部原因和结果，是否可以从专门用来研究经济的那些因素中得到解释。不难发现，情况并不总是这样的，也不必然是这样的。就拿战争来说，任谁都会同意，战争带来的干扰大到一定程度，会引发危机。但要知道，这种情况不能一概而论。如19世纪爆发的历次大战，大多没有立即引发危机。当然，这种情况也合乎想象。假设有一个孤悬海外的岛国，该国和其他国家贸易往来密切，其经济处于我们所说的发展的鼎盛阶段。但因与敌国起了争端，该国和外界的联系被敌国的坚船利炮所切断。这样一来，该国的进出口完全中断，商品的价格与价值体系变得支离破碎，债务纷纷违约，信用基础陷于崩坏，这些情形不仅合乎想象，在历史上也确曾发生过，出现了这些情形，当然意味着危机来了。但这场危机显然不能从经济上来解释，因为战争分明就是引发这场危机的根源，但战争并非经济因素。这个经济以外的因素引发了这场危机，自然同时也是用来解释后者的原因。这样的外部因素，经常被用来解释危机的成因[8]。其中比较重要的外部因素，当属农业歉收。农业歉收引发危机，这已经是众所周知的事，甚至还由此引申出一整套危机理论。

即使有些因素不是像战争或气候条件那样自外而内地作用于经济，但从纯理论的角度说，这些因素也应该视同外部因素作用的结果，因此原则上说都属偶然情况。举例来说，如果一国政府突然宣布废除保护性关税，这有可能引发一场危机。这样的商业措施自然应该算是经济事件。但谁能说得准这项措施怎么出台的？我们唯一能考察的，只是这项措施产生的后果。在经济规律的角度说，它只不过是来自外部的影响。这样，确有一些危机，它们不属于我们所指的纯经济现象。既然是这样，从纯经济角度说，我们当然无法就其原因归纳出任何东西来。在我们看来，它们只能当作不幸的意外事件而另案处理。

现在问题来了：究竟有没有我们所指的纯经济危机，这类危机不像我们刚刚所举的那些例子，它们不是由外部因素所引发的？事实上，若说危机总是由外部因素引发，作为一种观点来讲是合乎想象的，也确实有人持这样的观点。实话说，这个观点貌似还相当有道理呢。假如这个观点站得住脚，那么就不会有关于危机的真正的经济理论，我们能够做的事情，就只有确立这些事实，最多也只能根据危机的外部原因而将其归类。

在回答这个问题之前，我们先要排除一类特殊的危机。设有甲乙两个国家，其中甲国的工业靠乙国提供资本。假如乙国有一波繁荣兴起，这样一来，资本现在投在本国，就要比它之前投在甲国更为有利，结果，乙国势必将从甲国抽回先前的投资。假如乙国投资者抽资的事做得不仅急不可待，而且也不顾他人死活，那么一定会在甲国引起一场危机。这个例子表明，一个经济区的纯经济原因，有可能在另一个经济区引发一场危机。这个现象发生得很频繁，也很普遍。很显然，这个现象不仅会发生在两个国家之间，也会发生在一个国家的不同地区之间，在特定的条件下，甚至会发生在同一地区的不同产业部门之间。这样，一个地区爆发的危机，经常会波及其他地区。现在的问题是，这样的现象究竟是不是我们一直在找的纯经济危机呢？回答是否定的。对任何划定范围的经济体来说，其他地区的经济条件都只是既有的数据，在解释前者内部的现象时，只能起到非经济因素所能起的作用。对有待研究的那个经济体来说，它们是一些偶然因素，试图在这样的危机中找出普遍规律来，注定徒劳无功。

最后，在剔除引发危机的一切外部原因之后，我们发现还有另外一些因素，虽说它们也是纯经济的，也就是说，这些因素只从经济内部产生的，但它们并不代表一类新型的理论问题。每一项新组合——用我们先前用到的术语——都有失败的风险。虽说工业的各个部门同时出现致命错误的情况相当罕见，但如果不幸真的发生了，并且这个工业相当重要，那么，一场危机的主要症状就会随之出现。但是，这类事件都是些无妄之灾，只有逐一找出发生的原因才对，它们并不是经济所固有的，因为它们不是从经济的任何根本因素上产生的结果。

要是我们好好琢磨一下这份列出可能引发干扰的各项原因的清单，并且像前面所做的那样，将各项原因逐一划掉，那么我们肯定会怀疑，这个清单最后还能剩下些什么？如果因为外部或内部偶然因素的作用，经济内部一切重要的事情都走样了，那么，我们对危机的因果关系还有什么好说的。从历史经验得出的结论，一定不会和这个理论起冲突。因为历史上的历次危机，几乎都有如此之多的"意外事件"，谁要是把它们当成引发这些危机的罪魁祸首，绝不会让人诧异，找寻危机的更普遍、更基本的原因的必要性，并不像有些人相信的那么明显。暂时可以说，无论我们怎么回答这个问题，历史上发生的重大危机，大多更适合从个别情况来解释发生的原因，而不是用可以归入普遍理论——如果真有这样的理论的话——的因素来解释，这样的因素，充其量只能指望对实发危机的诊断或补救政策有所贡献。任何正在发生的危机，如果在商人眼里几乎是由有关特殊环境所引发的，那也不能说他们的看法完全不对。"经验主义者"反对任何没有依据地创建普遍危机理论的做法，也不能说完全不对——虽然说，我们这里需要的，不是一味地反对，而是明确区分两种截然不同的任务。

能否解决我们的问题，且同时将问题转换到另一个基础上[9]，关键在于能否发现，总有这样一类危机，在资本主义以来所发生的危机（也就是繁荣与衰退交替出现的波动，这样的波动已经遍及资本主义经济生活的方方面面）中，此类危机乃是根本所在，或者即使不能说是必然事件，但怎么说也是有规律的事件。这样，在可用来解释发展遭遇挫折或中断的五花八门的事件中，这种现象就脱颖而出。经济生活的这一类大起大落，才是我们致力于解释的东西。一旦我们把握住这个问题，出于理论分析的需要，我们不仅有理由而且也必须假设，工业面临的其他干扰，无论来自内部还是外部，一概都不存在，这样才能凸显出我们的危机理论唯一感兴趣的那个问题。不过，在做这样的假设时，一定要切记两件事：其一，我们不考虑这些因素，不是因为它们不够重要；其二，假如我们的理论只囿于那个问题所限定的狭小范围，那么，比起那些研究范围更宽广、旨在让人全面理解危机的真实情况的理论，我们的理论还有什么可说道的地方呢？

至此，我们可以将那个问题概括如下：为什么我们所指的经济发展，不能像一棵生生不息的大树那样均匀地前进，而是像在一条崎岖的路上那样跳跃式前进？为什么它像波浪一样起起落落？

2

答案可以用一句话来概括：唯一的原因是，从概率的一般原理可以推断出，随着时间的推移，新组合不是以均匀的方式出现——具体来说就是，可以将时间按照一定的跨度分成若干等份，在每一个时间间隔内，会有一个新组合得以实施——而是以不连续的、集中的方式出现。

（a）我们先要对这个回答稍加解释；（b）其次要解释为什么实现新组合是集中出现的；（c）最后要分析这件事的后果，以及由此引发的因果反应的过程（本章第三节）。在第三步会遇到一个新问题，不解决这个问题的话，我们的理论就不敢说是完整的。尽管我们认同尤格拉的说法，即萧条的唯一原因是繁荣——这句话其实指的是，萧条只不过是经济对繁荣的反作用，或者说是适应繁荣带来的新形势。因此，他对萧条的解释，归根结底还是对繁荣的解释——但是，繁荣引起衰退的方式，毕竟和繁荣本身是两回事，眼尖的读者立刻会发现，这正是我和斯皮托夫的分歧所在。读者很快还会看到，无须借助任何新的事实或理论工具，我们的理论就能轻松回答这个问题。

（a）假如我们所指的新企业是各自独立出现的，那么，以特殊的、清晰可辨的、让人瞩目的、稳定重现的这些标准来衡量，繁荣及萧条的现象并不存在。因为这样一来，新企业基本上是连续出现的，而且是随着时间的推移而均匀地出现的，它们不会给循环之流带来太大的变化，干扰最多只是在局部肆虐，即使扩散到整个经济，也很快就风平浪静了。既然循环之流不会有太大的波动，增长也就根本不会受到干扰。值得一提的是，但凡危机理论，尤其是各种失衡理论，只要认定某个因素是引发危机的原因，都会遇到这个问题。如果这种理论解释不了，为什么这种原因——无论它是什么——不可能连续、均匀地出现，这样，由它引发的后果连续地被整个经济迅速吸收掉，那么，这种理论就绝不能说，它已经把危机现象解释通了[10]。

就算新企业真是这样出现的，那也还有年景的好坏之分。黄金产量增加，或者其他形式的通货膨胀，会促进经济增长；而通货紧缩则阻碍经济增长；各种政治事件、社会事件及经济法规，都会施加这样或那样的影响。就拿世界大战来说，出了这样的大事，经济被迫调节到战时状态，战后还要偿还大量的战争贷款，一切经济关系备受干扰，城乡满目疮痍，社会动荡不定，各大市场零落凄凉，一切都不同以往，这一切都在告诉人们，危机和萧条是什么样子的，哪怕从来没听说过危机的人，此时都会有切肤之痛。但这些都不是我们这里要考虑的繁荣和萧条。因为这样的事件都不会定期出现，更不会必然出现，因为它们不是出自经济内在的作用机制，而只能用特殊的外部原因来解释，这一点我们已经强调得够充分了。还有一种有利因素尤其值得一提，它总是能促进繁荣，甚至在某种程度上用来解释繁荣，这就是每一个萧条期所引发的事态。这样的事态已经是众所周知的事：大量劳动人口处于失业状态，原材料、机器、厂房大量积压或闲置，乃至被低价甩卖，利率往往低得离谱。事实上，几乎针对危机现象的每一项研究，比如斯皮托夫的研究以及米切尔的研究，多少都拿这些情况来说事。但很显然，我们切不可用现象的结果来解释现象本身，否则的话，我们就会陷入繁荣来自萧条、萧条来自繁荣这样的循环论证之中。既然我们在这里只关心危机的根源，而无意逐条陈述实际作用于繁荣或危机的各种因素（如农业收成[11]、战争谣言），那么我们就应该根本别去理会那些因素。

新企业集中出现造成的这种影响，因三种情况的存在有所增强，但后者并非引发危机的真正原因。先看第一种情况。根据第二章提出的理论，我们有理由认为，大多数新组合不是脱胎于老企业，也不会立即取代老企业，而是和老企业共存和竞争一段日子，这一点也得到经验的证实。按照我们的危机理论，虽说这种情况在解释经济波动的幅度时非常有用，但它既不是新的因素，也不是独立起作用的因素，更不是决定繁荣和萧条的关键因素。

再来看第二种情况。企业家需求的集中出现，意味着整个经济部门的购买力会有大幅的增加。由此引发次一波繁荣，并遍及经济的方方面面，带来了普遍繁荣的景象——这种现象只能从这个方面才能完全说得通，否则很难说得通。只有因为大笔的新购买力从企业家手里流出，流到实物生产资料所有者的手里，流到用于"再生产消费"的货物（斯皮托夫语）的生产者手里，流到工人手里，然后逐渐渗透到整个经济渠道，当前的全部消费品最后才以越来越高的价格出售。这样，零售商不断地扩大订单，制造商不断地扩大生产，为达此目的，原先质次的生产资料，甚至弃而不用的生产资料，现在越来越多地得到利用。只是因为这一点，随便哪里的生产和贸易都暂时获利，这和在通货膨胀期间——譬如说一国靠发行纸币来筹集战争经费——的情况一样。许多东西能浮出水面，靠的是借"次一波浪潮"的势头，它们像无根的浮萍，本身没有来自真正推动力量的任何新的或直接的动力。最后，投机的预期成为举足轻重的原因。在投机的推动下，繁荣的征兆最终成为繁荣的成因，这件事的来龙去脉已经为人所熟知。谁要是想构建商业指数理论，或者想从整体上来理解商业形势，这倒是最重要的因素。但依我们的想法，只有繁荣主浪和次浪间的区别才事关紧要，并且只要知道后者来源于前者，知道在一个根据我们的原理精心构建出来的理论中，我们在周期运动中观察到的一切现象都能找到它的位置，这就足够了。但在现在这样一个阐述中，这些现象暂时还得不到它们应有的待遇，这不免让人得出它脱离现实的错误印象[12]。

再来看第三种情况。从我们的论证可以推断出，在繁荣起初阶段以及整个萧条阶段，失误很可能起着不可小视的作用。事实上，大多数危机多少都拿这个因素来说事。但一般说来，失误再怎么发生，也达不到成为一个因素所必要的程度。但凡一个头脑清醒的人，多少总会先仔细考察各种事实，再视结果来决定是否开始生产。虽说严重的误判足以毁掉一家企业，但毁掉一个行业的情况应该说少之又少，更不用说毁掉一国的经济了。人们怎么就犯下这样普遍的失误，以致影响到整个经济，而且事实上已经不是萧条的一项后果，而是成为引发萧条的独立原因，这又作何解释呢？一旦其他原因引起萧条，许多原先相当合理的计划，现在就变得前景不妙，原先可以轻易补救的错误，现在就变得一发而不可收拾。最初的失误才是要特别加以解释的，否则其他的一切都说不通。我们的理论可以给出解释。如果繁荣阶段表现出来的特点，不仅仅是经济活动本身变得更加活跃，而是新组合以及从未尝试过的组合的实施更加频繁，那么，就像第二章提到的那样，我们立刻就知道，失误很可能在那里起着特殊的作用，从本质上不同于它在循环之流中所起的作用。但这里不会冒出什么"失误理论"。刚好相反，为了避免让人有这样的印象，我们要将这个因素放到一边不予理会。事实上，失误只是一个被夸大了的辅助因素，并不是理解危机原理的根本原因。即使没有人做到任何在他看来是"错误"的事情，即使没有技术或商业上的"失误"，没有"投机热"，没有莫名其妙的乐观或悲观，经济仍会出现周期性波动，只不过幅度要小一些罢了。繁荣一定会创造出某种客观形势，只有在这种形势下，失误这件事才能从根本上说得通[13]。这一点容后再说。

（b）为什么企业家是集中出现，而不是连续出现，也就是说，在适当选定的每个时间间隔内一个接一个地出现？唯一的解释是，一个或若干企业家的出现，会促进其他企业家的出现，后者又促进更多企业家的出现，如此这般，使得越来越多的企业家出现。

第一，这表明，根据我们在第二章列举的那些理由，实施新组合是一件困难的事，只有那些天赋异禀的人才能做得到，这样的例子，在早期的经济以及几乎没有发展的经济——也就是发展后的停滞阶段——中比比皆是。只有少数人具备领导才能，只有少数人有这样的机会——这样的机会本身不是繁荣——成功地向这个方向迈进。但是，如果一个或若干企业家已经取得了成功，许多困难也就随之消失。这样一来，其他人将会追随这些先行者，因为他们看到了成功的希望。他们的成功进一步扫清第二章分析过的那些障碍，这样，更多的人更容易加入这个行列，如此这般，直到最后，这项新组合已经是人所共知的事，接不接受只凭个人的好恶。

第二，既然我们已经知道，企业家的素质和其他素质一样，在同一种族的分布服从误差定律，这样，随着企业家素质的不断降低，具备这种素质的人倒是会越来越多。因此，撇开例外情况不说——比如少数欧洲人置身于黑人之中——随着任务越来越轻松，越来越多的人能够也愿意成为企业家，难怪一个企业家横空出世后，追随他的远不止是一批企业家，而是越来越多的企业家，只不过他们越来越不称职而已。实际情况就是这个样子，我们只对与之有关的证据做出解释。凡是仍然存在竞争且有大量单干户的行业，我们首先会发现一个新组合的出现——主要出现在专门创造出来的企业中——继而发现，现有企业纷纷掌握这个新组合，先是若干企业掌握，然后不断有更多企业掌握，只不过速度上有快也有慢，效果上有得其神者，也有得其形者。我们前面已经将这个现象和企业家利润消失的过程挂起钩来。现在等于将这两者的关系又琢磨了一遍，只不过角度和前面不一样[14]。

第三，这就解释了，为什么企业家集中出现，而且直到企业家利润消失的那一刻为止，企业家利润也是从先行者出现的那个产业部分开始消失的。事实表明，每一次正常的繁荣都起自某个或若干产业（比如铁路建设、电气产业、化工产业），繁荣的特点，取决于诞生新组合的那个产业。虽说先行者为追随者直接清除了前者所在产业的障碍，但由于这些障碍的共性特点，事实上也一并清除了其他产业的障碍。对追随者来说，许多事情照搬照抄就好了；但反过来说，先行者定下的范例也成为追随者行事的标准。先行者取得的许多成就，比如打开国外市场，都可以直接为其他产业所用，更别说那些很快就出现的次要因素，比如不断上涨的价格。因此，先行者的影响力并不局限于他的一亩三分地，这样，更多的企业家集中出现，经济被带入技术及商业改组过程，要比在没有他们的情况下来得更快、更彻底。

第四，有关各方对发展的来龙去脉越发熟悉，只剩下得失方面的事要计较，各种障碍在岁月的侵蚀下变得越来越脆弱，这样，创新需要的"领导才能"也就越来越淡薄。因此，企业家集中出现的现象也就越来越不明显，周期性波动的幅度也越来越弱。很明显，由我们的理论得出的这个结论，同样得到现实的有力证明。经济的集团化比重越来越高，也在这件事上推波助澜，只不过就算是当今的大集团，其销售业绩及金融需求也还是要看市场的脸色——也就是在很大程度上取决于竞争状况——这样，它们也不能随意将创新，尤其是与创新有关的建设延后至萧条阶段，以收逢低吸纳之利，最多只能偶一为之。但只要它们这样做了，这个因素就证实了我们的理论。

第五，繁荣阶段的基本特征，很容易用新组合的集中出现来解释，也只有用它来解释才说得通。比如为什么说，资本投资的不断增加，是繁荣即将到来的第一个征兆；再如，为什么生产资料的生产部门最先表现出不同寻常的激动景象，最主要的，为什么钢铁的消耗量在不断增加。繁荣阶段具有的一些现象，比如新购买力的出现[15]以及价格上涨，只有从这个角度才解释得通，因就拿价格的上涨来说，单从需求的增加或成本的上涨来解释是很牵强的。此外，失业率下降、工资上涨[16]、利率上升、运费上涨，银行存款及储备不断吃紧等现象，以及我们说过的，次一波繁荣浪潮的涌现，也就是繁荣传遍经济的方方面面，都能从新组合的集中出现这件事中找到解释。

3

（c）企业家的集中出现是繁荣的唯一原因，它会像疾风暴雨一样干扰经济的平衡，而假如他们只是连续均匀出现的话，那么只会带来和风细雨、润物无声式的干扰，这样的干扰，能被经济逐步吸收掉；而企业家集中出现对经济的干扰，需要有一个独特而明显不同的吸收过程，才能使经济适应这些新事物，才能使得新事物完全融入其中，这是一个清偿的过程，或者用我属意的表述方式，是迈向新常态的过程。这个过程正是周期性萧条的本质所在。这样，我们对萧条的定义就是：萧条就是经济力图实现新均衡，是经济自我调节以适应改变了的数据，至于这些数据为什么会改变，那是因为繁荣引发的干扰。

有人说，由于单个企业家只关心自己的企业如何成功，无暇顾及还有一大批企业家跟在后面，所以他的好日子很快就会到头。这当然是事实。还有人说，在单个企业看来合理的做法，在被众多企业模仿后，由此产生的普遍效应会将这种做法的好处洗劫一空。这也是事实。我们曾经解释过，为什么生产者虽说都在追求一己的利润最大化，殊不知已经启动了消除经济中剩余价值的机制，早在那时，我们就已经认识到这件事的最重要的例子。在这里情况也一样，个人看起来合理的事，在众人的争相效仿下，就变得不那么合理了，而且这个因素确实也在大多数危机中起到作用，因为即使这个企业家早就知道会有一批追随者跟在后面，后者不可能让他措手不及，他也不可能准确地预测到追随者的人数以及跟进的快慢。但是，繁荣引发干扰的关键，并不在于这些情况，并不在于企业家受到影响，对实施新组合变得悲观起来[17]，而在于以下三个因素。

先来看第一个因素。这个新出现的企业家，拿着别人为他新创造的购买力，提出他对生产资料的需求，套用莱德勒著名的说法就是"追逐生产资料"，由此推高了这些生产资料的价格。现实情况稍有不同，因为至少有些新企业不是新创办的，而是脱胎于老企业，而且老企业虽说赚不到利润，但还有一些准租金可赚，这在一定程度上削弱了推高生产资料价格的势头。但为了能够彻底揭示这件事的本质，我们最好做几个假设：所有的新组合都仅由新创办企业来实施，这些企业的资金都仅由新创造的购买力提供，新老企业会共存一段时间，老企业严格属于循环之流，怎么经营都没有利润，一旦成本开始上涨，它们就只能亏本生产。这些假设和现实当然有出入，但没有人们想象的那么严重。事实上，人们被笼罩在繁荣阶段的乐观情绪蒙住了眼睛，看不透一个实情：一旦繁荣启动，只要繁荣仅仅表现为需求的增加，繁荣带给许多生产者的只有不幸，只不过轮到他们的产品涨价，他们的日子会好过一些。我们在第二章说过，这样的不幸，是生产资料从老企业腾出来用于新用途这件事的表现形式之一。

再来看第二个因素。新产品在若干年后面世，直接和老产品竞争；先前创造的购买力所欠的商品，现在进入循环之流，而且理论上补偿缺口后犹有余裕。和上面一样，现实情况也稍有不同，不仅是因为前一节提到的那些原因，还因为有些投资距产品生产出来会有相当长一段时间，使得补偿的事只能慢慢来。但这些因素并不影响补偿这件事的本质。繁荣开始后，只要消费者是喜新厌旧的，那么老企业就该倒霉了：先是成本上涨，随后收入减少；首先倒霉的，是那些和新组合正面交锋的老企业，随后是其他老企业，谁都躲不了。虽然也有一些老企业从新组合获利，但这属于次要的情况，可以不予理会；另一些老企业还有准租金收入，所以亏本经营的情况要略微缓解一些，但这也只是暂时的事。亏本经营的老企业之所以还没有一下子倒闭，只是因为它们根基还算牢靠，看起来还值得贷款。既然老企业没有一下子都倒掉，新企业想成功也就没那么容易。事实上——这个事实和我们的理论若合符节——繁荣起初绝不是全面开花，而是先集中在一个到若干个产业，而不关其他产业的事，随后才逐渐影响到后者，无论是影响的方式还是力度，都不能和前一种情况相提并论，这样，老企业倒闭的情况有所缓解。既然企业家是集中出现，那么新产品也应该是如此，因为企业家做的事情大致相同，所以产品也差不多同时上市。这些新产品从投产到面世必须花费的平均时间[18]——当然也取决于其他不少因素——从根本上解释了繁荣持续的时间。这些新产品的上市，会使得价格为之下跌[19]，一手终结繁荣。虽说这种情况是否带来危机还在两可之间，但不可避免地引发萧条，以及随萧条而来的其他各种现象。

再来看第三个因素。新企业的出现还会导致信用紧缩，因为企业家现在有能力也有意愿偿还债务了，而且，由于此时没有其他的人举债，他们留下的空缺无人填补，这样，用来补偿的新产品上市之日，就是新近创造购买力消失之时，而这批产品随后按照循环之流的方式重复生产。这个命题要小心处理。首先一点是，同样是信用紧缩，但这里的情况必须和另外两种情况区分开来。新产品面世的结果一定是信用紧缩，无论是以繁荣阶段的价格水平来衡量，还是理论上以前一个萧条阶段的价格来衡量，结果都是这样，即使在企业家偿还负债的过程中，支付工具一分钱也不少，结果也是这样。因为在正常情况下，新产品的总价款显然一定超出这笔欠债的款项。其他的债务清偿也有同样的效果，只不过规模略小一些。但我们这里只考虑债务减少的影响。正在发生的或被银行界预见到的萧条阶段，都会有信用紧缩的现象发生，因为无论是哪一种情况，银行都会主动限贷。虽说这个因素在现实中相当重要，经常会引起真正的危机，但只是从属的因素，而不是危机这个现象所固有的。我们在这里也不考虑这个因素，虽然我们既不否认实有其事，也不否认它所起的作用，但我们不认为它在这件事的因果链条上会起到主要作用[20]。这样，我们还要做两个抽象处理，为了排除那些虽然具有重要现实意义但在这里影响不大的因素，从而凸显出这里的根本因素。首先，我们忽略这样一个事实：在为生产新产品所做投资的折旧中，新产品的价值只占到很小的比例，这样，在繁荣阶段的全部支出中，只有一部分，而且大多数情况下只有一小部分，是在新企业开始生产的时候，以新产品的形式出现在市场上，这样一来，新创造的购买力只会逐渐退出流通，不过，除此之外还有一个原因，就是下一波繁荣到来，货币市场又涌进更多找贷款的人。事实上，储蓄也会吸收一部分新购买力，但对信用紧缩没什么影响。可是，不少州政府、市政府及农业抵押银行纷纷出手，填补企业家在货币市场留下的空缺，那就对信用紧缩构成影响。撇开企业家的欠债只是逐渐消失这一点不说，我们也要记住，在一个连循环之流都有利息的经济中，信贷有可能一直留在流通之中，只要与之对应的产品年复一年地反复生产，这正是缓和信用紧缩势头的第二个因素。尽管如此，信用紧缩的势头仍然还在，成功的企业总归要偿还负债，这样，虽说程度上已经大为缓和，但客观情况的内在逻辑决定了，该来的总归是要来的，只要繁荣达到一定的程度，信用紧缩总是会自行出现的。这个理论，连同"在发展过程中，价格水平长期看跌"这个推论，事实上都得到了19世纪物价统计数据的证实。19世纪有两个阶段未曾受到货币领域重大变化的影响：其一，是从拿破仑战争到加州金矿大发现这个阶段，其二，是从1873年到1895年这个阶段。这两个阶段所表现出来的两个特征，都能从我们的理论中推导出来：第一，每一个阶段性谷底，都比前一个谷底还要低；第二，物价曲线在剔除周期性波动后，呈现出下降的趋势。

最后，我们还要解释，其他在找贷款的企业家，为什么没有总是填补企业家还债后留下的空缺。这里面有两个根本原因，在这两个原因以外，还有一些现实原因，不过，这些原因要么可以说是前者的结果，要么可以说是一些次要的或辅助的原因。先看第一个原因。假如率先出现繁荣的那个产业取得成功，受到激励，大量的新企业涌现出来，以致在繁荣的鼎盛阶段，它们生产出来的产品数量之多，令价格下跌、成本上涨——即便这个产业遵循所谓的报酬递增规律，这种情况也会发生——结果是企业家利润消失，这样一来，谁还想继续往里面砸钱呢？但事实上，即使在竞争激烈的社会，利润也不会被挤得一点不剩，总有一些利润会侥幸得存，也总有一些企业会立刻出现亏损。其他产业还会有多少企业家涌现，发展的次一波浪潮引出的现象还能走多远，也都可以依此类推。一旦这两种情况都见顶了，也就意味着这波繁荣的动力已经消耗殆尽。

繁荣不会一直延续下去的第二个原因是：企业家群体的各种举措不仅在于创业，也改变了经济的数据，打破了经济的均衡状态，使得经济开启了一段明显不规则的运动，在我们看来，这其实是经济在竭力实现新一轮的均衡。在这种情况下，正常的企业都很难做出正确的估算，更不用说新企业对将来的筹划了。在现实中，只有后一个原因，也就是兴于繁荣的企业家带来的不确定性，随时都可以直接观察到；而前一个原因总的来说只会在个别点上亮亮相。但这两个原因又都会被如下三个因素所掩盖。第一个因素是，因许多人预期将来而引发的现象。所谓"春江水暖鸭先知"，总有一些人提前感知到日子开始紧起来了，如银行里的人，或者提前感知到成本及其他要素价格涨起来了；如一些老企业里的人，并据此做出应对——虽说事后来看大多为时已晚，但当时也得做出反应，只是已经惶惶不可终日，尤其是那些境况不佳的企业。第二个因素是偶然事件，偶然事件随时都有，但只有那些原来没有，只是因为繁荣引起的不确定性带来的偶然事件，才值得一提。这样一来我们就明白了，为什么几乎在每一次危机中，都有人将危机的成因归结为一些偶然事件，如不利的政治谣言，为什么这些偶然事件事实上经常成为危机的推手。第三个因素是外部力量的干预，其中最厉害的干预手段，当属中央银行有意识地收紧货币供应。

4

如果读者通盘考虑一下我们说过的东西，并用任何实际素材或任何危机理论或经济周期理论的论点来验证之，他一定会理解，（我们刚解释过的）繁荣是如何从自身创造出一个客观形势，即使忽略一切从属因素及偶然因素，这样的客观形势也会终结繁荣，轻而易举地引起一场危机，必然地引来萧条阶段，继而使经济达到暂时的相对稳定而停滞的状态。我们可以将萧条本身称为"正常"的吸收及清偿过程；将危机爆发特有的一些事件——如恐慌、信用体系的崩盘、破产风潮以及进一步的后果——称为"异常"的清偿过程。为了确保论证的完整性，也为了强调某些观点，我们对这个清偿过程还要多说几句，但只限于正常的清偿，因为异常的清偿不涉及那些根本问题。

搞明白前面说的事，就能容易地理解萧条阶段的主要及次要特征，现在看起来，萧条阶段只是一条因果链条上的几个环节。繁荣本身必然导致不少企业亏本经营，使得物价在剔除信用紧缩因素后也会下跌，除此之外，还通过收紧信贷而导致信用紧缩——随着事态的发展，这些现象都还会出现次一波增加的情况。此外，资本投资[21]及企业家活动的减少，生产资料的生产部门出现的停滞，斯皮托夫指数（钢铁消耗量）及类似的指数，如美国钢铁公司未履约订单，所有这一切也都好理解了。随着生产资料需求的减少，利率——剔除风险系数后的利率——及就业率也都降低。随着货币收入的减少——自然要归咎于信用紧缩，即使破产等原因会使得信用需求增加，情况也是这样——对其他商品的需求最终也都减少，这种情况随后遍及经济的方方面面。这就是萧条的全貌。

　　但有两个原因的存在，使得这些特点实际出现的先后次序，和它们在因果链条中的位置对不上号。第一个原因是，这些特点不仅大家都在预测，而且预测得五花八门，在职业投机色彩很重的市场尤其如此。这样，在经济的实际转折点出现很久以前，股票市场早早地就出现投机性危机，接着克服这些危机，为下一轮上涨腾出空间，但不管如何波动，仍然属于同一波繁荣（如1873年和1907年）。但还有比这重要得多的另外一个原因。在现实中，一种产品的价格上涨，往往预示着它的成本也要跟涨，但不能说前者是后者的原因，这里的情况也一样。根据危机现象的内在逻辑得出来的那些特点，如刚刚提到的资本投资的减少，企业家开始沉寂下来，生产资料的生产部门停滞不前，有可能在繁荣达到顶峰前就出现了，但这不代表情况必定如此。事实上，如果这些征兆确实有规律地出现在繁荣终结之前，那是因为，它们受到某些因素的影响，对于即将到来的东西，这是因素预测得相对更快一些。第二个原因是，在各种情况的作用下，次要因素在实际进程中常常比主要因素更为突出。比如，出借人焦虑的心情会以利率上升的形式表现出来，只有在萧条阶段的后期，这样的结果才会出现，若依事物的本性，这样的结果在正常情况下，本来很早就会出现。劳动力需求减少，应该算是经济转向的一个早期征兆。工资在繁荣阶段不会立刻上涨，因为还有失业工人这个因素在拖后腿；同样道理，在萧条阶段，工资及就业率也不会像人们想象的那样迅速下跌，因为还有一些众所周知的因素在托盘。商人们总是想方设法阻止价格下跌，凡在竞争不尽"充分自由"的地方——现实中还真没有充分自由竞争的地方——但凡银行伸出援手的时候，他们的抵抗还能暂时奏效，这样一来，价格水平的最高点通常要滞后于经济的转折点。逐一将这些事情弄明白，本来应该是研究危机的一项根本任务。但是，既然这些事情和我们在前面提及的类似现象——这些现象被用来反驳价格理论——一样，都不会改变危机现象的本质，那么我们在这里提一提就行了，无须进一步证明。

萧条阶段的事态表现出来的不确定、不规则的情形，按照我们的理解，是经济寻找新的均衡位置的结果，或者说是适应新的总体形势的结果，这种新的总体形势，是原来的形势经过骤然而可观的变化而来的。事态为什么表现得不确定及不规则，这很好理解。任何一家企业的常规数据，都已经变得面目全非。但无论是变化的程度，还是变化的特性，都只能靠经验来判断。新的竞争者冒出来，但老主顾及以前的批发商却不见人影；该如何应对新的经济现实，还得一边发现一边琢磨；任何时候，都会有不可预料的事件发生，比如银行莫明其妙的拒贷。一个"普通的商人"此刻所面对的问题，已经超出他熟悉的范畴，都是一些前所未见的问题，应对这些问题鲜有不犯错的，在引起后续麻烦的原因中，这成为重要的次要原因。投机也是令事态变得不确定、不规则的原因之一，一是因为众多投机者陷入困境，二是因为投机者预计价格还会继续下跌，这样一来，各种常见因素相互强化。谁也不知道，最后会是什么样子。和危机无关的各种弱点随处可见。面对这样的情况，企业是扩张好还是收缩好，这在当时根本拿不出任何让人信服的理由，只有时间才能证明，哪一种选择才是正确的应对。复杂不明的形势，虽然在我看来不足以用来解释萧条的成因，但确实成为一项重要的现实因素。

一方面，经济调节使得数据及价值变得不确定；另一方面，商人不知道什么时候亏损，也不知道为什么亏损，这两条定下了萧条阶段的基调。那些主导着股票交易的投机性因素，在处于繁荣阶段的商业及社会中表现得尤其显眼，但在萧条阶段的损失也尤其惨重。在许多人眼里，尤其是在投机阶层，以及供应他们奢侈品的商人的眼里，情况实在是糟透了，仿佛天都要塌下来了，虽然实际情况没他们想象的那么严重。在生产者眼里，所谓的经济转折点，其实是一直隐而不发的过度生产，在突然之间爆发出来，萧条只是这种爆发的结果，对于那些徒劳无功地阻止过价格下跌的生产者，这样的印象更是顺理成章。注定滞销的商品已经生产出来了，还有更多的半成品仍停在生产线的某一段上，以这样的价格来偿付成本，手头一定会吃紧起来，谁都知道钱荒的后果，那就是资不抵债，这种情况在萧条阶段既然如此普遍，任何一种经济周期理论，都有义务把这件事解释清楚。读者可以发现，我们的理论做到了这一点，但没有将这个典型的事实当成萧条阶段的主要及独立原因[22]。繁荣从起点到顶点拉得越高，过度生产情况就越严重，这一点我们已经提过并做过解释。过度生产，再加上萧条中的众多产业肯定会出现的供大于求，使得萧条的外部表现能用各种失衡理论的语言加以描述。这类理论的关键，在于要想办法解释失衡是怎么产生的，失衡到何种程度。在我们看来，过度生产不是根本原因，而各种货物在数量及价格上的失衡，也只不过是一种中间现象。与此相关，收入失衡的情况也许会出现在单个产业之间，但不会出现在不同经济阶级之间。因为在企业家利润和易受萧条影响的那些人的收入之间，一般没有什么关系，而且除了收入以货币形式固定下来的那些人，其他人的收入势必一同起落，固定收入者随之得利或不利，但消费者的总体需求保持不变。

繁荣曲线偏斜程度的不同，会带来各种结果，其中一条是，就紧张与危险程度而论，各产业的处境并不完全一样。经验还表明，许多行业几乎不受干扰，另外一些行业也只受到一星半点的干扰，这一点得到阿夫塔里昂的证明[23]。无论在哪个行业，新企业受到的干扰，一般都要明显地超过老企业，这一点似乎和我们的理论有冲突。对此我们给出的解释是：老企业有准租金作为缓冲，更重要的是，老企业多少都会积攒一些家底。老企业苦心经营的各种关系，此时会施以援手，尤其以一直打交道的银行提供的支援最为有力。哪怕老企业一连数年都节节后退，恐怕也不会让它的债主坐卧不安。反观新企业，它总是受到百般挑剔、反复质疑，而且它也没什么家底，顶多有一些严重透支的工厂设备，只要新企业稍微流露出一点日子不好过的样子，就会被人怀疑为无力还债。如此大的反差，也难怪老企业坚持的时间要比新企业长久得多。在这样的反差下，新企业很容易走到穷途末路，也就是破产，而老企业倒不一定破产，更多的只是缓慢败落。这不仅掩盖了真相，也让我们知道了，为什么只有加上一个重要的限定条件，我们才能对危机中这个人为选定的阶段加以论述，因为最有可能挺过危机的企业，是那些得到有力支持的企业，而不是理论上最好的企业。但这并不影响这个现象的本质。

5

虽说构成萧条阶段的调整和吸收过程，使得经济中那些最具活力的因素的日子很不好过——主要是那些因素，决定了商业世界的阴晴圆缺——虽说这个过程让许多价值及实体湮灭不存，即使一切都不出岔子，但是，假如只看到这个过程中断繁荣势头的一面，或只用一些负面特征来描述它，那就没有充分地把握这个过程的本质特征及影响。因为萧条阶段还有更多令人激动的事情，而且比刚刚提到的那些事更有资格代表这个阶段。

首先，我们一直都在说，萧条将经济引向新的均衡位置。萧条阶段发生的一切都应该从这个角度来解释，它们只是看起来没什么意义和规律。为了证明这一点，我们要再一次考察萧条阶段人们的行为。他们必须做出调整，以适应繁荣引起的干扰，也就是说新组合及产品集中出现引起的干扰，无论这种干扰是它们和老企业共存时产生的，还是它们单独出现时产生的。理论上说，除了在繁荣中诞生的企业，以及一些不虞被淘汰的企业，比如垄断企业，有特殊优势或长期技术占优的企业，其他企业都应该算老企业。这些老企业面临三种命运：其一，如果它们因客观或主观原因适应不了，那么只有被淘汰一途；其二，收缩战线，退到比较安全的地方挣扎求存；其三，利用自身的资源，或者借助外界的资源，改换门庭，或者改换技术或商业模式，目的只有一个，降低单位成本，扩大生产。新企业必须接受第一轮考验，如果不是因为它们是集中出现的，这样的考验原本会轻松得多。一旦站稳脚跟，新企业就必须合理地融入循环之流中，就算在创办之初没犯一点错误，到了这个时候，它在许多方面也要大修大补。即使从不同的、次要的原因来看，新企业面临的问题和机遇，也和老企业有类似的地方；正如我们前面提到的那样，在应对这些问题和机遇时，新企业在许多方面还不及老企业。商人们在萧条中的典型行为无非盘算、修正、再盘算，为的是解决这个问题。除去那些从不理性恐慌及失误中产生的现象——这些都应算作危机的异常事件——其他现象统统可以归结为如下几个方面：其一，是由繁荣创造出来、经由商人强化的形势；其二，是对均衡的干扰，以及经济对干扰所做的反应；其三，是数据的改变，以及针对这种改变所做的调整，有成功适应的，也有不适应而被淘汰的。

经验表明，经济努力实现新均衡——在此过程中新组合融入循环之流，并对老企业产生影响——乃是萧条阶段真正的意义所在；经验也表明，在这样的努力下，经济最终一定会接近某个均衡位置：一方面，萧条阶段的驱动力量，理论上说不将经济带到均衡位置，是绝不会罢休的，而另一方面，除非经济已经达到均衡，否则的话，经济中不会出现由新的繁荣带来的新干扰。萧条阶段的商人，满脑子想的都是实际发生的、迫在眉睫的亏损。但是，只要全部的企业仍未恢复平衡，结果是整个经济未恢复均衡；换言之，在全体企业再次以大体能偿付成本的价格来生产以前，亏损就会发生，或者随时就会发生，当然，亏损的未必是所有的企业，而只是一部分有风险的企业。这样一来，这样的均衡一天没实现，萧条就要多持续一天。除非萧条完成其使命，将经济带到均衡位置，否则的话，萧条不会被新的繁荣所打断。因为在此之前，谁也不知道新的数据会是什么样子，在这种情况下，企业家根本没法筹划新组合，也很难得到所需要素的襄助。这两个结论都是事实，只不过要对几个限制条件做到心里有数。第一个限制条件就是，作为现代商业社会独有的现象，商人对经济的周期性波动及运作机制并不陌生，有了这样的认识，只要熬过最艰难的一刻，商人就有理由相信，繁荣，尤其是随后各种现象的到来，都为时不远了。不少人相信，只要他们能咬紧牙关熬到下一波繁荣——通常这也符合债权人的利益——他们就会以有利的条件清偿债务，甚至根本没必要清偿——说起来，这种情况在繁荣阶段尤其重要，也拯救了不少企业，其中有过时的企业，也有完全应该生存下去的企业，但无论如何，这种情况延缓甚至阻碍了经济实现稳定的均衡——这样一来，它们及不少价值对新均衡的调整适应，往往就会推迟或者中止。

集团化比重越来越高的经济，大集团自身以及其他企业都会一直面临调整不畅的问题，因为实际上只有各生产部门都存在完全自由的竞争，才会实现完全的均衡。此外，有些企业，尤其是那些打拼多年的老企业，往往家底殷实，调整的事并不那么急迫，因为不是什么攸关生死的大事。另外，每逢困难的时候，总有人相信，困难只是暂时的，是外部因素造成的，所以政府或其他人都会向这些处于困境的企业甚至整个产业施以援手，比如政府提供补贴。萧条阶段经常会听到征收保护性关税的呼声。这些举措所起的作用，和老企业殷实的家底所起的作用没什么两样。再说还有运道这样的因素在起作用，如一场正当其时的丰收。最后，萧条阶段的一些异常事件，有时候反倒会让人因祸得福。举例来说，假如投资者突然莫明其妙地产生恐慌情绪，大量抛售某家企业的股票，使这些股票的市值跌到不合理的地步，等到大家都冷静下来纠正失误，这只股票又开始止跌反弹。但情绪这东西往往是矫枉过正的，这样又将这只股票的市值推高到不合理的地步，由此引发一小波伪繁荣。在特定条件下，这波伪繁荣会一直持续，直到真正的繁荣拉开大幕。

当然，让经济最终稳定下来的那个位置，从来就不是没有发展的经济所处的那个位置，也就是理论上推导出来的那个位置，我们知道，这样的经济不存在利息这种收入。因为萧条不会持续这么长时间。但接近没有发展的经济的那个位置，还是可以实现的，只要在那个位置上的经济不出现太大的波动，它就会成为实施新组合的新一轮起点。这样，我们就得出了一个结论：根据我们的理论，在两次繁荣之间，一定存在一个吸收的过程，这个过程终结的地方靠近均衡位置，将经济带到这个地方，是这个吸收过程的使命所在。这个结论对我们很重要，这不仅因为这个中间位置确实存在，凡以经济周期为研究对象的理论，都必须做出解释，还因为只有证明了这样一个周期性准均衡位置必定存在，我们的理论才算大功告成。因为我们选取的研究起点，是发展的浪潮第一次兴起的时候，但没有考虑历史上是否有这个点，如果有的话是什么时候。我们甚至做了初始"静态"的假设，为的是凸显发展浪潮的特性。我们的理论要想解释发展现象的本质，光发现经济波动的波峰之后确实是谷底还不够，还要证明事情必然是这样的——这既不能干脆把它当成一条假设来蒙混过关，也不能用事实来代替证明。为达此目的，免不了要花一些篇幅，做一些学术钻研的事。

除了刚刚一直在讨论的吸收创新成果这件事，萧条阶段还做了另外一件事：履行繁荣作出的承诺。这件事并不怎么引人注目，不像让萧条阶段得享其名的那些现象那么显眼。但这件事的效果是持久的，而让人痛苦的那些现象却只是暂时的。货物流丰富了，生产部分地改组了，生产成本降低了[24]，最初表现为企业家利润的收益，最终提高了其他阶级的持久真实收入。

尽管这些结果一开始会碰到各种障碍，但这个从我们的理论（参见第四章）得出的结论，还是可从如下事实得到证实：正常的萧条阶段[25]在经济上表现出来的样子，并不完全是满目凄凉，不像人们根据萧条的阴郁氛围所想象的那样。且不说在一般情况下，大部分经济生活不受影响，就拿全部交易的实物数量来说，在大多数情况下减少的程度也是微不足道的。随便找一份官方对危机的调查报告[26]翻一翻，就可以知道一般人对萧条肆虐的情况夸大到何种地步。无论是以货物来衡量，还是以货币来衡量，都能得出同样的结论，只不过以货币来衡量时，周期性波动，繁荣阶段的通货膨胀，萧条阶段的通货紧缩，必定表现得尤为明显。即使在美国（参阅米切尔的著作）这样一个发展势头强劲的国家，按理说波动起来也要比欧洲更厉害，但以若干年的平均数计，美国的总收入在繁荣阶段上升的比例，在萧条阶段下降的比例，都不超过8%–12%。阿夫塔里昂已经证明，萧条阶段的物价下跌，在平均物价下跌中只占到很小的比重，而事实上，价格的大幅波动各有其特殊原因，和周期性波动的关系甚微。即使是物价波动剧烈的阶段，如战后阶段，情况也是如此。什么时候萧条阶段的这些异常事件（如恐慌、破产风潮等）都烟消云散——事实上它们也逐渐变弱——人们对无可预料的危机的焦虑也随之消失，相信人们对萧条自会有不同的理解。

如果我们考虑一下，在萧条中各种人，他们各自有着怎样的得失——总是抛开异常事件，因为和这里的讨论无关——我们就会发现萧条阶段真正的特点。企业家及其追随者，因繁荣阶段价格上涨而发财的幸运儿及投机客，他们赚钱的机会在萧条阶段不复存在——这对投机客尤其如此，虽说急跌的时候会有一些做空的机会，但这改变不了投机客整个群体的命运。在正常情况下，企业家已经赚到利润，并将之投到新成立的或转型来的企业中，但他此刻不仅再也赚不到什么利润了，反而要面临亏损的威胁。一般情况下，他的企业家利润完全枯竭，他的其他企业家收入也低到不能再低，即使不出一点岔子，结果也是一样的。在现实的进程中，不少负面影响也会掺杂其间，只不过它们也会被我们前面提到的一些因素抵消。老企业在竞争中败北，靠它过活的各色人等自然也跟着倒霉。靠固定收入生活的人，或者收入长期锁定的人，如吃年金、吃租金的人，各级官吏，长期出租土地的地主，他们都是典型的萧条受益者。用货币收入能买到的商品，在繁荣阶段会少掉一些的，现在则会多出来一些，事实上，我们已经证明过了（参考前面第三节、第三条），多出来的这部分，在补偿少掉的那部分后还有余裕。持有短期投资的资本家可以说有得有失：所得者，单位收入及资本的购买力提高了；所失者，利率低下来了。从理论上说，他们的所失必定大于所得，但由于一些次要因素的存在——一边是对亏损的担心，另一边则是高的风险贴水，以及人们因恐慌而希望持有现钱——这样的结论没有多大的现实意义。还有些地主的土地以短租为主，这样一来，他们的地租就不是固定的货币收入，自耕农的情况也是这样。这些人的处境，从根本上说和工人没什么两样，所以从工人那里得出的结论，也能原封不动地用在他们身上。虽说这件事放在现实中还是很重要的，但在理论上却是无足轻重的，这两类人之间的差异也是大家都知道的事，没有深究的必要[27]。

工资在繁荣阶段势必会上涨。因为无论是企业家的新需求，还是在繁荣第二波浪潮的推动下，那些扩产的生产者的新需求，最后总是会变成劳动力需求，只不过有直接和间接之分罢了。这样一来，就业数量随之增加，劳动工资总量也随之增加，然后是每个工人的工资及收入。工资上涨带动消费品需求的增加，结果一般物价水平跟着上涨。基于前面提到的原因，地主的部分收入不和工资一道增加，而固定收入就更不会增加了，再加上地主和工人在理论上是两个相互协作的要素的主体（第一章），因此，工资总额的上涨就不仅仅是名义上的，而是等于一笔更大的劳动真实收入，但由于社会产品尚未增加，这样，工资就在其中占得更大的份额。这个结论其实是如下普遍真理的一个特例：只要新创造的购买力先推高工资，再推高消费品价格前，那么，没有哪种通货膨胀会立即损害到工人的利益。只有情况不是这样，或者工资上涨遇到外部阻碍（比如世界大战），工资才会像经常出现的情况那样，上涨滞后于其他收入[28]。事实上，如果通货膨胀是用来过度消费，如靠滥发钞票来筹集战争经费，那么，经济会因此变得困窘起来[29]，工人的日子自然也就不好过，只不过没有严重到让其他人也不好过的地步。但在我们这里，情况则刚好相反。

一方面，在萧条阶段，工资单位的购买力上升。另一方面，以货币表示的劳动力的有效需求却在减少，原因是繁荣自动引发的信用紧缩。只要这种情况发生，劳动力的真实有效需求[30]就很可能保持不变。这样一来，劳动力的真实收入不仅仍然高于先前近似均衡位置时的水平，甚至高于繁荣阶段的水平。因为最初表现为企业家利润的收入，现在流向——理论上说是全部流向，实际上只会是逐渐而部分地流向——劳动服务及土地服务，只要这部分收入没有因为产品价格的下跌而消失（参考第四章结论），就会一直流向后者。但以下几个因素暂时阻止了这样的流动，并使得真实收入暂时下降，这也得到了统计数据的证实，而最终理应出现的真实收入的上涨，就像我们理论断言的那样，实际上经常被下一波繁荣的出现所掩盖。

（a）首先，仅凭萧条阶段的数据及各种事件所表现出来不确定和明显不规则的事实，就足以让一些企业心灰意冷，让另一些企业暂时歇业打烊，更何况是异常事件引发的恐慌及失误了。这势必引起包括失业在内的一系列后果，虽然从根本上说这些结果只是暂时的，但不可否认，这些结果对当事人来说是很严重的，极端情况下甚至是灭顶之灾，萧条阶段的愁云惨雾，泰半来自人们对这些后果的担惊受怕，因为他们根本不知道什么时候就厄运临头。失业是萧条的典型特征，也是劳动者的梦魇，笼罩在失业阴影下的劳动者，哪里还顾得上工会之前争取到的那些权利，走投无路之下——虽说不必然——就是自降工资也愿意，这种心理上的影响，也许要比单从失业人数上推断出来的结论更加严重。

（b）必须指出的是，上面这些事和下面这个事实属于两种情况：新企业要么完全将老企业淘汰出局，要么迫使它们收缩战线。后一种情况会产生失业，但为了实施新组合，也会增加劳动力需求。从铁路淘汰马车这个例子可以看出，实施新组合对劳动力的新需求，超出由此引发的失业到何种程度。但这也不尽然，即使真是这样，也会有各种困难和摩擦，再加上劳动力市场的运作不畅，都重重地压在就业天平的不利一边。

（c）上面提到，繁荣的到来会引发新的劳动力需求，但由于在创造了新投资后，企业家的劳动力需求事实上终有尽时，这就降低了这种需求的重要性。

（d）一般说来，繁荣最终意味着，生产的机械化程度更进一步，这就必然减少单位产品的劳动力需求；虽说不是铁定如此，但经常出现的情况是，尽管我们考察的这个行业会扩大生产，但它需要的劳动力数量不增反减。这就证明了技术进步引发的失业，其实是周期性失业的一部分，所以不应该将这两者截然分开，使人误认为前者和经济周期没什么关系。

虽说在现实中，失业这个因素在每次萧条中都带来巨大的、让人痛苦的困难，但总的说来只是暂时现象[31]。因为劳动力的真实需求一般不可能久跌不止，原因在于，撇开各种补偿或次要因素不说，单是未被价格下跌蚕食掉的那部分企业家利润，如果用于生产的话，一洗劳动力需求萎缩的颓势是绰绰有余的。就算这部分利润只用于消费，也必然分解为工资，当然也包括地租，因为我反复强调，这里所说的一切，理论上都可以用于地租。一旦这笔钱花了出去，也只以这笔钱为限，劳动力的真实需求就会随之增加。

（e）只有在一种情况下，繁荣能够——直接或间接——持久地减少劳动力的真实需求：原生产组合中劳动力及土地间的相对边际贡献，在新组合中改变到不利于劳动力的地步。这样一来，不仅劳动力在社会产品中所占的份额会一直降低，就连劳动力真实收入的绝对数量也会一直降低。还有一种情况，其现实意义还要超过这种情况，这就是，需求端出现了有利于当前加工过的生产资料的改变，当然，这种情况也不一定是持久的。

带着这个限定条件，再回顾一下我们的基本结论：萧条的经济本质在于，将繁荣的成果扩散到经济的方方面面，而做到这一点，靠的是经济致力于实现均衡的机制；只有一些暂时性的反应——只是部分地为经济所必需——掩盖了这个根本特性，并带来萧条这个词让人联想到的愁云惨雾的氛围，以及后续影响。这种影响，甚至在那些和货币、信用及物价无关，也不是简单反映萧条阶段自动紧缩特点的指标中，也都有所体现。

6

危机的爆发会让事情变得异常。我们已经说过，这些异常情况不会带来新的理论问题。我们的分析表明，虽说不是铁定如此，但在繁荣变为萧条的转折点上，恐慌、破产、信用体系崩溃诸如此类的事情很容易发生。这样的危险会持续一段时间，但萧条的工作完成得越彻底[32]，危险就越小。如果恐慌发生，那么犯错——惊慌失措，乃至错上加错，这些都是人之常情——公众舆论等就成为独立的原因，而这在正常情况下是不可能的；一旦这些因素也成为萧条的成因，由此引发的萧条，就表现出不同于正常萧条的特征，带来不同于正常萧条的最终结果。这样的萧条带给经济的均衡，自然和正常萧条带来的均衡不一样。大错已然铸就，破坏已然造成，一般不可能得到改正和弥补，但这还不算完，由此而来的形势，还会带来进一步的影响，必须一步一步才能消化掉；这样的影响其实带来一些新的干扰，迫使各方做出原本不需要的调整，以适应这些新干扰。将萧条的正常情况和异常情况区别开来，是一件相当重要的事，因为这不仅有助于理解萧条的本质，也有助于厘清与之有关的各种理论及现实问题。

我们已经发现，无论繁荣阶段的利润，还是萧条阶段的亏损，都不是没有意义和用处的东西。我们的这个观点和另外一个周期理论针锋相对，这个理论认为，经济周期从根本上说是货币现象，或者说经济周期的根子在银行信贷上。在这个理论如今的支持者中，就有大名鼎鼎的凯恩斯、费雪和霍特利，在美联储的政策中，也可看到这个理论的影子。事实上，但凡在企业家相互竞争的地方，利润及亏损都是经济发展机制的关键因素，没有利润或亏损的地方，发展也必然止步不前。有些企业注定不能适应新的形势，与之有关的一切注定要被完全清除出去。但是，伴随萧条异常情况而来的亏损与破坏，倒确实是没有任何意义，也没有任何用处。各种危机预防及治疗的建议是否站得住脚，主要取决于它们。危机治疗方案的另一个合理的起点，来自如下事实：在正常情况下，萧条都会牵连到那些和经济周期压根儿沾不上边的人，尤其是工人，更何况是在异常情况下了。

最重要的也是唯一没有争议的长期治疗方案，是提高预测经济周期的准确性。商人对经济周期越来越容易适应，以及大集团在经济中的分量越来越重，是真正的危机现象越来越没那么严重[33]的主要原因，当然像世界大战及战后一段时间里发生的危机，则是属于例外的情况。国营企业或大集团在建设项目延后到萧条阶段，在我们看来是对新企业集中出现的后果的一种缓冲，是对繁荣阶段的信用膨胀及萧条阶段的信用紧缩的一种弱化，因此是缓和周期性波动及危机风险的一种有效手段。不加区别地、普遍地增加信用工具，说穿了就是通货膨胀，和政府开足印钞机的后果没什么两样。这样的做法有可能完全阻断正常和异常的萧条。但它这种做法不仅招来反通胀人士的普遍反对，也招来如下的反对意见：这种做法毁掉了萧条本应起到的优胜劣汰的作用，结果让那些已经过时的企业继续拖累经济。与此相对的信用紧缩方案，通常是银行各做各的，也没有一个长远的打算，居然也成为起码可以公开讨论一下的方案，倒是怪事一桩，因为这种方案从根本上说，是听任危机作孽到自然消亡的那一天。信用紧缩再辅以其他一些措施，价格必然下跌，一般生产者很难抗拒这一趋势。但也不是不可能设计出一套信用方案，这套方案不仅适用于私人银行，也适用于对私人银行有莫大影响力的中央银行。关键是能区别用于萧条的正常情况和异常情况，因为前者有其经济上的作用，而后者只管破坏，在经济上没有任何作用。当然，这样一种方案，势必导致经济计划复杂多变，无限增强了政治因素对个人及团体命运的影响力。但这牵涉到政治上的权衡，和我们这里讨论的事情无关。制定这样一个方案要有一些技术前提，比如全面深入地把握经济及人文的各种事实及可能性，虽然从理论上说，只要时间充裕还是可以做得到的，但现实中肯定是做不到的。要证明这样的方案并非不可能，不能简单地贴上异想天开的标签，或者归入注定是徒劳无功甚至得不偿失的一类措施，在理论上还是值得一做的。萧条的正常情况和异常情况间的区别，不只是在概念上区分一下那么简单。它们其实是两回事；只要有足够深刻的洞察力，即使是拿当前的例子来看，也会立刻分辨出它属于前者还是后者。针对任何一场萧条制定这样的政策，都必须先将大量岌岌可危的企业划分为两类：其一是受到繁荣的冲击，在技术或商业模式上已经变得过时，因而处于困境的企业；其二是受到次要因素、逆向因素及偶然事件威胁的企业。根据这样的划分制定的方案，会让前者自生自灭，而向后者提供贷款援助。打个比方，这样的方案所取得的成功，就像精心设计的全民卫生方案所取得的成功一样，要是没有这样的政策方案，只听任事情自然而然地演变来解决问题，恐怕一万年也不够。但无论如何，虽说危机是资本主义制度的产物，但很可能会先于资本主义而消亡。

无论什么样的治疗方案，都不能一劳永逸地阻止这个经济及社会大潮向前奔涌，在这个大潮的冲击下，企业、个人的地位、生活方式、文化价值及理想，统统都沉入水底，最终消失得无影无踪。在一个信奉私有产权及竞争的社会，只要有新的经济及社会形式不断涌现，只要各个社会阶层的真实收入不断上涨，这个冲刷淘洗的萧条过程就是必要的补充。如果不是因为有周期性波动，这个过程兴许会更温和一些，但周期性波动根本不是这个过程的起因，两者是完全独立的两回事。无论是理论上还是实践上、经济上还是文化上，这些变化都比经济稳定这件事重要得多，但经济分析的注意力，却无一例外地一直放在后者身上。危机过处，家庭和企业的沉浮兴衰成为资本主义经济、文化及其后果的典型特征，而在一个周而复始、一成不变的社会，这样大起大落的现象是很难观察到的。

注 释

第一章

1 本章标题借鉴了菲利波维奇（Philippovich）的用词，参见他的著作《大纲》（*Grundriss*）第二卷引言。

2 《理论国民经济学的本质及主要内容》（*Das Wesen und der Hauptinhalt der theoretischen Nationalökonomie*），以下简称《本质》。

3 参见维塞尔（Wieser）的《自然价值》（*Der natürliche Wert*），在这本书里，这一难点首次得以解决，其含义也首次得到清晰阐述。

4 参见马歇尔（Marshall）的《经济学原理》（*Principle*）第六篇，以及他的演讲《老一代经济学家和新一代经济学家》（"The Old Generation of Economists and the New"），在他看来，这个概念起着相同的作用。

5 最近关于货币价值问题的阐述，见《社会政策协会论文》（1909年会议报告）（"Schriften des Vereins für Sozialpolitik"，*Reports of the Session of 1909*）

6 参见《本质》第二卷第二章。

7 关于社会产品这个概念，读者可以主要参考亚当·斯密（Adam Smith）和马歇尔这两位经济学家的说法。这个概念几乎与经济学同寿，也广为人知，其含义多经变化，可谓沧海桑田，使用起来不可不慎。与此相类的概念也不在少数，可参考处有：费雪（Fisher）的《资本和收入》（*Capital and Income*），瓦尔纳（A. Wagner）的《经济学原理》（*Grundlegung*）；庇古（Pigou）的《优惠关税和保护性关税》（*Preferential and Protective Tariffs*），他在此书中主要使"国民分红"这个概念。还要注意庇古的《福利经济学》（*Economics of Welfare*）一书。

8 我们借用的是列昂·瓦尔拉斯（Léon Walras）的方法。

9 熟悉克拉克（J. B. Clark）的读者应该知道，严格来说，我们不应将这些存量看成那些具体的产品——如犁具、靴子之类——而是应该将之看成是累积而成的生产力，这些生产力可以随时转换成任何需要的具体商品，而不会遭致任何损失或阻碍。

10 人们之所以反对纯经济理论，很大程度上是觉得纯理论有一个不实的假设，即快乐动机和完全理性行为是经济生活中唯一起作用的现实力量，这其实是对经济理论的误解。

11 需要指出的是，我们在后面倒是要用到心理学，以解释现实行为及其和理性假设的偏差。我们在后面章节的讨论主要取决于其中一类偏差，即习惯力量以及追求快乐以外的动机。但这是另外一回事。

12 我这里指的是边际效用理论及其后继者的全部文献。

13 参考米克斯特 （Mixter）所编的《资本的社会理论》（*The Sociological Theory of Capital*）。这本著作识见深邃、观点新颖，任何研读这本著作的人都会满载而归。

14　庞巴维克提出一条规律，即回报随着生产期的延长而递增。若说将时间要素明确地引入生产方程式中，这种做法在我看来应该是成功的。

15　正是这个原因——当然还有其他原因——我不太满意穆勒（J.S.Mill）那么鲜明地将生产与分配区分开来。

16　对生产资料这些"递增或递减的情况"，卡弗（Carver）在其《财富的分配》（*Distribution of Wealth*）一书中给出了清晰而有条理地阐述。

17　参见门格尔（Menger）的《国民经济学原理》（*Grundsätze*）以及庞巴维克的《实证经济学》（*Positive Theorie des Kapitals*）。

18　埃弗兹（O. Effertz）特别强调了这一点。如果人们意识到，古典经济学对劳动重视到何等片面的程度，他们的结论何等地受此种片面性的影响，而且迄今为止，只有庞巴维克一人在这个问题上始终保持一致，那么，他一定会到认识到，埃弗兹所做的强调是何等的有价值。

19　详见拙作《本质》第一卷、第二卷。不消说，劳动力原理仅对劳动给定的结果成立，比如说每小时真实工资这样明确的结果。

20　配第（William Petty）只是在《政治算术》（*Political Arithmetic*）一书中不经意地提到这个问题。众所周知，《政治算术》类似的理论萌芽还有不少，日后都演化成经济理论的分支。

21　《政治经济学原理》，阿什利（Ashley）编辑，第26页。

22　门格尔、维塞尔和庞巴维克率先研究这个问题，读者可以参考他们的著作。读者也可以参考拙作《本质》第二章以及我发表在《社会学评论》（1909年）上的一篇文章《归属问题评论》（"Bemerkungen zum Zurechnungsproblem"），载于《政治经济学、社会政策及管理杂志》（*Zeitschrift für Volksw., Sozialp. und Verw*, 1909）。既然我们无意深究边际生产力理论引发的一些更棘手的难题，我们当然也不必考察这个理论当前的也是远为正确的形式。

23　人们对边际生产力理论的误解主要是因为，他们没能充分理解边际概念。关于边际概念，读者可以参考埃奇沃思的《分配理论》（"The Theory of Distribution"）这篇文章，它发表在《经济学季刊》（*Quarterly Journal of Economics*，1904），特别是他就霍布斯反驳克拉克所做的答复。

24　我们将生产回报递减规律和实物产品递减规律区分开来，正是从这一步开始，我们和古典经济学分道扬镳。读者可以参考我的一篇论文，《分配理论中的地租原理》（"Das Rentenprinzip in der Verteilungslehre"），发表在《施莫勒年鉴》（*Schmoller's Jahrbuch*，1906–1907），也可以进一步参考魏斯（F. X. Weiss）的文章《论收益递减》（"Abnehmender Ertrag"），载《国家学简明词典》。

25　参见《本质》第二章。

26　西格尔（Seager）说得对，个人提供的劳务可以是"虚拟费用"。参见他的《经济学引论》（*Introduction to Economics*）第55页。任何一个精打细算的商人，现在都会很自然地将他自己土地的租金算成费用。

27　参见第四章，特别是第五章。

28　比如，即便洛兹（Lotz）是悄悄地摆脱这个概念，但毕竟是摆脱了；参阅他的《国家学说手册》（*Handbuch der Staatswissenschaftslehre*）。这一点在斯密的著作中看得更明显。

29 参见庞巴维克在《资本利息的实证理论》（*Positive Theorie des Kapitalzinses*）中的阐述，第4版第219—316页。

30 参见我在《美国的新经济理论》（"Die neuere Wirtschaftstheorie in den Vereinigten Staaten"）一文中所引用的艾默利（Emery）的观点，这篇文章载于《施莫勒年鉴》（1910年）。还可参考费雪的《资本和收入》。

31 庞巴维克堪称是研究时间在经济中作用的第一人。杰文斯（W. S. Jevons）和约翰·雷分列第二、第三把交椅。费雪的《利率论》也值得关注，因为他在该书中详细探讨了"时间偏好"这个特别的因素。此外还可以参考马歇尔对时间因素的研究。

32 需要指出的是，甚至这个事实也并不像表面上那么清楚简单。恰恰相反，其中的原因有必要加以分析，我们会在稍后给出。

33 费雪教授用"人性不耐"（impatience）这个术语来表示低估将来的满足这个因素上，堪称神来之笔。和人容易犯的各种错误一样，不合情理的不耐当然也是有的，但在正常情况下并不构成经济的基本因素。

34 在收割完成的那一刻，谷物的价格自然要低于后来的价格。虽然这个事实也可以从其他因素得到解释，比如储存费用，再比如利息已经存在，但这些因素丝毫不影响我们的原理。

35 有不少经济学家研究"节欲"这个因素，主要有西尼尔（Senior），庞巴维克（其著作《资本利息的历史及批判》["Geschichte und Kritik der Kapitalzinstheorien"]）。最近则有美国经济学家麦克维恩（McVane）。读者还可以参考《帕尔格拉夫大辞典》（*Palgrave's Dictonary*）中的"节欲"这个条目，以及这个词条引用的经济学文献。经济学家对节欲这个因素的研究并不怎么严谨，这方面的代表是卡塞尔（Cassel）及其著作《利息的本质和必然》（*The Nature and Necessity of Interest*）。我们对节欲这个因素的观点接近于维塞尔和约翰·克拉克，前者的观点见《自然价值》，后者的观点见《财富的分配》。读者还可参考拙作《本质》第三章。

36　在研究"节欲"这个问题时（《利率论》，第43—51页），费雪犯了一个错误，即将时间折扣当成近乎不言自明的基本事实。

37　事实上，克拉克将资本的价值归结为提供了这种"同步"。读者将会发现，我们并不认同他的观点。我要在此再次强调：开支和收入的自动同步应该归结为利润和亏损影响的快慢。

38　一般都承认，这个结论只对严格意义上的自由竞争和单边垄断成立。但这对我们来说已经足够了。最近的情况表明，古诺原来的观点——就算在"寡头竞争"的情况下，这些情况仍然举足轻重——并没有错。

39　奥地利学派通常用"主观交换价值"来表示。熟悉过去五十年经济学理论延革不陌生的读者，只要回想一下就会明白，只要奥地利学派试图用"效用"来解释生产者的支出，就会被对手指责犯了循环论证的错误。时至今日，几乎已经没有必要再花时间来证明后者的指责是徒劳的。

40　参见《本质》第二章。

41　这个命题正是分配理论的首要定理。

42　瓦尔拉斯的提法。当然，当此人的决策臻达平衡时，利息表现为某种收入的形式。

43　纽科姆（S.Newcomb）在《政治经济学原理》一书中严格区分了

"基金"和"产品流"这两个概念。在这本被严重低估的著作中，这只是其中的成果之一。当代经济学家中，要数费雪特别强调这一点。在该书第316页，组科姆对循环流动做出了精彩绝伦的阐述。

44　我的意思是：由于品味不同，经济处境各异，每个人对其他人愿意交换的同一组产品有着不同的估值。但每个人也交换不同的产品。

45　参见《本质》第二章。

46　读者如需了解我对货币及其价值的主要观点，可以参考我发表在《社会科学文献》（第44卷，1918年）上的一篇文章《社会产品和计量单位》。和这篇文章相比，这里用的是另一套货币概念。

47　《社会政策协会论文集》，1909年会议报告。有关这个主题，参见米塞斯的著作《货币及流通工具理论》第二版，以及魏斯更早发表于《社会评论》（1909年）的文章。如果读者怀疑上述论述有循环论证之嫌，也可以参考米塞斯教授的著作。作者还要指出，哪怕只是用于本章的论述，作者本人也不满意以这样一种方式介绍货币的本质。

48　货币的属性在于交换功能。这种功能可以和生产资料的功能相提并论。如果社会成员仅仅将货币看成是"有用的工具"（许多意大利人就是这么看待货币的），那么结论就更加明白无误。

49　市场交换的技术和支付习惯给定。读者可以参考马歇尔的《货币、信用和商业》（*Money, Credit and Commrce*），或者凯恩斯的《论货币改革》(*Tract on Monetary Reform*)，以及施莱辛格（Schlesinger）的《货币经济和信用经济理论》（*Theorie der Geld und Kreditwirtschaft*）。

50　我要再一次指出，虽说将汇率问题考虑在内固然更接近复杂的现实，但这么做当对经济本质问题并无任何助益；既然如此，为了简化阐述，我们当前只考虑孤立的经济体系。出于同样的理由，我们假设，在当前的经济体系中，全体社会成员都只以货币考虑他们的经济行为，不仅如此，全体社会成员都相互依赖。

51 这个说法最早见于贝克莱（Berkeley），随后一直得到传承，到后来由詹姆斯·穆勒将其发扬光大。而在当代德国经济学家中，这个说法主要见于本迪森（Bendixen）。无论是货币数量理论，还是生产成本理论，以及"国际收支平衡"理论，都和这个说法不矛盾。

52 参见维塞尔，前揭书。

53 在这样的经济体系中，"金属货币"的数量不仅是指明确的物价水平，而且指货币流通的速度。比起全部收入一周一付，如果全部收入一年一付，经济体系要么需要更多的货币，要么所有产品必须价格更低。我们假定货币流通速度保持不变，原因在于，在当前讨论的范围内，我们认同维塞尔的观点（前揭书，第522页及以后），即信用支付工具的数量和流通速度并不独立于那些影响物价水平的因素，原因在于，它们都取决于商品的流通（从我们的角度看应该是，"仅就它们而论"）。还可以参考奥配蒂特（Aupetit）的《货币理论》（*Théorie de la monnaie*），德尔·维奇奥（Del Vecchio）的"货币理论"（"Teoria della moneta"），发表在《经济学家杂志》（*Giornale degli Economisti*，1909）。

54 如果读者想进一步了解"购买力"及其他概念，可参考达文波特（Davenport）的《价值和分配》（*Value and Distribution*）。

55 社会成员的价值存在相互依赖。如果读者想进一步了解有关论述，参见《本质》第二章。

第二章

1　这里借用的是马克斯·韦伯（Max Weber）的提法。读者将会发现，即便"理性"和"经验"不能算是同义词，也是两个同源词。这两个词不同于、更是对立于"形而上学"这个词。"形而上学"这个词指的是"理性"和"事实"以外的范畴，也就是科学以外的范畴。有些人已经习惯于用理性这个词表达很多概念，在我们看来，这些概念都属于"形而上学"范畴。因此，我们有必要在此提醒读者，不可误解"理性"这个词的内涵。

2　如果说经济学家在这个问题上一直有话要说，那只是因为，他们并没有严格地将自己限定在经济理论的范畴以内，而是将其研究扩大至社会史，或者对经济未来做出假设，并想当然地将之当成一项原则。劳动分工、土地私有产权的起源、人类对自然的控制能力不断增强，经济自由、法律保护，这些因素在亚当·斯密的"经济社会学"中起着举足轻重的作用。这些因素显然属于经济事件的社会框架，却不是后者固有的、自发形成的东西。人们也可以这么来看李嘉图的发展理论——比如布彻（Bucher）就是这么认为的的——因其发展理论所用的思路，李嘉图被冠以"悲观主义者"，因为他"假设"，随着人口不断增加，地力逐渐耗竭，人类社会最终会抵达某个静止位置——在李嘉图看来，生产的进步只会暂时迟滞这个进程——这个位置不同于现代理论理想的均衡状态所对应的位置，其典型的特征是地租高得离谱。这样的发展理论不仅异于上述发展理论所揭示的内容，更不同于我们将在本书中将要表达的内容。穆勒的研究思路并无不同，只不过更加谨慎，而且区分孰主孰次。但从本质说，他在《政治经济学原理》第五章《社会发展对生产和分配的影响》中所表达的观点和李嘉图并无二致。穆勒甚至在这一节讨论了，多大的发展应该看成是经济范畴以外，多大的发展源于某些仅影响生产和分配的已知数据。严格说来，他对改良生产技艺的研究完全属于"静态"范畴。在这样一种传统观点看来，既然生产技艺改良是新出现的现象，当然需要考察由此带来的影响，但是，对于这种改良本身的出现，我们没有什么可说的。这样，穆勒将本书致力于研究的主题一笔带过，也将构建发展问题的基石随手丢弃。克拉克对经济学做出的一项贡献（《经济理论的本质》），就是明确将"静态"和"动态"区分开来，在他看来，动态均衡的扰动归因于动态因素。我们也持同样的观点。正是从这个观点出发，我们面临的一项任务就是考察扰动的结果，以及随后出现的新均衡。不过，和穆勒的动态视角一样，克拉克的动态观就此止步。而我们认为，首先应该为这些动态因素专门创立一套理论，因为它们不仅仅是扰动因素，更是引出了一种至关重要的经济现象。具体来说，在克拉克列举的扰动因素中，资本和人口的增长也许如文中表明的那样，是其他研究关心的重要"变化因素"，但对我们和对克拉克来说，它们只不过是扰动因素。克拉克提到的第三个扰动因素是消费者品味的变化，并在后文大书特书。不过，在我们看来，这仍不过是扰动因素。克拉克提到的最后两个扰动因素是技术变化和生产组织的变化，在我们看来，这两个因素需要予以特别分析，由此引发的结论绝非理论意义上的扰动可以相提并论的。我们对经济理论感到最不满意的地方，就是后者没有认识到这一点。我们随后会发现，从这个看似无足轻重的地方，孕育出经济发展的新观念，这个观念克服了一系列根本性的困难，因而证明了关于发展问题的这个全新表述是合理的。这个问题的新表述更接近于马克思的表述。在马克思看来，经济发展有其内生性，而不仅仅是根据变化的数据调整经济生活。但我们只研究他这个立论的其中一小部分。

3   本书第一版最让人误解的地方是，除了企业家个性，我们的发展理论一概不提其他历史因素的变化。如果有人认为我是有意为之，那他就错了。事实是，我们根本不关心任何具体的变化因素，而只关心变化的方式，以及变化的机制。"企业家"只不过是变化机制的载体。我不是只关心一个历史变化因素，而是一个都不关心。在这一版中，我们仍然不会考虑那些具体因素，那些可以用来解释经济组织、经济惯例的因素，因为这是另外一个问题。虽然这些研究方式有相融之处，然而，如果不将它们分离开来，任其自行其是，那么任何一项研究成果都将因此受损。

4   正是在资本、信用、企业家利润、资本利息、危机（或者经济周期）这些问题中，这一成果将会在此得到证明。除此之外，还有其他一些成果，职业经济学家会遇到回报、供给和需求曲线的交点并不唯一及时间因素等，就算睿智如马歇尔者，也未能解决这些难题。

5   我们之所以这样处理，原因在于，如果按年度折算，这类变化的比率微不足道，因此不会影响我们采用"静态方法"。不过，这些变化往往构成了我们所定义的发展的一项条件。当然，就算这些变化使得发展成为可能，它们并没有从中创造出发展。

6   在本书的第一版，我称之为"动态"。但在这一版，我们最好不要使用这个术语，原因在于，这个术语的内涵过于庞杂，容易将我们引入歧途。我们最好以简单的方式表达我们的意思，这就是，经济生活的变化，导致这种变化的部分原因是外部数据，部分原因是经济生活自我调整，以适应变化的外部数据。不过，这并非唯一的经济生活变化，还有一种经济生活的变化，它不来自外部数据的影响，而是来自经济体系内部，这种变化是许多重要经济现象的原因，有必要为此构建一个理论，为了构建这样的理论，我们有必要将这种变化从其他变化因素里分离出来。作者希望引入另一个更精确的定义，这就是，我们将要考察的是这样一种变化，这种变化源自经济体系内部，由于这种变化，经济体系原有的均衡被打破，新的均衡得以建立，新的均衡不是来自旧有均衡无数微小进步的累积。作者本人也正在慢慢习惯这个定义。无论你添加多少辆邮车，你永不可能从中得到一条铁路。

7　对于任何可能的经济环境，人口增长只能跟随其后，而不可能超出并成为引起变化的独立原因。

8　社会成员也可以通过储蓄获得这样的权利。在手工业经济中，储蓄值得进一步的强调。手工业者能够储备资金，这意味着经济发展业已存在。

9　正如我们将在第五章提到的，最重要的原因是，生产性利息的出现。只要利息在经济体系的某处出现，它终将渗透至经济体系的每一个角落。

10　这些生产资料当然不是天下掉下来的。除非这些生产资料是大自然的恩赐，或者得自经济以外，否则它们就是诞生于某次经济发展浪潮，并融入周而复始之流。然而，任何一次经济发展和新组合本身的启动又源于当前周而复始之流提供的生产资料。这是典型的鸡生蛋、蛋生鸡的问题。

11　风险总是由生产资料的所有者或者用于支付生产资料的货币资本的所有者承担，而绝不会由企业家承担（参见第四章）。股东可能同时也是企业家，甚至将他履行企业家职责的原因归结为他拥有控股股权。但股东绝不是企业家，而只不过是资本家，他承担一定的风险，是为了参与利润的分配。股东之所以只是资本家，是因为，其一，普遍股东通常没有影响管理层的权力；其二，在一个存在贷款协议的环境中，利润分配会变得频繁起来。这一点可以对比希腊罗马时代通行的海上贷款协议（foenus nauticum）。还有一种解释，受到一种错误的法律体系的引导——只能放到特定的历史背景下才说得通——赋予普遍股东他从未想到要行使的职能。就现实而论，前一种解释要比后一种解释更可信。

12 虽然说企业家利润是企业家履行其职能的产物，但是，用企业家利润而不是企业家的职能作为企业家的定义，这种做法显然并不明智。我们还可以从另外一个方面反驳这个定义：我们将会发现，不像劳动力的边际产出必然落入工人的腰包，企业家利润并不必然落入企业家囊中。

13 只有从这种忽视，我们才能解释许多社会主义理论家对农民产权所持的态度。这是因为，少量的私人产权只对小资产阶级有意义，对社会主义者则没有意义。劳动力的支配者不是劳动者本人及其家人，只有从剥削理论的角度，这个原则才和经济有关。当然，这个理论几乎不再站得住脚。

14 这个精彩的描述见于维登菲尔德（Wiedenfeld）的著作《现代企业家的个性》（*Das Persönliche im modernen Unternehmertum*）。尽管1910年的《施莫勒年鉴》也出现过这个提法，不过我当时尚未知道，因此不见于第一版。

15 我在另外文章中也探讨了企业家职能的本质，参见《国家学简明词典》中的"企业家"词条。

16   同样的理论模型，显然不是同样的社会、文化等模型。

17   在上个世纪的经济发展尚未完全渗透之国家和西方文明之局部地区的经济生活中（比如，在中欧农民的经济中），这种情况今天仍不鲜见。这个农民一样地"精打细算"，他的"经济头脑"毫不逊色。然而，他一步也离不开原来的道路。几个世纪以来，他的经济方式一成不变，如果有变化，也是受迫于外部力量和影响。为什么是这样呢？这是因为，选择新的经济方式既非简单地包含于理性经济行动这个概念的内涵之中，也不会自然而然就会形成，而是一个独特的过程，这个过程需要给出特别的解释。

18   正如我们在前面提到的，微小的扰动会随着时间的推移累少成多。关键之处在于，就算商人做出这些扰动，但是，他绝不会改变他的例行活动。小的扰动是常态，大的扰动是例外。我们这里用到的"微小"一词就是这个意思。有人会反驳说，大扰乱和小扰乱并无本质差异。我们认为，这种反驳站不住脚。我们对微小的定义所依据的，是极小法原理（infinitesimal method），极小法原理的理论本质则取决于如下的事实，这就是，对于我们不能用"大量"来肯定的对象，在特写的环境下，我们可以"小量"来肯定。只要这个反驳忽视这个原理，它就站不住脚。不过，如果读者对大小之辨感到不耐烦，只要他愿意，他可以用自发适应这个观点取而代之。从我个人来说，我不倾向于这么做，原因在于，比起前一种解释，后一种解释更容易让人误解，反倒更费口舌。

19   首先，只要这个行为极为罕见，只有极少数人才能做到，那么，我们就必须关注这类行为和这类人。有人指责本书的第一版夸大且搞错了这个行为的特质，指责本书忽略了如下的事实，即每一位商人或多或少都具有这种特质，也有人指责我后来在《社会科学文献》上发表一篇文章（《经济生活的波浪式运动》），因为我在这篇文章中引入中间类型（"半静态"商人），针对这些指责，我的回答如下：企业家行为的特殊之处体现在如下两个方面。第一，这类行为指向某些不同寻常的事情，也指出某些不同寻常的行为。人们尽可以将这两个类别合而为一，但是，他们无法改变的事实是，这两个类别对应着不同的理论，传统理论只能阐述其中的一个类别。第二，企业家行为的目标在于"创新"，这和第二类行为的目标迥乎不同，不仅如此，比起纯理性经济行为，企业家行为要求的能力（aptitude）不仅在程度上有异，更在类型上不同。

一般认为，和其他能力一样，这些能力也分布在同一个种族的人口中，其分布方式体现为正态分布：在某一点的纵坐标达到最大，从这一点向横坐标的两边延伸越远，这些能力就越稀有。我们做一个类比。可以假设，任何一个健康的人可以随时引吭高歌。在同一个种族的全部人口中，一半人口的歌唱能力也许处于中等的水平，四分之一的人的能力逐渐降低，我们可以说，四分之一人口的歌唱能力超出平均水平，在这四分之一人口中，随着歌唱能力的逐渐提高，以人口的逐渐减少，我们最终只剩下卡鲁索这个声乐大师。只有这四分之一人口的歌唱能力才能打动我们，而只有在极少数的例子中，歌唱能力才能成为一个人的成名之技。虽然有张嘴的人都能唱歌，但是，这不影响歌唱能力成为少数人秀出常人的特长，不过，严格说来，我们不能以歌唱能力划分一类人，原因在于，和企业家能力不同的是，歌唱能力对总体人数的影响微不足道。

让我们将结论用于企业家类型。四分之一人口相当欠缺经济创新能力，这种欠缺体现为他们道德个性的贫乏，因此，在需要这些特质的私人企业和职业生活，这部分人起的作用微不足道。我们能够判断出这个类别，也知道，在那些最出色的职员中，其中一些忠于职守，专业娴熟，一丝不苟，他们属于这个类别。接下来是"常见"。事实证明，即便在既有的管道中，这一部分人更适合自主决定、自行安排，而不是按章行事。所有的商人其实都属于这个类别，否则的话，他们不可能达到他们现有的地位。大多数人都是挑选的结果，也是说，通过其他人或层次的考核。对于某位毛纺厂主来说，参加某次羊毛拍卖会可谓驾轻就熟。但是，每一次拍卖会都不会一成不变。因此，毛纺业务的成功如此地取决于采购羊毛的技能和首创精神，这就解释了，比起重工业，毛纺业迄今为止仍未出现托拉斯，其中一个原因就是，那些聪明的企业主不愿意放弃他们在采购羊毛方面的优势。从这一类人出发，我们最后来到最高的四分位，位于这个区间的人拥有超乎寻常的智慧和意志。这一类人身份各异（比如，商人、制造商、金融家），不仅如此，首创性的强弱程度也连续分布。在我们的论述中，每一个强度都会出现。许多人能够成功地将其业务带入一个前所未有的境界；另外一些人紧随其后；还有一些人只能算是这一类人中的普罗大众。无论哪种风格，无论哪个时代，杰出的政治领袖亦属于一类，他们固然不是独一无二，但仍然傲立巅峰，自顶峰而下，领导力连续递减，直至中人之资。领导力固然是一项特殊的职能，领导者也是一类特殊的人。如果有人针对我们的说法提出质疑"这一类人起自何处"，并就此宣称"这个类别根本不存在"，这当然是无稽之辞。

20 有人指责本书的第一版一会儿将"静态"定义为理论构建，一会儿又将之定义为经济生活的现实图景。我相信，这一版不会再受到这方面的指责。"静态"理论并不是假设经济静止不动，它也研究外部数据变化带来的影响。因此，就其本身而论，静态理论和静止现实之间并无必然联系。只有当人们试图最简要地表述某个不变经济之经济事件进程的基本规律时，他才需要在其理论中用到静态假设。史前的人类经历静止的经济不知道有几千几万年。有史以来，许多地方经历静止的经济也有好几个世纪，这已经是一个不争的现实。不仅如此，正如桑巴特所强调的，经济的每一个萧条期都会趋向于静止状态。因此，我们不难理解，为什么史实和理论构建的巧合会引起一些误解。我们在这一版不再使用"静态理论"和"动态理论"这两个术语，而直接使用这两个词对应的含义，静态理论对应的是"循环之流理论"，动态理论对应的"发展理论"。

21 看过本书第一版的一些读者也许会认为，我们对企业家职能的分析不涉及企业家任何闪光的内容。这个认识有些多余。我们确实认为，企业家的经济职能不同于——比如说——盗贼。但是，我们既不认为每一个企业家都是天才，或者是造福社会的恩主，我们也不希望针对企业家在其社会组织中扮演的角色发表任何观点，也不会回答如下的问题，即是否存在其他一些方式，使得企业家能以更低的价格更有效地发挥其作用。

第三章

1 我们将在下面解释这个观点。除了这里的解释，哈恩（A.Hanh）在其《银行信贷的国民经济理论》（*Volkswirtschaftliche Theorie des Bankkredits*，1920年第一版，1926年第二版）中所做的研究也对这个证明进行了有益的补充和完善。这本著作洞见不凡，从根本上深化了我们对这个问题的认识，值得读者阅读参考。兰格沃思·泰勒（W. G. Langworthy Taylor）的《信用系统》(The Credit System)也有异曲同工之妙。由于"二战"银行信用在繁荣和萧条阶段表现出来的作用以及对此的讨论方兴未艾，这使得我不必花太多的笔墨阐述这方面看似矛盾的表现。今天的每一个经济周期理论都认识到"额外信用"和繁荣之间的实际关系，也都会考虑如下的问题：经济周期是否会因货币的影响而趋于缓和，如凯恩斯的经济周期理论。这并不意味着他们认同我的观点，但一定会导向我的观点。读者可以参考我发表在《社会科学和社会政策文献》（1925年）的论文。罗伯森（Robertson）在最近的著作《银行政策和特价水平》（Banking Policy and the Price Level）也得出同样的结论（就此也可参照庇古，《经济学杂志》，1926年6月）。

2 这个理论构造自魁奈时代起来就不断强化，却自相矛盾。这个概念如此之重要，甚至有人会说"预支经济学"（advances-economics, Vorschussökonomie）。

3 尽管人们一般不会将对产品的要求权和产品本身混为一谈（就像人们不会将玉米穗和玉米粒混为一谈一样），但货币却有所不同。我当然不能驾驭我对一匹马的要求权，但在特定的场合，我能用对货币的要求权进行购买，就像我用货币进行购买一样。

4 就算在个观点上持如此保守的态度，包括J.S.穆勒在内的每一位经济学家都会承认，李嘉图的这个观点并不完全正确，比如劳格林（J. L. Lauglin），他在《货币原理》一书中说："信用没有增加资本（也就是没有增加生产资料），而是促进资本流动，使得资本更有效率，间接增加产量。"我们在此有着相似的观点。

5　只有为数不多的银行在它们的定期报告中表明，它们的存款有多少是真正的存款。上述的估计是基于英国银行报告做出的，这至少间接表明了这种状况，且该状况很可能是公认的。这个结论对德国不成立，原因在于，德国银行不会简单地以等量的贷款向客户授信。但这个理论的本质并不在这方面表现出不同。严格说来，所有的银行存款都是以信用为基础，这一点哈恩已经正确地做过强调。只有一种信用除外，这种信用来自支付的总额，并以一种特殊的方式加以抵押，因此，这种信用不会增加存款者的购买力。

6　当然，总有一些经济学家采用外行的观点，他们惊诧于"银行发行数量之巨大"。更让人吃惊的人，有些金融学者竟然也持同样的观点。比如，克莱尔的《货币市场入门》（*A Money Market Primer*）是一本相当实用的书籍。虽然克莱尔在这本书没有全盘接受这个观点，却将银行可用的授信额度定义为"其他人的货币"，即便这个定义只对一部分授信是正确的，也是从表面意义上来说的。

7　我从一开始就忽略了如下的情况，即在经济体系中，一门常规的业务得到信用支付工具，生产者从客户那里收到汇票或者其他信用工具，然后立刻用之购买生产资料（producers'goods）。这种情况根本没有授信，和用金属通货进行现钱交易没有任何区别。我们已经在第一章提过这种情况，这里就不再赘述。

8　进一步说，如果抵押品是土地或股份这类不流通的财产（或者不能上市交易的产品），那么，货币创造对商品及价格的影响和那些没有抵押的信用一般无二。但人们经常忽略这种情况。如果政府是以土地为"质"发行法币，人们也会犯同样的错误。这类支付工具的抵押基础只不过消除了它们的不安全，但没有改变如下事实，即从这些支付工具产生了对这种产品的新需求，但却没有新供给与之对应。参见第二章。

9   一般说来，在他向社会之流做出任何贡献之前，他要先从社会之流从获得产品。从这个意义说，企业家仍然是一名债务人，而且是整个社会的债务人。产品转移到他的手里，但是，他没有这部分产品的要求权，这部分产品的要求权只属于其他情况下的国民收入。参见第二章。

10 我希望读者不要将这里的"（循环之流中的）当前信用"和提供给企业家的一类信用混为一谈，后者是用于经营业务，如发放工资，而非开创业务。

11 这个观点已经得到事实的验证。这是因为，许多个世纪以来，现实经济中只有消费信用。然后才有服务于创建业务的信用。就算没有这种信用，循环之流也依然生生不息。当前信用只是在当代才实现它现在的地位。除此之外，当今工厂和中世纪手工作坊在经济特性上并无本质差异，既然如此，我们可以得出结论，从根本上来说，前者不需要信用。

12 参考第一章。尽管购买力也用于制成生产资料，而不只是用于劳动力服务和土地服务，但我们在第一章已经清楚地表明，我们为什么在提及劳务及土地时，不提及制成生产资料。

13 在这一问题上，我和斯皮托夫（Spiethoff）存在分歧。他写了三篇文章研究这个问题，分别是：《资本与货币市场的外部秩序》（"Die aussere Ordnung des Kapital und Geldmarktes"）、《资本、货币与商品世界的关系》（"Das Verhältnis von Kapital, Geld und Güterwelt"），《资本稀缺及其与商品世界的》（"Der

Kapitalmangel in seinem Verhältnisse zur Güterwelt"），均载于《施莫勒年鉴》（1909年）。在某些问题上，这些文章提前道出了本章将要表达的一些观点。他也明确无误地强调了"创造新的货币替代"的可能性（比如第二篇文章，第85页）。但他又说，"这种货币创造有一个不可逾越的经济限制，这就是现有产品供给。只有让闲置产品重回商品流通，这种人为创造出来的货币才能发挥作用"。如果超过这个限制，物价将会上涨。后半句话当然是正确的，对我们来说，突出的问题也正是这一点。我们当然同意，货币的紧缺（tightness）不可能通过创造购买力彻底解决，至少说，除非遇到货币恐慌，创造购买力才能解决货币紧缺问题。

14 首先，市场上原来生产者的购买力受到挤压，然后是市场上一部分消费品的购买力，这些消费品没有从增加的货币收入中分得一杯羹，而这部分增加的货币收入满足了企业家的需求。这就解释了，在繁荣阶段，物价为什么会上涨。如果我的理解无误，那么，这里表达的，正是米塞斯"被迫储蓄"这个术语的含义。

15 参见哈恩，《信用》（"Kredit"），载于《国家学简明词典》（*Handwörterbuch der Staatswissenschaften*）。

16 正如我们将在第六章指出的，仅凭这一点，我们就能解释，在萧条阶段，为什么物价会下跌，从而切实解释了，在没有其他因素加以阻碍（如发现金矿）的时期，为什么物价水平会一直下跌。

17 有人将我们的理论理解为，信用创造推动实施新组合的方式是，提高物价，使得原来不赢利的一些组合变得赢利。这是对我们理论的误解。

18 参见哈恩的另一篇名为《论信贷》（"Kredit"）的杰作，载于《国家学简明词典》。如果按照如下方式表述，我认为他的说法就对了：

虽然新增购买力没有得到现有产品的支持，但这部分购买力却得到未来产品的支持，注意，是以当前价格计价的未来产品。

19　如果有人根据某一时刻存在的生产资料数量来衡量资本每一单位，就更是如此了。如果真有人这么做了，他当然可以说这是"真实"资本，但其实仍然是虚构的。

20　他顶多可以像斯皮托夫那样，将资本市场一分为二，其一是用于长期购买力交易的市场，其二是用于短期贷款交易的货币市场。但每个市场所交易的，都是购买力。

21　不过读者可以参考哈恩的文章，《货币市场理论》（"Zur Theorie des Geldmarkts"），载于《社会科学与社会政策文献》（*Archiv für Sozialwissenschaft und Sozialpolitik*，1923年）。

第四章

1　在解释利润的各种理论中，最重要的是如下理论：摩擦理论、工资理论、风险理论、级差地租理论。如果读者想进一步了解这些理论，请参见拙作《本质》第三卷。我们无须在此对这些理论进行评论。如果读者进了解这些理论的沿革，请参见皮尔斯托夫和马塔加的著作。我在此还要向读者推荐克拉克的《经济理论的本质》（*Essentials of Economic Theory*）一书。他的利润理论和我的理论最为接近。

2　参见《论公共财富的性质和起源》（*Inquiry into the Nature and Origin of Public Wealth*）。必须指出，他对利润的解释完全不同于我们的解释。

3　《资本和利息》第七章第三节。

4　为了和我们的理论相吻合，同时与事实相符，我们这里的处理和劳德代尔的例子有所不同。

5　这就是完全自由竞争的情况。也就是说，无论是采取供给的行动，还是采取需求的行动，没有哪家企业有足够实力显著影响价格。

6　值得注意的是，这个命题并没有诉诸那个有待解释现象的事实，构成这个现象的基础是利息的存在，这是许多生产力理论的核心。至少其余，我们稍后将会证实。

7　参见庞巴维克，前揭书，第174页。

8　为了简化表述，我们将这个过程限定在一个经济期内。

9　参见第二章，第74页及以后各页。

10　严格说来，生产资料的价格构成了实物投资，这些价格取决于之前在主要用途上的价值，而未考虑新用途，当然，在现实经济中，企业家要为这些生产资料付出更多。

11　这是因为，民众只会看到眼前的损失，而未来的收益对他们来说没有任何现实性可言，完全可以当成不存在。这个结论对我们已知的一切文明都成立。纵观历史，当发展需要民众的大力支持，这种反对力量从来就不曾消失。在许多情况下，根本不能指望民众作出一丝一毫的牺牲。

12　参见维塞尔，《自然价值》第70页及以下。

13　我完全不认同该理论，参见拙作《本质》以及拙文《关于分配问题的评论》（"Bemerkungen über das Zurechnungsproblem"），载于《政治经济学、社会政策及管理杂志》（1909年）。

14　若从私有经济的角度来看，这种剩余往往表现为利润以及资本利息。

15　就算领导者的行为要和某种不可替代的生产资料展开竞争，剩余价值仍然会按照有利于前者的方式分配。这是因为，在率先引入这项发明时，后者仅仅按照当时的通行价值进行分配。

16　《资本实证论》最后一章。

17　参见拙作《本质》第三卷。

18　我们经常听到如下的论断：一切都不是企业家生产出来，一切都是企业生产出来的；任何人的产品都不是属于他自己，而是属于全社会。我们现在对这个论断说上几句。从根本上说，这个论断并没有错，原因在于，任何一个人都是先天遗传和后天环境的产物，少了这两个条件，他不可能生产出任何东西。但我们的讨论和这个理论毫无关系，我们不关心哪些因素塑造出一个人，我们关心的是现成的人（already formed）。个人首创精神是否有其作用？对于这个问题，就算这个理论的代表也会毫不犹豫地给出肯定的答案。对于发展这个现象，答案也仍然如此（不明）。至于其他，构成这个理论的主要基础有如下两条：一是一般人普遍认为，只有体力劳动才真正算得上生产性的；二是人们认为，发展的全部要素能够顺利地相互协作，每一个发展阶段是以之前的发展阶段为基础。但这只是既有发展的结果，什么也解释不了。这个理论的根本问题在于，只字不提发展的运作机制原理。

19　有人也许会反驳，如果这样发明远远领先于人们常用的生产方法，那么，这个社会仍然需要推动力，才能用新的方法进行生产。我们不同意这种观点。理由如下。首先，果真如此的话，只能说明这种新组合尚未完全被人理解，也未完全为人所熟悉，因此，我们可以说，这项新组合尚未成功实施。其次，假如新组合已经启动，这个过程会持久一段较长的时间。经过这段时间后，和组织有关的推动力确实是必要的，尤其是对各个层级工人的推动力（in ranking）。但这种推动力和实施新组合的动力是两码事。最后，在封建庄园中，发明往往意味着臣民的直接损失。如果庄园主下定决心要实施新组合，他必要用到强制手段。但这种强制手段仍然和实施新组合的动力是两码事。如果只是维持某种业已存在的事情，此时不需要领导者，而只需要统治者。

20　资本主义社会也按照自己的方式进行分配。

21　写于1911年。

22　其他一些经济学家还质疑利率的一致性（uniformity），比如，莱西斯（Lexis）。这个问题曾经让马克思头疼不已，但如果我们的结论得到认同，这个问题将迎刃而解。

23　这个结论是怎样的合乎现实，也是怎样清晰地表达了一个毫无偏见的观点，我们可以在亚当·斯密的著作中找到答案——这个结论，任何一个务实的人都会，也已经在他的日常生活中作出了——这就是新的生产方向总是比旧的生产方向获利更多。

24　参见斯坦普（Stamp）的《财富和可纳税能力》（*Wealth and Taxable Capacity*）第103页及以下。

25　参见拙文《今日社会主义之可能性》（"Sozialistische Möglichkeiten von heute"），载于《社会科学文献》（1912年）。

26　虽然这个现象直指本质，但对这个现象的考察却屈指可数。不过，读者还是可以参考查普曼（Chapman）和马奎斯（Marquis）的文章，《从工薪阶层中招募雇主阶层》（"The Recruiting of the Employing Classes from the Ranks of the Wage Earners"），载

《皇家统计协会杂志》（*Journal of the Royal Statistical. Society*，
1912年）。

第五章

1　我们之所以如此强调这一点，是因为，除了极少数专家，就算是对庞
　　巴维克所做贡献的主要部分，人们也没能完全理解。但我先做一番预
　　告。本章下面的观点在每一个方面都与此相关。无论是谁，只要他仍
　　然坚持利息不言自明的观点，仍然看不到这是一个至关重要的问题，
　　那么，他一定会认为下面的观点是毫无必要地含糊不清，大部分内容
　　无法理解，甚至是错误的。但在庞巴维克的著作中，读者能够找到需
　　要的一切内容，以及几乎无所不包的文献索引。读者有必要对此有一
　　个总体的理解。最后，我不想重复在拙作《本质》第三卷中已经说过
　　的内容。

2　参见庞巴维克《论萨伊》第一章第142页。不过，庞巴维克的表述方
　　式显然受到如下事实的影响，这就是他的利息理论已经成型。

3　参见庞巴维克，前揭书，第一卷第230页。

4　参见庞巴维克《论萨伊》的结论性评论，第一卷第606页及以下。

5　参见庞巴维克，前揭书，第一卷第132页，关于生产资料的实物生产
　　力和价值生产力这两个概念。

6　可参见庞巴维克对萨伊和罗斯勒（Roesler）的评论。

7　这台机器生产之产品的价值已经归属于它，而这台机器的价值已经归
　　属于生产这台机器必需的劳动力服务和土地服务。因此，这些服务已

经获得最终产品的价值，如果这些服务物化为机器，在价值归属时，只不过是由机器替代了它们的地位。从这个意义上，我们可以说，这台机器获得了它所做生产性服务所对应的价值。如果我说，机器从其成本中获得其价值，读者就不会产生误解。

8　参见庞巴维克《法权和国民经济商品学观点的关系》（*Rechte und Verhaltnisse vom Standpunkte der Volks wirtschaftlichen Guterlehre*）。还可以参考他对"实用"（use）利息理论的观点，这些观点也适用于我们的例子。与此同时，我必须说，我不考虑实用利息理论的基本观点，原因在于，我没有一丝一毫可以补充庞巴维克的论断。

9　严格说来，这种表达方式只适用于非交换经济。在交换经济中，我们不可能将生产资料的价值当成间接使用价值。通过这些概念，我们可以得出其价值形成的原则。就算我们用一种更正确的表述方式，结果也是一样的。

10　土地肥力的自我恢复，和牛群的繁殖是两种不同的情况，这是因为，因牛群增殖而产生的价值，最终仍然要归于劳动和土地。而土地肥力的自我恢复，在每一经济期其数量是相同的。土地的价值固然会增加，但需要付出成本。

11　参见《资本与利息》第二卷。

12　已经有经济学家沿着这个方面做出详细的阐述，比如，奥托·康拉德（Otto Conrad）及其著作《工资和养老金》（*Lohn und Rente*）。还有一些学者也提到关于利息的这类解释，但他们的观点还称不上是一套完备的理论。

13　参见第四章的论证。

14 参见拙作《本质》，第三卷第三章，以及本书第三章第一节。比如，假如一间工厂因意外灾害而被毁，工厂主举债重建这间工厂，那么，这种贷款的利息就是"用于消费的生产性利息"。

15 有人说，他可以用静态方法来解释利息，有规律的利息才能支持他的这种说法。但是，我们并不解释这种规律性。

16 参见拙作《本质》，第三卷第三章。

17 从这一点可以得出两个现实的结果。第一，所谓的初始交易利息（primitive trading interest）并不是利息。只要不明垄断收益或者工资，它一定是企业家利润，当然是暂时的。第二，租金（rental）不是利息。在循环之流中，租金是不完全的采购费用（partial purchase），不包含任何利息因素。来自住宅的净收入只是地租，以及房屋管理人的工资。根据我们的论证，我们会知道，在发展中，利息因素如何进入租金。如果资本利息已经存在，那么时间将成为一种成本因素，这个事实相当重要。

18 我们同样可以从配第、洛克和斯图亚特的著作中得出同样的结论。

19 正如庞巴维克强调的，这解释了洛克的理论为何乍看起来显得自相矛盾（参见《资本与利息》第二版，1，52）。

20 我在这里不会深入考察"存量消费品"和"劳动力服务和土地服务的积累存量"这两个权宜的概念。

21 参见马歇尔在贸易萧条委员会（Commission on the Depression of Trade）所做的证词。在讨论货币数量和商品价格之间的关系时，马歇尔指出，如果货币数量增加，"我应该说，这马上会影响伦巴底街，使得人们多对外放贷，存款和账面信用随之膨胀，使得人们更愿意投机……"只要他说出这番话（又有谁能否认这些事实呢），他就不能够轻描淡写地反驳我们的理论。

22 《政治经济学原理》第三版第251页。

23 《经济学杂志》（*Journal des Economistes*，1899年）。

24 参见《国富论》第二卷第四章，篇幅短小却内涵丰富的论述。

25 费雪，《利率论》第78页。

26 比如，如果有人以如下的形式证明利息和货币数量之间的因果关系，经济体系中有更多的货币，货币价值会随之降低，相应的利息自然随之减少，那么，针对这种观点的反驳当然是有道理的。这当然是无可弥补的错误。我在本书中根本不曾讨论过这个解释，但我相信，主要是由于担心这样的观点，经济学家完全不敢提及货币和利息之间的关联。

27 参见《资本与利息》第二卷。

28 具体讨论参见拙作《本质》第二卷。我们在此不关心价格理论的详细阐述。

29 参见庞巴维克，《资本与利息》第二卷。

30 为了避免误解，我们有必要指出，循环之流中的交换也有可能通过信用支付工具完成。这样的信用循环工具不会有利息，其价值等于票面价格。但是，为了让银行有动机创造更多的信用支付工具，利息当然还是必要的。

31 参见第二章。

32 参见拙文《美国的新经济理论》，载于《施莫勒年鉴》（1910年）。

33 科学院，《科学评论》（1911年）。

34 正如我接下来要表明的，虽然我用这种表述方式，但我并没有质疑如下的基本事实，即垄断地位并不是"产品"。

35　读者会很清楚地看到，如果我们假设买主不想这座炼钢炉报废而重建，而是通过维修使之完好如初，我们的论断仍然成立。

第六章

1　除了发表在《政治经济学、社会政策及管理杂志》（1910年）上的文章，我对这个主题的研究还有如表在《社会科学和社会政策文献》（1914年）的一篇文章：《经济生活的波动》（"Die Wellenbewegung des Wirtschaftslebens"）。截止到今天，我的危机理论主要引自这篇文章。除了本章对危机理论的阐述，我于1914年在哈佛大学开的一次讲座中也进行了系统地阐述和实证分析，不过没有根本地改变。除此之外，还有几篇文章主要是研究其他问题，比如，《信用控制》（前揭，1925年），以及发表在《经济—统计杂志》上的《银行政策》（"Oude en nieuwe Bankpolitiek"），这几篇文章也勉强触及危机问题。在1925年的鹿特丹高级商业学院的讲座上，我详细阐述了危机问题，最后，如果读者想参阅短述，请参见发表于《经济学》（1928年）的一篇文章《经济周期解释》（"The Explanation of the Business Cycle"）。

2　参见《布伦塔诺纪念文集》（Festschrift for Brentano）第11卷第351页。

3　参见他的杰作，《周期变动和危机》（"Konjunktur und Krisen"），发表于《社会经济学纲要》（Grundriss der Sozialökonomik），第五卷（第一部分）第368页。

4　我们在第二章补充的新阐述也回答了罗威的反驳，也就是他所说的"半静态"商人这个概念。

5　参考他最近的阐述，首选是发表在《国家学简明词典》上的《危机》一文，还可参考发表在《汉堡经济通讯》（*Hamburger Wirtschaftsdienst*，1926年）的文章，以及他在"波恩大学校友和赞助者"那里发表的题为《现代变迁考察》（"Moderne Konjunkturforschung"）的演讲。

6　当然，经济计划被打断得越少，越有可能形成托拉斯。

7　我们并不是指严谨的生产过剩理论，而只是指一些常见的说法。

8　世界大战爆发引起的类似危机的现象也是一类情况。但不仅这些，所有国家的战后遭遇的危机也是类似情况。仅仅用一些流行的说法并不足以解释这类危机的本质，比如，"稳定危机""通货紧缩危机"。

9　这个发现以及其结果的全部认知要归功于克莱门特·尤拉（Clement Juglar）。

10　我的意思是，我们在这部分所做的论证，在其他危机理论看来是理所当然、无需证明的。因为就算免于反对意见，也没有人精确地对这种情况做出解释。

11　比如，丰收能够促进和延长繁荣，或者减缓和缩短萧条。在解释一些个案时，这个因素往往相当重要，摩尔（H. L. Moore）就是这样证明的。但这个因素和我们的因果链没有任何关系，它只是通过我们的因果链起作用。

12　特别是，如果读者已经透彻理解危机问题，他不难发现，在我们的理论中，其他危机理论中作为原因的所有条件都能找到应有的位置。当然，和第二章提出的发展理论一样，本书提出的危机理论也不免于如下反对意见，即我们的危机理论只是一面之词，过分强调了众多因素中的一个因素。这个反对意见将如下两个问题混为一谈：一是解释经济周期的本质和作用机制；二是关于某个周期具体成果的理论。

13　当然，这并不意味着，失误这个因素在实际操作中无足轻重，也不意味着投机狂热等（生产过剩就属于这个类别）在实际操作中不重要。我们唯一断言的是，所有这些因素在一定程度上是繁荣的结果，就算另外一部分不是繁荣的结果，我们也不能通过这些因素理解繁荣现象的本质。

14　这是因为，企业家利润的消失并不是我们的危机理论要找的"原因"。参见本书第三章第三节第二段。

15　不用说，在我们的危机理论中，无论购买力创造占有多么重要的地位，读者不会将我们的理论和那些致力于从货币和信用体系中寻找周期原因的理论归为一类。但我们并不否认，信用政策会影响甚至阻碍周期运动，当然要和发展结合起来才能做到。

16　从原则上讲，地租必定也上涨。但如果土地是长期租赁，那么，地租则不会上涨，除此之外，其他许多条件也会阻止这类收入快速上涨。

17　也不取决于如下事实，扩大生产的一般结果被证明是错误的。

18　这个平均时间首先取决于技术因素，其次取决于追随者的追随速度。

19　在现实经济中，许多条件会延缓物价的下跌。然而，延缓物价只会使得情况变得更糟，而非得到消除。物价下跌的唯一影响是，作为经济周期象征的物价指数不再有用。

20　本源因果作用，原因在于，银行主动限制贷款规模当然是一些后续事件的"原因"，如果没有银行的这种行为，这些事件原来不会发生。

21　我们要将当前讨论的现象和如下现象区别开来，这就是，偿还债务引起信用收缩，从而引起资本投资减少。为其他新目的所做的投资也应该归入这一类。在现实经济中，股票和债券发行统计是一个相当有用的经济指数（斯皮托夫），这个统计值主要反映了第三个因素：通过储蓄整合的银行信用。

22　在我看来，无论什么危机理论，只要这个理论将生产过剩当成原因之一，甚至是根本原因，这个理论都难逃循环论证之嫌（除了萨伊提出的反对意见外），就算这个理论没有提出"普遍的生产过剩"，也是如此。当然，斯皮托夫的理论不在此列。通过简短的论证，他试图证明用于再生产之消费品的周期性生产过剩。他的论证并不是循环论证。不仅如此，我认为，斯皮托夫的分析深入到这个主题的所有细节。根据他的分析，就和根本原因的关系而论，主导外部图景的因素要比生产过剩这类原因重要得多。最后，在我看来，尽管斯皮托夫强调生产资料产业是危机问题的原因之一，但我们绝不能将他的分析简单地认为是生产过剩理论。如果我们能够更细致地阐述他的理论，对其理论的认同很可能比我现在想象的要多。

23　《危机和周期性生产过剩》（*Les crises periodiques de surproduction*）第一章。需要指出的是，和我们这里看到的事实不同，另外一个事实要清晰得多，这就是，在建设工厂的产业，这种周期性运动总是特别地明显。我们的理论同样可以对此做出解释。当然，这个事实和这里的观点并不矛盾，而是契合一致。

24　我们已经两次提到繁荣会提高成本：首先，企业家的需求推高生产资料的价格，随后受益于发展第二波浪潮的需求进一步推高生产资料的价格。这些不断提高的成本和古典经济学家所谓的长期成本上涨没有任何关系，他们得出这个结论的假设基础是，生活必需品生产资料的增长速度赶不上人口的增长速度。上面提到的不断下降的成本，并不是这些不断上升成本的货币价值的补充，而是繁荣所实现之生产进步的结果，表示单位产品之真实成本的下跌，首先表现在新企业对抗老企业的产品中，然后影响到老企业的产品，因为老企业要么采取措施必须适应竞争，比如，降低产出，聚焦于最有利的投资方向，要么被淘汰出局。在每一次繁荣后，经济体系能够以更少的劳动力和土地生产出单位产品。

25　当然，战后的萧条并不属于常规萧条之列。在我看来，从战后的材料中读出经济周期理论的普遍结果，这种做法是错误的。因此，许多当代危机专家之所以提出信用政策，是因为他们关于常规经济周期的观点只适用于战后的危机。

26　可以参考社会政策协会的相关报告，或者英国在对1895年之前主要衰退的报告，比如著名的《关于商业衰退的第三份报告》（作者是J.W.F.罗伊）。更精确的调查还是最近的事，比如《伦敦及剑桥商业服务机构的特别备忘录第8号》，或者美国的《总统失业会议委员会报告》里的数据和分析。还可以参考C.施奈德提出的有趣方法（《管理》，1923年5月），由此方法可以得出关于1921年衰退——当然衰退不只是这一年——的同样结论。

27　同样道理，我们在这时也不需要深究萧条对不同产业影响的差异程度，比如说，萧条对奢侈品产业的影响要远超食品产业。我们在本章已经讨论过所有和理论有关的内容。

28　在用统计数据来证实这个理论时，我们会遇到不少困难。首先，工人消费物品零售价格的数据既不能追溯太远，也不完整，仅仅是货币工资的走势不能说明任何问题。如果我们能够得到令人满意的数据，这将证实我们的论点。就我所知，我们根本无法衡量一战前的短工（short-time work），要想得到完整的失业统计，只有借助于工会提到的资料，以及不经常的人口普查数据。这样的工作放到现在要容易一些，但鉴于我们已经提到的原因，我们只关心战前的统计数据。我们现在找到合乎我们需要的研究成果，这就是伍德（G. H. Wood）的文章《1850年以来的真实工资和福利标准》（"Real Wages and the Standardof Comfort since 1850"），这篇文章发表在《皇家统计协会杂志》上（1909年，3月号）。这篇文章一直统计到1902年，并且证实了我们的判断。但在世纪之交，非周期性的长期物价走势出现，这扭曲了这个图景，也使周期性运动路线出现偏差。根据包利教授对伍德的研究所做的延续，以及伍德女士的研究《伦敦1900年—1912年真实工资的运行轨迹》（"The Course of Real Wages in London 1900–1912"，《皇家统计协会杂志》，1913年，12月号），以及汉森（A. H. Hansen）的文章《影响真实工资趋势的因素研究》（"Factors Affecting the Trend of Real Wages"，《美国经济评论》，1925年，3月号）（事实上，这篇文章没有考虑就业状况），这个理论与事实不符。但我们不难发现，如果剔除物价长期上涨的趋势，我们的理论将能够得到证实。至于黄金开采和工资水平的关系，请参考庇古发表在《经济学杂志》（1923年6月）上的文章。

29 统计数据也支持本文接下来的论证。一般说来，真实工资在萧条阶段是下降的，但下降幅度不及在繁荣阶段的上涨幅度。这正是从我们的理论中可以得出的结论。

30 这里的贫困及其影响指的是，如果支付工具数量相对不变，就算没有通胀型金融方式的就业相对通货膨胀，相对通货膨胀也会出现。这里的表述指的是，纸币或信用膨胀会强化这种影响。

31 这个新概念的意思仅仅是，以一个理想标准单位表示的需求，理想标准单位没有周期性变化，而这种周期性变化归结为流通媒介数量的变化。因此，对劳动力的有效需求变化仅仅指的是，劳动力总需求的真实变化，而不是名义变化。

32 参见我的文章《分配学说纲要》（"Das Grundprinzip der Verteilungslehre"），载《社会科学与社会文献》（Bd.42）。

随着萧条阶段的持续，经济体系以及信用结构崩盘的危险反倒越来越小。这个命题合乎如下事实，即大多数破产事件并不是发生在繁荣向萧条的转折点，而是在这个时刻以后，有些时候，甚至发生在经济体系已解除危险警报以后。这是因为，就算企业受到致命的创伤，它也不一定立刻申请破产。相反，任何企业都会尽一切可能抵制破产。大多数濒临破产的企业都能苟延残喘一段时间。它们（以及它们的债主都）希望能够熬到柳暗花明的一刻。它们精打细算，闪转腾挪，四处求援，有些时候能够成功，有些时候至少能够就清偿债务达成一致，更多的时候则是徒劳无功。但即便如此，这些努力也会延长企业的破产或者重组，往往看到下一个上升阶段，这就像明明看到陆地，却不幸沉没。这不是新灾难的结果（这种灾难其实是逐渐下降），而是很久以前发生之灾难的结果。在这里，我们必须研究初始原因，以及这些原因的本质特征，而不是研究这些原因什么时候变得引人注目。这样，我们的理论和实际观察之间必然存在明显的不同。但是，只有这样的不同没有得到满意的解释，人们才有理由反对这样的不同。

33 不断增强的预测能力也弱化了常规的经济周期。但预测不能阻止经济周期的运作。只要读者仔细考察我们的理论，他会得出这个结论。因此，亚当斯（T. S. Adams）说，"预测经济周期，是为了抵消经济周期"，这个说法就太过了。我们在前面曾经提到（第二节，b，第四点）随着时间的推移，经济发展越来越变得"正常考虑范围内的事情"，这里的情况有所不同。有些时候，这个要素也不同于熟悉和预见到我们现在所说的内容。它也能弱化经济周期运动，但弱化另有原因：它倾向于消除繁荣的基本原因。因此，比起单纯地预测经济周期的进程，其发生作用虽然要迟缓得多，但其消除的趋势要彻底得多，只要繁荣的原因存在，这个趋势注定不可避免。它还不同于托拉斯化（trustification）：后者则基于相同的原因弱化了正常和异常事件。

译后记

西方思想浩如烟海，经典著作灿若星辰。自百多年前西学中渐以来，学者对西方思想的引进便不遗余力，各学科叠有佳作妙译问世，对西学经典著作的译介更是重中之重。这些译作对中华文明步入现代化、对国人了解并掌握西方文明贡献良多。

我们对先贤的努力表示由衷的敬意。但我们并不认为，对西方思想的译介已经功德圆满。因为译介的广度和深度往往取决于我们对其他文明的认识与理解。中国历史上第一次大规模吸收其他文明的思想，从"白马驮经"打开了佛教东传的序幕，到后来鸠摩罗什的长安译经，再到唐初玄奘的西天取经，历经东汉、魏晋南北朝、隋、唐诸多朝代，长达五百多年之久。正如佛教东传历经风雨，西方思想的引进也绝非一帆风顺。近一百多年来，中学西学的体用争议一直挥之不去。因此，任何对西方思想的深入译介都不显多余。

虽然都称得上博大精深、自成体系，但与佛教只专注于宗教领域不同，西方思想上至形而上学、自然科学和社会科学，下至技术和应用，涉及人类生活的方方面面。自然科学技术因其可观察、可实验、可应用，结果近乎精确可验证，文字所指更具象、实在，很快被国人理解并吸收。而社会科学则不然。社会科学关乎人与人之间的关系，难以观察及实验，结果更是难以验证，客观上的思维习惯及思维方式的差异，以及主观上的体用之惑，都阻碍着国人深刻理解西方思想，遑论融合与应用。

学科的细分与完备是西方思想成熟的标志之一，按学科引进西方思想自然顺理成章，而且似乎效率很高。再加上传播手段的现代化，我们更是热衷于引进最新潮前卫的西方学术成果，以为这样就能赶上并超越西方文明。其结果是，我们往往得其形未得其神，得其实未得其根。我们不了解的是，西方思想虽然不是兴于一时，成于一邦，但在其两千多年的演变中，在其从希腊半岛一隅至欧美大陆的传承中，自有其千载不变的脉络，在其林立学科的背后，自有其一以贯之的精髓。

在这样的背景下，我们基于四个定位，向读者奉献这套远瞰经典译丛。第一个定位是聚焦。远瞰经典译丛聚焦于社会科学领域，但我们无意也不可能将经典名著一网打尽，而是精挑细选若干品种。选入译丛的著作不仅是公认的经典名著，更重要的是，这些著作在西方思想的传承中起着里程碑式的作用（比如熊彼特的《经济发展理论》）。而这些著作之所以能够成为里程碑，是因为它们既承袭了西方思想的DNA，又做出了重大创新。研读这些经典中的经典，读者可一览西方思想的精髓。

第二个定位是跨界。远瞰经典译丛不囿于某个学科，而是横跨哲学、逻辑、经管等多个领域。串连起这些经典著作的主线，正是西方思想一以贯之的脉络。研读这些名著，读者可以相互参照、印证和汇通，从而更深刻地理解西方思想。

第三个定位是经世。远瞩经典译丛绝非钻入西方故纸堆中的古董式丛书。我们强烈感受到中国30年来市场经济实践的波澜壮阔。我们更清楚，更大、更持久的波澜意味着更冷静、更深邃的沉潜。一方面，我们需要更深刻地理解市场经济的本质，为此就需要理解产生市场经济理论的西方本源思想；另一方面，理解是为了更顺利地融合，更有效地应用。一个传承两千年的文明要再度焕发青春，既需要清醒地自我审视，更需要引入新鲜血液。但是，任何异质文明的进入都意味着碰撞、冲突和转型。越是这个时候，我们越需要更沉静、更潜心地思考，我们越需要更理性、更大胆地决策。因此，经世是我们的根本定位，即以经济学为主体，上穷主导经济学理论及实践的背后思想和逻辑，下探产业管理等应用领域。

第四个定位是一致。远瞩经典译丛的著作上下几百年，横跨多学科，风格更是迥异。从技术说，术语、体例与翻译风格的统一，对读者的理解和比较显得尤为重要。正是从这一点考虑，丛书翻译的操刀者尽量集中，以确保远瞩经典译丛翻译的一致性。

"文章千古事，得失寸心知。"

郭武军

上海远瞩企业管理咨询有限公司

2013 年 4 月 26 日

经济发展理论

产品经理：陈哲泓　　　封面设计：董歆昱

技术编辑：顾逸飞　　　责任印制：梁拥军

监　　制：阴牧云　　　策 划 人：吴　畏

图书在版编目（CIP）数据

经济发展理论 / (美) 约瑟夫·熊彼特著 ; 郭武军
译. -- 北京 : 中国华侨出版社, 2020.1
ISBN 978-7-5113-8023-4

Ⅰ. ①经… Ⅱ. ①约… ②郭… Ⅲ. ①经济发展理论
Ⅳ. ①F061.3

中国版本图书馆CIP数据核字(2019)第262548号

经济发展理论

著　　者：[美] 约瑟夫·熊彼特
译　　者：郭武军
责任编辑：姜薇薇　桑梦娟　产品经理：陈哲泓
封面设计：董歆昱　　　　责任印制：梁拥军　陈　金

经　　销：新华书店
开　　本：710mm×1000mm　1/16
印　　张：19.5
字　　数：210千字
印　　刷：北京盛通印刷股份有限公司
版　　次：2020年4月第1版　2020年4月第1次印刷
书　　号：ISBN　978-7-5113-8023-4
定　　价：48.00元

中国华侨出版社　北京市朝阳区西坝河东里77号楼底商5号　邮编：100028
法律顾问：陈鹰律师事务所
发 行 部：(010)64013086　　传　真：(010)64018116
网　　址：www.oveaschin.com　E-mail: oveaschin@sina.com